学|术|专|著

基于O2O的农村资源流优化

刘助忠　龚荷英　著

中南大学出版社
www.csupress.com.cn

图书在版编目（CIP）数据

基于O2O的农村资源流优化／刘助忠，龚荷英著.
--长沙：中南大学出版社，2016.9
ISBN 978-7-5487-2506-0

Ⅰ.①基… Ⅱ.①刘… ②龚… Ⅲ.互联网络—应用—农业资源—资源优化—研究—中国 Ⅳ.F323.2-39

中国版本图书馆CIP数据核字(2016)第228894号

基于O2O的农村资源流优化

刘助忠　龚荷英　著

□责任编辑　刘　莉
□责任印制　易红卫
□出版发行　中南大学出版社
社址：长沙市麓山南路　邮编：410083
发行科电话：0731-88876770　传真：0731-88710482
□印　　装　湖南众鑫印务有限公司

□开　　本　880×1230　1/32　□印张 9.75　□字数 252 千字
□版　　次　2016年9月第1版　□印次　2016年9月第1次印刷
□书　　号　ISBN 978-7-5487-2506-0
□定　　价　39.80元

前 言

农村生产要素资源、本地生活服务资源、农产品资源等农村资源的流通，关系到农村经济的发展和农民生活水平的提高。批发零售模式下，农村地区各类资源的流通渠道不畅，流通效率低下，农村生活极其不便；农产品进城也面临产销脱节、环节多、成本高等众多问题。B2B，B2C，C2C 等电子商务模式已非常成熟，它们的发展对降低流通成本、方便人们生活发挥了重要作用。然而，“万能淘宝”式电子商务给城市居民带来的福利并没有同样惠及农村居民。电子订单带动产品从生产者飞越至消费者的电子商务模式在生鲜领域也遇到重重阻碍。究其原因：一方面是线上信息传递和线上商务模式还没能被农村消费者普遍接受；另一方面是以快递模式为核心的线下流通模式在农村地区和农产品流通中表现出低效率。线上线下结合的 O2O 模式，除了能有效发挥 B2B，B2C，C2C 等电子商务模式在线上信息传递和线上商务方面的优势，还能发挥线下物流渠道、各级服务中心、乡村代理等在整合物流供需发挥物流规模效应，辅助农村居民开展电子商务消除农村居民对电子商务的疑虑等方面的作用。最近两年，各类农资 O2O、生鲜 O2O 蓬勃发展的事实表明，整合线上渠道和线下渠道优势的 O2O 模式，将对方便农村居民的生活、促进农村经济的发展和城乡产品的流通发挥重要作用。

期待为农村经济发展献计献策，一直致力于研究农产品流通问题的我们，面对电子商务的快速发展(表1)，从2012年开始，密切关注“基于O2O的农村资源流通”的实践发展和理论研究情况，并于2013年暑假期间，成功申报了湖南省社科基金项目《基于O2O的湖南农村资源流模式及对策研究》(14YBA241)。自此，课题组成员将更多时间专注于农产品流通的O2O模式、农村生产要素流通的O2O模式、农村本地生活服务资源流通的O2O模式等农村O2O模式问题的研究。期间，我们公开发表了论文《“互联网+”概念下的“O2O”型农产品供应链流程集成优化》(《求索》，2015年06期)和《“互联网+”时代农产品供应链演化新趋势——基于“云”的农产品供应链运作新模式》(《中国流通经济》，2015年09期)。为了更系统、更充分地阐述课题组在这期间对“基于O2O的农村资源流模式”的实践调查和理论研究成果，特写成此书，期待此书的公开出版能对相关理论和实践人士有所价值。

2009—2013年电子商务增长情况

	2009年	2010年	2011年	2012年	2013年
“双11”交易额(人民币)	5000万	9.36亿	52亿	191亿	350亿
电子商务交易额(人民币)	3.85万亿	4.5万亿	5.88万亿	7.85万亿	9.9万亿
同比增长率	/	22%	29.2%	30.83%	21.3%

本书共有10章，简要情况如下：

第1章为“绪论”，主要介绍本书的研究背景、研究意义、研究现状、主要研究内容、研究框架等。期待通过绪论的内容，让读者对本书内容有一个初步认识，并形成一个总体轮廓。读者在阅读本章时，可把主要精力放在"主要内容"和本书的"研究框架"两部分。

第 2 章为"基于 O2O 的农村资源流模式构建的基础"，本章的撰写目的是让读者对该模式有一个初步的认识，并形成"构建基于 O2O 的农村资源流模式非常重要"的初步概念，所以本章主要阐述"基于 O2O 的农村资源流模式"的含义、类别、给各方主体带来的好处、存在的问题以及该模式与传统的批发零售模式以及 B2B，B2C，C2C 等电子商务模式的关系。为帮助读者理清思路，有些内容以思维导图的形式进行了概括，读者在阅读时，可以先熟悉相关思维导图，再去阅读相应的文字内容，这样更容易对相应内容有一个总体认识。

第 3 章进一步从理论上深入阐述"基于 O2O 的农村资源流模式"的价值。全面而深入地认识一种流通模式的价值，以及价值发生的基础，对在实践中构建该模式，灵活而熟练地运用该模式，是非常重要的，也是防止"邯郸学步"式问题发生的关键。因此，本章的撰写目的仍然是为了让读者更深入地了解该模式，为将来更灵活地应用该模式打好基础。本章深入分析了"基于 O2O 的农村资源流模式" 整合物流资源后所带来的时间价值、杠杆价值、网络价值和边际价值，协同各方主体行动后所带来的协同价值，生鲜 O2O 所能也是应该发挥的四类时间价值以及基于 O2O 的农村资源流模式所能发挥的空间价值。本章是从理论层面上分析基于 O2O 的农村资源流模式的价值，因此比较抽象。笔者在本章着墨较多，因为只有从理论上深入理解该模式，才能在实践中充分发挥该模式的价值，才能分析实践中相关问题的产生原因。

第 4 章介绍了研究期间对“基于 O2O 的湖南农村资源流现状”的调查研究成果。本部分研究成果来源于网络问卷调查、网络新闻以及农村生产与服务人员的访谈。在此要感谢湖南女子学院物流管理专业 2013、2014 级湖南籍同学以及湖南涉外经济学院管理学院物流系 2013、2014、2015 级湖南籍的同学。在他们的帮助下，发布在“问卷网”上的“基于 O2O 的湖南农村资源流”的调查问卷通过微信、QQ 发给了湖南省 80 多个县的农业生产者、农村服务者和其他农村居民。在他们的参与下，我们通过问卷网共收集了 374 份有效问卷，了解了他们对农村本地生活服务 O2O、农资 O2O 以及农产品 O2O 的观点，了解了农村电子商务的基本情况。本章的撰写目的是让读者了解农村居民对农村电子商务的认识以及湖南农村电子商务的发展现状。本章的内容，是深入分析基于 O2O 的各类农村资源流通模式的基础。

从第 5 章开始，到第 10 章结束，都是针对农村生产要素资源、农村生活服务资源、农产品资源等三类农村资源流通的 O2O 模式展开研究，基本研究思路是：模式的含义、类别、现状及问题、优化思路等。

第 5 章介绍农村生产要素资源流通的 O2O 模式，并详细比较分析了农资、土地等农业生产要素流通的几种 O2O 模式，最后针对实践中存在的主要问题，阐述了解决及优化思路。希望本章的内容，能为读者全面认识、构建基于 O2O 的农村生产要素资源流模式提供帮助。读者的阅读重点可以是“类别”“问题”“优化思路”等模块。

第6章介绍了“基于O2O的农村生活服务资源流模式”。本章的撰写目的是为了让读者全面认识“基于O2O的农村生活服务资源流模式”，并希望通过本章的内容帮助读者分析实践运营中的问题和寻求解决思路。本章的撰写思路是：首先分析农村生活服务资源的含义、类别、特点，然后详细介绍生活服务O2O的主要模式和农村本地生活服务O2O面临的主要问题，最后从平台构建、营销、物流等角度探讨农村生活服务O2O优化的主要措施。

第7、8、9、10章都是围绕农产品流通的O2O模式展开讨论。第7章介绍了“农产品流通的几种主要的O2O模式”（因为生鲜O2O在理论和实践中出现的频率远高于农产品O2O，所以后面几章更多地使用“生鲜O2O”的概念），通过第7章的内容，读者能基本掌握不同种类生鲜O2O的优点、不足和主要流程。第7章是全面认识生鲜O2O模式的基础。第8章分析生鲜O2O的发展现状及问题，是为让读者全面认识生鲜O2O的发展现状而设置，也是第9章和第10章的基础。对于第8章，读者可以把主要精力放在“主要问题”模块。第9章围绕“生鲜O2O供应链物流优化”问题展开研究，在本章，首先针对第8章所分析的供应链物流难题介绍了基本的应对之策，然后介绍了生鲜O2O供应链产品集成调度和末端配送优化的基本思路。由于笔者时间精力有限，对于生鲜O2O的供应链调度与网络优化等模型方面的内容，本书没有深入论述。生鲜O2O供应链（生态系统）优化模型方面的研究，将是下一步的研究重点。第10章介绍了作者关于“基于O2O的农产品流通模式优化”的一些基本观点。不同的生鲜O2O模式，有不同的利弊。生鲜O2O运作模式的优化，是一个持续不断的过程。在实践中，它将会随着时间的推移而不段演化。每一次演化，虽克服了旧有运作模式在某些方面的问题，但可能又会面临新问题。问题的存在，是模式演化的动力和基础。本章首先介绍了生鲜 O2O 模式优化的三个阶段(分散独立优化、供应链各环节协同优化、区域协同优化)，其次介绍了区域协同优化后形成的基于 O2P 的农产品流通模式，最后分析了构建在云计算基础上的“基于云商的集成化农产品供应链运作新模式”，该模式是云计算环境下农产品 O2O 模式演化发展的新趋势。

本书是湖南省社科基金项目《基于 O2O 的湖南农村资源流模式及对策研究》(14YBA241)的研究成果之一。全书引用和借鉴了国内外学者的相关研究成果，这些成果对本研究成果的形成起到了重要的支撑作用，笔者在此表示由衷的敬意和感谢。感谢湖南社会科学基金的资助，感谢中南大学出版社的大力支持，感谢阅读本书的各位同仁。社会在发展，农村资源流通模式在不断变革，实践中产生了许多新的模式和方法，也产生了许多新的问题，因此，有必要在相关方面进行更深层次的研究，期待各位同仁的关注和参与。此外，由于时间仓促和笔者能力有限等问题，本书尚存在许多不足，敬请读者批评指教。

刘助忠 龚荷英

2016 年 8 月于罗马商业广场

目 录

第1章　绪论

1.1　研究背景与研究意义

1.1.1　研究背景

据中国电子商务研究中心(100EC. CN)监测数据显示，2015年上半年，中国电子商务交易额为7.63万亿元，同比增长30.4%。其中网络零售交易规模为1.61万亿元，同比增长48.7%。截至2015年6月底，中国网购用户规模达4.17亿人，同比增长19.1%①。这些数据说明，中国传统的电子商务模式已经发展成熟，并被消费者广泛接受。中国互联网络信息中心(CNNIC)2016年1月22日发布《第37次中国互联网络发展状况统计报告》，报告指出，截至2015年12月，我国网民规模达6.88亿人，互联网普及率为50.3%。农村网民占28.4%，规模达1.95亿人，较2014年年底增加1694万人。《2015年中国网络零售市场数据监测报告》指出，我国2015年农村网购市场规模达3530亿元，同比增长94.3% 。预计到2016年全国农村网购市场规模将达到4600亿元，成为电商市场新的增长点。移动互联网的发展带动了传统电子商务向移动商务的转变，使手机购物成为网络购

① 中国电子商务研究中心. 2015年中国电子商务市场数据监测报告(上). 2015, 9.

物的主要渠道之一。这为农村电商的快速发展打下了坚实的基础。

在网上购物异常火爆的今天，仍然有近90%的消费活动在线下进行（如餐饮、影视、唱歌等体验性消费），因此，将海量的线上用户和线下实体店进行对接，通过网络将线上消费者引到线下实体店消费，蕴含着巨大商机。此外，农产品电商、农资电商等都因物流问题、消费者习惯培养、市场开发等问题而需要线下渠道的充分配合，整合线上平台和线下渠道于一体的O2O模式在农村电商市场具有先天优势。

农村资源流通，是农村经济发展的核心和关键。在电子商务快速发展的今天，如何利用互联网优势，推动农村本地资源流通，城市和农村之间产品的双向流通，是与各级政府、企业和农村居民息息相关的问题。为深入研究这些问题，笔者2013年申报了省社科基金项目《基于O2O的农村资源流模式研究》。为完成该项目的研究，课题组围绕相关问题，展开了系统的分析和研究。

1.1.2 研究意义

本书以农村经济发展的核心——资源流为立足点，探寻资源在农村本地、资源在农村与城市之间流动的O2O模式，以寻求突破农村经济发展资源流瓶颈的新思路。

本书的研究具有以下意义：一是本书将快速发展的O2O模式引入农村资源流体系，以助推农村特色产品、特色服务、特定需求等供求资源的整合，为搭建具有农村特色的本地化、区域化O2O平台，推动农村产品及服务流动的电子化、规模化、网络化献计献策；二是本书开启了农村资源流通决策的新视觉，其深入的研究将为涉农人士的制定决策提供理论参考和意见指导；三是本书结合农村生产要素资源流、农村本地生活服务资源流、农产品资源流等问题，界定了各类资源流通的 O2O 模式，分析了各类资源基于 O2O 模式流通的现状及问题，并提出了相应的对策和建议。通过对国内外相关研究成果和本书的研究内容的分析可知：本研究不仅视觉新，而且其研究思路、研究深度以及内容体系设计等方面都着有重要的理论和实践意义。

1.2　国内外研究现状述评

1.2.1　国外研究现状述评

对输入要素资源、农村本地生活服务资源及农产品产出资源的流通模式问题，各界人士围绕传统流通模式和电子商务模式，展开了广泛而深入的研究。最近几年，一种全新的 O2O（Online to Offline）模式受到各界的追捧，它整合线上虚拟交易与线下实体服务，实现本地资源、渠道资源与线上信息流通、所有权流通、资金流通的深度融合。早在 1999 年，Charles Steinfield 等就指出：发挥线下物质实体组合和线上虚拟存在的协同效应，可以更好地提高消费者的信任、降低消费风险、满足消费者的购物偏好①。Charles Steinfield，Pamela Whitten（1999）勾勒了电子商务对本地企业的影响及本地企业应当怎样利用电子商务的理论基础②。Tony Ahna 等（2004）分析了 O2O 的重要表现形式——网上购物

① Charles Steinfield, Alwin Mahler & Johannes Bauer. Electronic Commerce and the Local Merchant, Electronic Markets Volume 9, Issue 1 – 2, 1999.

② Charles Steinfield, Pamela Whitten. Community Level Socio-Economic Impacts of Electronic Commerce. Journal of Computer-Mediated Communication, Volume 5, Issue 2, page 10, December 1999.

商城所具有的线上线下双重功能与客户接受行为的关系[①]。美国本地消费O2O网站Yelp的副总裁Mike Ghaffary(2013)指出：本地系数越高的产品，越适合采用本地化的O2O模式。Mike指出：未来十年，本地商务模式会远超传统的电子商务[②]。总之，国外理论与实践界人士对O2O模式的探讨已从表层的内涵特征、价值表现、前景分析等向融合技术、流程优化、价值实现途径等纵深方向拓展。

1.2.2 国内研究现状述评

自2010年8月Alex Rampell提出“O2O”的概念后，即在我国理论和实践界产生了广泛而深远的影响。从2011年开始，大量关于O2O模式的文献见诸报纸杂志，其中不仅包括学者们对O2O模式的内涵、前景、商机、本地化趋势分析，O2O模式对传统商业和服装、家政等各行业的影响分析，更有《中国经营报》《经济参考报》等各类报纸杂志的专题报道。李开复(2012)在专访中指出：O2O模式与CRM、ERP等的融合，将线下物流、信息流、资金流打通并与线上平台高度集成，这是O2O本地化商务发展的关键，广大在线商家、杂货店、餐馆发展不成熟是O2O发展面临的一大挑战[③]。最近三年，众多学者对O2O商业模式展开了更深入的研究。具体内容涉及O2O商业模式的应用策略研究(姜

① Tony Ahna, Seewon Ryub, Ingoo Hana, The impact of the online and offline features on the user acceptance of Internet shopping malls. Electronic Commerce Research and Applications. Volume 3, Issue 4, Winter 2004, Pages 405 – 420.

② Mike Ghaffary. Why Local Commerce Will Be Larger Than E-Commerce For The Next Decade, An Analysis. http://techcrunch.com/2013/02/24/brick-and-mortar-wins/.

③ 魏昊. O2O本地化商务新趋势. 互联网周刊, 2012 – 12 – 05.

丽，丁厚春，2014）[①]，建模与仿真研究（张茜，赵亮，2014）[②]等。葛夏芷（2013）将 O2O 业务分为线上拉动型和线下拉动型两个方面，并介绍了促使 O2O 模式形成闭环的用户体验设计因素[③]。史春佳（2013）从营销内容、营销条件和营销能力的广度和彼此间的相互关系入手，深入分析了线上业务如何助力线下业务更好地发展[④]。何洋（2013）研究了餐饮服务业 O2O 的营销策略。他将消费者购买决策过程简化为需求确认、O2O 转换动机等五个环节，并提出了五种影响消费者购买决策的因素[⑤]。卢益清（2013）分析了 O2O 商业模式的特点和发展前景，介绍了 O2O 模式的概念和类型，同时从消费者、商家和 O2O 平台的角度分别分析了 O2O 模式的优势和劣势，并指出了制约 O2O 发展的瓶颈[⑥]。

关于农村资源流通的 O2O 模式问题，国内外鲜有学者对此展开系统的研究。由于 O2O 模式在这几年无论在理论界还是实践界都是热点，有学者从不同角度分析了农资流通的 O2O 模式、农产品流通的 O2O 模式以及乡村旅游及农村电商平台建设等方面的内容。

关于农资流通的 O2O 模式问题，白光利（2015）指出农资电商未来发展赢在 O2O[⑦]；刘春雄（2015）认为农资电商的痛点是 O2O，缺乏 O2O 的农资电商，最后都会回来补课[⑧]；吴俊生

---

① 姜丽，丁厚春. O2O 商业模式透视及其移动营销应用策略［J］. 商业时代，2014（15）.

② 张夏恒. O2O 模式下电商物流对策研究［J］. 物流科技，2014，（05）.

③ 葛夏芷. O2O 产品的用户体验研究［D］. 武汉理工大学硕士论文，2013.

④ 史春佳. M 公司 O2O 营销模式研究［D］. 电子科技大学硕士论文，2013.

⑤ 何洋. 基于消费者购买决策模型的 O2O 网站营销策略研究——以餐饮服务业为例［D］. 重庆工商大学，2013.

⑥ 卢益清. O2O 商业模式及发展前景研究［J］. 企业经济，2013（11）：98－101.

⑦ 白光利. 农资电商未来发展赢在 O2O［J］. 现代物流报，2015－09－01.

⑧ 刘春雄. 农资电商的痛点是 O2O［J］. 营销界（农资与市场），2015，（11）.

(2014)指出O2O是农资触网新通道，O2O的出现，让农资电商看到了希望[①]；烟阳(2015)在农资行业电子商务O2O模式浅析中分析了农资电子商务的优势，并通过对B2B、B2C、O2O三种电商模式的分析比较，提出O2O模式将成为未来农资销售的主要模式的观点[②]。以上是所有在中国知网中能找到的关于农资O2O的主要观点，其余都是一些关于农资O2O发展现状的报道。关于农资O2O的研究，目前主要停留在必要性、现状、模式等方面，对如何进一步发展农资O2O这一问题，理论界还有待为此展开深入研究。

对于农产品流通的O2O模式问题，最近几年是理论界研究的热点。在中国知网中输入"农产品O2O"，在总计56篇文献中，关于农产品O2O模式的文献有20篇。其中，汪旭晖、张其林(2014)分析了基于线上线下融合的农产品流通模式——农产品O2O框架及趋势[③]；方芳、汪飞燕(2015)分析了"C2B+O2O"电商模式在农产品电商领域的应用[④]；肖丽平(2015)对生鲜农产品社区O2O小电商模式进行了探讨[⑤]；吴方婷、凌燕等分析了基于TAM模型的鲜活农产品O2O微商模式[⑥]；姚斌在"生鲜农产品O2O运作模式的研究——以O2O便利店为例"中，对生鲜农

① 吴俊生. O2O:农资触网新通道? 农资导报, 2014-01-10.

② 烟阳. 农资行业电子商务O2O模式浅析. 决策论坛——政用产学研一体化协同发展学术研讨会,2015.12.

③ 汪旭晖, 张其林. 基于线上线下融合的农产品流通模式——农产品O2O框架及趋势. 北京工商大学学报(社会科学版), 2014,(03).

④ 方芳,汪飞燕. C2B+O2O模式驱动农产品电商发展. 现代商业,2015,(35).

⑤ 肖丽平. 生鲜农产品社区O2O小电商模式研究. Business,2015,(46).

⑥ 吴方婷,凌燕, 等,基于TAM模型的鲜活农产品O2O微商模式分析. 今日财富,2014,(08).

产品 O2O 便利店进行了深度分析[①]。此外，张潇化(2015)初步分析了 O2O 模式下农产品物流运行问题[②]。

对农村电商问题，无论是理论界还是实践界，都投入了极大的热情。在中国知网中输入农村电商，共检索到相关文献 1774 条，包括农村电商的模式、现状、发展前景、监督管理等方面。对于农村 O2O 的研究，主要集中在具体的农村 O2O 平台，比如“村村乐”“邮掌柜”等。

1.3　本书的主要内容和研究框架

1.3.1　主要内容

本书的研究内容由以下九个模块构成：

1. 基于 O2O 的农村资源流模式构建的基础

为深入了解基于 O2O 的农村资源流模式，本书先分析构建基于 O2O 的农村资源流模式的原因。在本模块：首先，本书分析了 O2O 商业模式产生的背景；其次，从行业、实现方式、盈利模式、线上线下垂直整合度、线上产品类别属性、O2O 商业模式的主导者思维等角度对 O2O 商业模式的主要类别进行了详细分析；再次，以思维导图为主线，分析了 O2O 商业模式给商家、消费者、O2O 平台主体带来的好处以及 O2O 商业模式发展中面临的主要问题；最后，界定了农村资源流模式的概念，分析了基于 O2O 的农村资源流模式与传统农村资源流模式的关系。

---

① 姚斌. 生鲜农产品 O2O 运作模式的研究——以 O2O 便利店为例. 浙江工业大学,2015.

② 张潇化. O2O 模式下农产品物流运行问题研究. 晋中学院学报,2015, (10): 56 - 57.

2. 基于 O2O 的农村资源流模式的价值

本模块详细探讨了农村资源流 O2O 模式的各种价值。首先，分析了供给资源、需求资源以及物流资源整合后所带来的时间价值、杠杆价值、网络价值和边际价值；其次，分析了基于 O2O 的农村资源流模式给农村资源拥有者带来的协同价值；再次，分析了基于 O2O 的生鲜农产品流通的四类时间价值；最后，分析了基于 O2O 的农村资源流模式所创造的空间价值。

3. 基于 O2O 的湖南农村资源流现状调查

从 2014 到 2016 年，我们多次通过在线问卷调查、访谈、文献查阅等方式，对湖南农村电商现状，特别是湖南农产品 O2O 现状展开了深入调查。调查内容主要包括湖南农村电子商务的相关基础设施、人员观念、农村电商平台发展现状、农产品电商现状等方面。

4. 基于 O2O 的农村生产要素资源流优化

在对农村生产要素资源有了全面了解的基础上，我们详细分析了基于 O2O 的农村生产要素资源流模式的含义、类别、特点，并在全面分析了基于 O2O 的农村生产要素资源流现状及发展难题的基础上，以农资为例，提出了基于 O2O 的农村生产要素资源流优化的基本思路。

5. 基于 O2O 的农村生活服务资源流优化

在对农村生活服务资源的含义、类别、特点进行分析的基础上，本章详细介绍了生活服务 O2O 的主要模式、农村本地生活服务 O2O 面临的主要问题，并从平台构建模式、渠道营销、物流等角度探讨了农村生活服务 O2O 优化的主要措施。

6. 基于 O2O 的农产品流通模式分析

首先，按照“O2O”模式的核心主导者的不同来分析农产品流通的 O2O 模式，具体分析了农产品生产、加工企业主导的 O2O 模式，农产品批发市场主导的 O2O 模式，农产品电商企业主导的

O2O 模式；其次，按照主要竞争优势的不同分析了农产品流通的 O2O 模式，具体包括以下七类模式：拥有流量入口优势的综合型电商平台主导的 O2O 模式，拥有物流优势的第三方物流企业主导的生鲜 O2O 模式，拥有食品供应优势的食品供应商主导的生鲜 O2O 模式，拥有流程一体化优势的垂直电商主导的生鲜 O2O 模式，拥有产品质优势的农场直销型 O2O 模式，拥有线下市场优势的大型连锁超市主导的生鲜 O2O 模式，拥有社区服务优势的"社区 + 生鲜"的 O2O 模式。

7. 生鲜 O2O 发展现状及问题分析

在该模块：首先，本书从生鲜 O2O 的四个发展阶段、生鲜 O2O 平台发展现状、生鲜 O2O 融资状况等四个角度分析了生鲜 O2O 的发展现状；其次，分析了生鲜 O2O 发展中面临的主要问题，具体包括生鲜品品类方面的问题、供应链方面的问题、物流方面的问题以及营销方面的问题。

8. 生鲜 O2O 供应链物流优化

针对前面所介绍的生鲜 O2O 所面临的供应链物流难题，本书首先介绍了基本的应对之策；其次，介绍了生鲜 O2O 供应链产品集成调度优化的基本思路；再次，简单介绍了生鲜 O2O 的末端配送优化。

9. 基于 O2O 的农产品流通模式优化

分散独立优化、供应链各环节协同优化、区域协同优化是农产品 O2O 模式优化的三个阶段。基于 O2O 的区域农产品供应链协同整合后，形成了基于 O2P 的农产品流通模式。基于云商的集成化农产品流通模式，是云计算环境下农产品 O2O 模式演化发展的新趋势。

1.3.2 研究框架

本书的研究框架如图 1－1 所示：

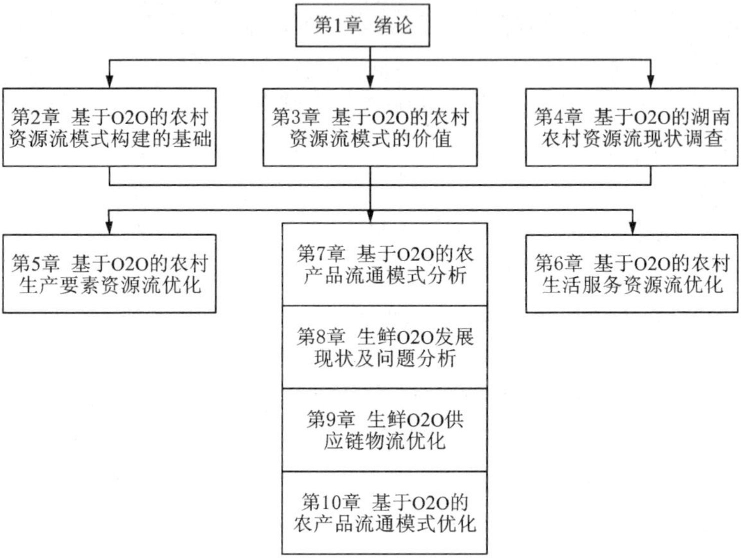
第1章 绪论
第2章 基于O2O的农村资源流模式构建的基础
第3章 基于O2O的农村资源流模式的价值
第4章 基于O2O的湖南农村资源流现状调查
第5章 基于O2O的农村生产要素资源流优化
第7章 基于O2O的农产品流通模式分析
第6章 基于O2O的农村生活服务资源流优化
第8章 生鲜O2O发展现状及问题分析
第9章 生鲜O2O供应链物流优化
第10章 基于O2O的农产品流通模式优化

图 1-1　本书的研究框架

第2章 基于O2O的农村资源流模式构建的基础

2.1 O2O商业模式概述

2.1.1 O2O商业模式的产生背景及内涵

据中国电子商务研究中心(100EC.CN)监测数据显示，2015年上半年，中国电子商务交易额为7.63万亿元，同比增长30.4%。其中网络零售交易规模为1.61万亿元，同比增长48.7%。截至2015年6月底，中国网购用户规模达4.17亿人，同比增长19.1%[①]。这些数据说明，中国传统的电子商务模式已经发展成熟，并被消费者广泛接受。但即使在电子商务最发达的美国，人们的线上消费也只占日常总消费的8%，而线下消费的比例高达92%(张波，2013)。中国电子商务研究中心监测数据同样显示，截至2015年6月底，中国网络零售市场交易规模占社会消费品零售总额的11.4%。在网上购物火爆的今天，仍然有近90%的消费活动在线下进行(如餐饮、影视、唱歌等体验性消费)，因此，将海量的线上用户和线下实体店进行对接，通过网络将线上消费者引到线下实体店消费，蕴含着巨大商机。

① 中国电子商务研究中心.2015年中国电子商务市场数据监测报告(上).2015.9.

移动互联网的发展带动了传统电子商务向移动商务的转变，使手机购物成为网络购物的主要渠道之一，这为O2O的快速发展打下了坚实的基础。目前，各种购物类APP在用户的手机屏幕上迅速蔓延，大幅提升了移动购物的用户规模[①]。艾瑞咨询数据显示：2014年中国移动互联网市场规模为2134.8亿元，突破了千亿元大关，同比增长115.5%；2014年移动广告市场份额为13.9%，行业整体开始逐步向成熟化发展[②]。中国电子商务研究中心网络零售部主任分析师莫岱青指出：移动网购规模的快速增长有以下原因：(1)随着智能手机、平板电脑的普及，4G网络环境日渐优化。(2)电商巨头着重移动端的布局。它们加强用户体验，加大移动端促销力度，培养用户移动端的使用习惯，鼓励用户向移动端分流。(3)移动购物渠道多元化。各类手机APP、微商迅速崛起，给用户提供更多的购物渠道。(4)微信红包、支付宝钱包等的普及打通了移动购物的支付瓶颈，无论是微信红包还是支付宝红包都已经牢牢抓住了一批用户[③]。

互联网、移动互联网对居民生活的持续深入影响，使得越来越多的传统行业(如餐饮美食、旅游住宿、汽车服务等)纷纷从服务方式、销售渠道、盈利模式等方面打破原有的业态，把原先只存在于线下的业务植入互联网之中，形成了一种线上与线下互动的新型O2O商务模式[④]。移动互联网和智能终端的发展，推动了手机应用服务的多样性和广泛性，特别是各类新型即时通信工具和生活服务类应用的推出，满足了用户多元化生活需求。网络

---

① 艾瑞咨询. 2014年移动互联网核心数据发布. http://news.iresearch.cn/zt/246303.shtml.

② 李普聪. 移动O2O商务若干关键问题研究. 江西财经大学, 2014.06.

③ 张波. O2O移动互联网时代的商业革命[M]. 北京：机械工业出版社, 2013：10-12.

④ 陈张书. 长沙首家社区生鲜O2O体验店正式亮相. 潇湘晨报, 2014-07-6.

入口的多元化，使移动互联网全面渗透进用户生活，同时各种新型垂直服务涌现，商业模式不断创新。O2O商务迅速成为电子商务最火爆的一个领域，成为未来电子商务发展的一个重要方向。

"O2O"的概念是美国人Alex Rampell于2010年最早提出的，2012年被引入中国互联网创业圈。2014年O2O(Online to Offline)概念被国人炒热。O2O电子商务模式的基本商业逻辑是：用户在线上平台预先支付，然后到线下消费体验，商家实时追踪其营销效果，由此形成闭环式的商业服务和体验过程。与其他电子商务模式不同的是，O2O采用"电子市场+到店消费"模式，而不是"电子市场+物流配送"模式。有人认为，O2O模式是B2C模式的升级版，更强调消费体验。目前国内对O2O概念已经泛化，把在产业链中涉及线上和线下的模式都称之为O2O模式。

从字面上翻译，O2O (Online to Offline)的意思是"线上到线下"，它是一种以线上为前台、线下为支撑的新型商业模式。O2O商业有广义和狭义之分。狭义的O2O包括户流从线上购买到线下体验并完成消费行为的整个链条，包括了商品(服务)品类创建、客流引流、线上营销、在线支付、线下消费体验等环节。广义的O2O既包括实体性质的客流和消费，也包括抽象性质的信息流和品牌积累，以及基于以上的各种细分的商业模式和经营行为①。本书的研究基于广义的O2O。

2.1.2　O2O商业模式的类别

O2O作为线上、线下融合的一种创新模式，在短短几年内即在各行各业得到广泛应用。投资者们结合其资源禀赋、核心能力及运营模式的创新实践，实现了O2O模式的创新应用，进而造就

① 杨田风.国内首个体验式O2O产品面世，助传统企业转型电商.三湘都市报，2015-02-03.

了O2O应用“百花齐放，百家争鸣”的局面，各种各样各具特色的O2O应用呈爆发式增长。显然，O2O切入角度不同、垂直整合度不同、运营思路不同，所表现出来的O2O模式也不同。下面从以下几个角度对O2O商业模式进行初步分类。

1.根据O2O应用的行业不同分类

O2O作为一种整合线上线下资源的商业模式，在很多行业都可以发挥其价值。无论在理论界还是实践界，我们都可以看到不同行业的O2O。比如，我们在中国知网的“篇名”中输入“O2O商业模式”进行检索，即可看到“生鲜O2O”“服装O2O”“医药O2O”“家政服务O2O”“餐饮O2O”“美业O2O”“城市配送O2O”“旅游O2O”“商业地产O2O”“汽车服务O2O”等词语。显然，这些理论界对O2O商业模式在不同行业推广应用的理论研究成果说明O2O作为一种新型商业模式已在各行各业得到广泛应用。在实践中，各类O2O在我们身边蔓延，下面是生鲜、服装、医药、家政行业的O2O事例分析。

在生鲜领域，有顺丰优选、中粮我买网、本来生活网、沱沱工社、易果网、甫田网、天天果园。这些我们所熟知的生鲜平台，都是采用O2O的运营模式。在长沙，生鲜O2O也不是一个新事物。据《潇湘晨报》报道，长沙首家生鲜O2O体验店于2014年7月6日在开福区华盛新外滩正式亮相，市民只要在下午5点前订货，第二天上午11点前商品就能送到家，也可选择下班后在小区体验店自提的终端配送方式[①]。2015年1月30日，湖南首个体验式O2O商业产品C-SHOP面世，它能整合上游供应商及下游终端门店，借助二维码等互联网技术，贯通物流、支付、大数据管理等全购物环节，为消费者打造体验式O2O消费平台，为商家构

① 李薇. 深度：传统服装零售品牌做移动O2O的四大案例. 亿欧网. http://www.iyiou.com/p/1129.

筑一体化的 O2O 商业解决方案。为了给消费者带来最佳体验，C-SHOP 还向顾客开放基地观光游览权益。此外，C-SHOP 还借助在线社群等开辟专区，让消费者发布购物意愿和反馈信息，形成了完整的购物体验闭回路①。

在服装行业，以优衣库为代表的门店 O2O 模式、以绫致时装为代表的私人定制 O2O 模式、以美特斯邦威为代表的生活体验店 O2O 模式、以歌莉娅为代表的粉丝 O2O 模式，这四大经典服装 O2O 模式的面世，使得 O2O 成为 2013 年服装零售业的最大亮点②。

在医药领域，电子商务的快速发展刺激并推动了中国医药企业积极开拓线上渠道，国内医药 O2O 模式应运而生。国内运营较好的医药 O2O 有七乐康、百济、盛生网、健客、药房网、金象网、海王星辰等。百济在 2011 年起开始将业务重点转向 O2O，为客户提供药品咨询检索、线上线下多渠道互动及专业的药事服务。药房网的 O2O 模式则立足线上药店，以网络营销为基础，大力发展线上平台，同时逐步将直营店、加盟店和专业的物流体系普及到中国所有的一、二线大中型城市，让消费者能够享受下单后 6～8 小时免费送货上门的服务③。

家政 O2O 兴起于 2013 年，是继打车、租车、代驾后又一个让巨头们关注的行业。根据其垂直整合度及切入角度的不同，市场上已出现了几类极具代表性的家政 O2O 公司，他们分别是 e 家洁、云家政、集洁联盟、阿姨帮、阿姨来了、95081 及 58 到家。

---

① 品途网. 国内医药 O2O 发展现状与面临困境. 2014－01－10. http://www.chinaz.com/start/2014/0110/335064.shtml.

② 陈百惠. 走进七大家政 O2O：谁在抢家政公司的饭碗？光明网－科技传媒. http://tech.gmw.cn/kjcm/2014－11/25/content_13955532.htm.

③ ［美］Robert Hoekman. JR.（向怡宁译）. 瞬间之美——Web 界面设计如何让用户心动［M］. 北京：人民邮电出版社，2009：123－128.

云家政是家政服务公司及用户的信息化平台，致力于做家政领域的淘宝。集洁联盟是一款国内首创“开放式联盟”模式的家政APP，在集合品牌家政门店的同时，将物业、社区便利店等吸引进来，形成家政大联盟。与云家政、集洁联盟相比，e家洁是一类注重一体化管理的垂直型家政公司，平台上所有注册的工作人员均为公司签约人员。而阿姨帮则专注于做高频次、容易标准化的钟点工、干洗和家具保养服务，阿姨帮通过移动互联网建立了阿姨与用户的对接平台，阿姨和用户可直接预约、查看、评价。阿姨来了则是一个中介性质的家政经纪平台，能提供在线预订、支付、点评一体的闭环服务，用户可通过微博、微信、网站、400电话等多渠道下单，流程为：在线咨询—面试阿姨—签约付款—入户服务—回访和投诉处理—续约或解约，其主要客户群为外籍人士、企业家、文体明星等高收入阶层。95081实行“实体店+APP+WEB”模式的O2O平台策略，是一家注重一体化的O2O公司，阿姨、装修工人等通过与95081签订合同达成合作，其服务品类主要以月嫂、保姆等为主，而维修、配送等则作为补充服务。58到家能实现用户基于地理位置的预约下单、上门服务、在线支付及点评等流程，主要提供包括保洁、清洗、做饭、美甲、搬家等10项上门生活服务①。

2. 根据O2O的实现方式不同分类

根据O2O的实现方式不同，可以将广义上的O2O分成以下四种类型：

(1) Online to Offline模式，即通过线上营销、交易、支付到线下商家消费、体验商品或服务，这是目前的主流模式。比如早期的团购模式，现在大部分家政O2O都是采用这种模式。(2) Offline to Online模式，通过线下营销将到店的消费者引导至线上完

① 李帅. 大型互联网企业O2O构建与运作模式比较研究. 北京工业大学,2015.

成商品交易，该模式适用于前期线上营销推广难度大的情况[①]。随着智能手机的普及和二维码扫描模式的兴起，企业可以轻松利用传统的线下渠道将消费者带到线上。比如：美特斯邦威的生活体验店，其主要目的是把顾客带到线上，增强顾客的黏性；H&M 通过“消费者扫描二维码关注微信公众号即可享受 16 元优惠或 85 折优惠”等促销手段将消费者引导至其微信公众号里的网上商城。(3) Offline to Online to Offline 模式，该模式是通过线下营销将消费者引至线上，利用互联网跨时空的优势向消费者推介产品和促销信息，以消除传统店铺交易的时空障碍，提高消费者再次进店消费体验的概率，该模式有效结合了线上线下营销的优势。在线上信息泛滥、营销成本较大或者效果不理想的情况下，通过传统的线下促销能快速壮大网上会员的规模。(4) Online to Offline to Online 模式，即线上交易或营销到线下消费体验，再到线上交易。目前这个模式的业务类型不多，更多地应用在体验性、交互性较强的领域。

3. 根据盈利模式不同分类

根据盈利模式不同可以将 O2O 分成以下三类：(1) 广场模式，即网上平台为消费者提供产品或服务的信息，收益主要来源于向商家收取的广告费；(2) 代理模式，即网上平台通过在线提供优惠券，把互联网上的客户引至线下实体店，平台收益主要来源于佣金分成，平台除了提供信息服务外还提供导购、协助促销等服务，交易发生在商家和消费者之间，消费者有问题必须找线下商家；(3) 商城模式，即网站整合行业资源渠道，用户可以直接在网上商城上购买产品或服务[②]，平台收益来源于销售提成，

① 王志灵. 步步高董事长王填:“O + O”时代将至 传统零售迎来逆袭机遇. 21 世纪经济报道, 2015 - 08 - 13.

② 卢艳. 网能本地化 O2O 商城即将正式上线运营. 中国经济网,2014. 12. 16.

交易发生在商城与消费者或者是在商城上销售产品的企业与消费者之间，对交易中的问题，消费者可找线上商城。上述三种模式各有利弊，为消费者提供的服务类别及体验度的提升也各有不同。

4. 根据线上线下的垂直整合度不同分类

根据线上平台与线下实体垂直整合度不同可以将O2O分成以下几类：

(1)纵向一体化的O2O模式。该模式下，线上平台投资线下实体或者是线下实体投资线上平台，形成线上线下垂直整合的重模式型O2O。在电子商务的冲击下，国内大型连锁零售企业都在探索触网转型之路，最常见的思路是自建网上商城。比如：深圳天虹、福建永辉在积极健全渠道；2013年6月步步高网上商城面世，2014年下半年转型“云猴网”；2014年8月，人人乐商业连锁募资近23.2亿元发展线下社区生活超市和电商平台[①]。线上、线下融合在传统零售圈已形成共识。再比如：“住这儿”“实惠APP”“若比邻”“彩生活”等都是物业公司自建线上平台，以实现线上线下融合。(2)横向一体化的O2O模式。线上平台与线下企业、商家结成联盟，以实现线上为线下引流、促销、结算货款等服务，线下为线上提供消费体验、物流配送、售后等服务。这种以联盟为手段结成的O2O模式有同业联盟和异业联盟，如：“花样年”对于不愿意被收购的物业公司，则通过“解放区”物业联盟的方式实现合作，长城物业也通过其“一应云”平台与其他物业公司组成物业联盟，这是同业联盟。而步步高的“云猴网”，则以移动手机APP形式为主，结合PC端，联合生活服务类商家，打造O2O本地化生活服务平台，将企业内封闭式的小平台“步步高网

① 彭成京. 中国社区服务O2O观察报告. http://www.donews.com/idonews/article/7994.shtm.

上商城”变成了一个全开放、免费的大平台“云猴网”。该平台包括大电商、大物流、大便利、大会员、大支付五个子平台，是一个生活服务类的大联盟。本地化 O2O 大多采用异业联盟型模式，如：业内众所周知的街库网，是典型的异业联盟型 O2O。(3)合作型 O2O。在该模式下，线上平台与线下实体店就某一个方面的服务达成合作，双方按照合同约定来进行收益分配，如：物业服务领域的“小芝”“考拉先生”“优家园”等通过提供社区服务系统和运营支持，与物业公司共同开展社区 O2O 服务并分享收益。众所周知的团购网也是通过与线下商家签订服务内容及折扣方面的契约，再在线上通过优惠券、团购打折的方式将消费者引至线下完成交易。该模式下，双方合作的内容、时间、产品和服务类别等都在契约中有严格约定。

5. 根据线上产品类别属性不同分类

根据线上产品属性的不同可分为以下几类：

(1)企业自营型 O2O。在该模式下，线上平台、网上商城、手机 APP 上销售的都是公司自有的产品，这类线上平台一般都是生产制造企业为了占有线上市场而自建的平台，平台上销售的产品都是公司生产制造的产品。大部分品牌服装企业构建的 O2O 都是这一类。(2)行业整合型 O2O。这类 O2O 的主要目的是通过线上平台整合行业内的供给者和需求者，以实现行业资源的无缝化整合，云家政、集洁联盟等家政 O2O 以及云教育等就是这一类。(3)跨行业的综合型 O2O。这类 O2O 围绕人们的衣食住行进行，实现不同行业产品在平台上的大集合。比如，2015 年 1 月 1 日在南京正式上线运营的网能，是一个基于本地化综合交易的大型互联网平台，致力于为用户提供其所在区域内的各种在线服务，一站式全方位解决用户的各项服务需求。网能根据不同行业性质在平台上设置了不同的行业板块，除了房产置业、金陵美食、电器街、车行金陵外，还有网上珠江路、生活超市、逛菜场和婚庆街等特色类服务。客户只需一个账号，就可以通过网能平台满足从衣食住行到旅游度假，从教育培训到法律顾问等各种生活需求①。

6. 根据地域跨度不同分类

线上平台可以跨越时空的约束，而商家和消费者之间的交易必定涉及产品类别、交易时间及地点等属性。根据商家和消费者地域跨度的不同可将O2O分为社区O2O、本地化O2O、跨地域O2O。

(1)社区O2O是以社区为单位，以服务社区居民家庭生活为目的，对社区周边3平方千米内的资源展开线上线下整合互动的商业运作模式。社区O2O的基本逻辑是基于本地用户即时需求而聚合本地服务提供商，实现需求和服务的对接。最具代表性的是深圳地产商花样年控股旗下的"彩生活"。早前，它们宣布向社区服务运营转型，并于2014年6月率先登陆H股，成为国内首家物业上市公司。2014年末，"彩生活"管理项目为1265个，管理面积为2.053亿平方米。围绕社区生活的O2O服务商主要有：第三方综合平台、物业管理平台和垂直服务平台。第三方综合平台主要以流量分发形态存在，通过聚合周边实体零售商或服务商，将用户订单导流到周边合作商家的店铺上，以此对接用户与商户的需求供给；物业管理平台建立在其物业服务的基础上，聚合周边实体供应商及细分领域垂直供应商，将服务输送给小区用户；垂直服务平台多聚焦在某一个品类的服务上，如：家政、洗衣、生鲜、外卖等垂直服务平台②。

① 吴章光. 基于SoLoMo与O2O联合应用的商业模式研究. 常州工学院学报，2012，25(5):57－60.

② 彭岩锋. 卫哲投近20个项目成功退出4个不断转身. 时代周报，2015－05－26.

(2)本地化O2O的核心思想是整合本地商户资源为本地用户提供线上及线下服务。O2O的产生缘由中以下两点是关键：一是因为本地消费是电子商务市场的最大一片蓝海，通过将线上消费者引流到线下实体店，可实现电子商务与本地消费的融合；二是通过本地线下实体店对接本地消费者，可解决长期以来困扰传统电子商务的"最后一公里"难题。由此可知，本地化O2O在O2O模式中占主体地位，大部分的O2O都采用本地化模式，社区O2O也是O2O本地化理念的具体应用。前面所说的南京地区的网能，就体现了本地化O2O的商业经营理念，它所有业务归根结底都体现了"以本地用户为核心"的中心思想，它的宗旨是整合所有优质资源与服务，为本地用户提供全套的生活服务。本地化O2O模式主要有以下类型：①需求聚合类（以Groupon为代表），当某签约商家的LBS用户签到数量达到一定限额后，该签到用户就可以获得一定的折扣或优惠；②优惠信息推送服务（以Getyowza为代表），此类服务为用户提供了基于地理位置的优惠信息推送服务；③店内模式（以ShopKick为代表），这类模式将用户吸引到指定的商场里，完成指定的行为后便赠送其可兑换成商品或礼券的虚拟点数[①]。本地化O2O已成为国内互联网创业和投资的新风口。据速途研究院对国内O2O市场规模的分析，2010年国内本地生活O2O市场规模为447.6亿元，2014年跃升至2350.8亿元[②]。

(3)跨地域O2O突破了O2O本地化的初衷，该模式的主要目的是充分发挥线上与线下的优势，以弥补使用单一模式而痛失另一市场的缺陷。该模式下，由于提供服务的商家与消费者不在

---

① 颖子. H&M品牌为什么没有天猫旗舰店. 2015-11-18. www.ef43.com.cn.

② 汪佳婧. 嘿客升级改名为"顺丰家"换个名字就能成功？杭州网. 2015-05-20.

同一地域范围内，所以需要第三方来完成物流服务。大部分生产制造企业所构建的O2O一般都是这种类型。比如，服装品牌H&M，是典型的跨区域的垂直整合型O2O。为了充分发挥线上优势，H&M拥有自己的网上官方商城、手机APP，同时通过微信公众号也可以进入其手机网上商城。为了发挥线下优势，它在各主要城市建直营店。H&M中国相关负责人说："通过运营自己的平台（在线商店），我们可以在全球对H&M的品牌价值和形象建设进行管理并对不断变化的购物行为做出快速反应"，"我们网上的售价、更新频率以及促销幅度和实体店基本保持同步，更新种类也保持一致。针对特殊活动，比如设计师联名系列发售，网上商店比实体店提前1小时开售"①。他们会通过一系列促销活动来克服各类网上平台之间以及网上平台与线下实体店之间的障碍。比如，通过折扣或优惠的方式推动在其线下实体店消费的顾客扫描二维码，关注其微信公众号，从而直接将线下客户带到线上。客户进入其微信公众号，会有各种促销活动，其中有些促销活动明确指出必须登录其官方网站才能享受，通过这种方式又将客户从微信公众号里的网上商城带到PC端的官方网上商城。另外，无论在PC端的网上商城还是手机网上商城，输入城市、街道等信息即可以查到距离消费者最近的线下门店，消费者可以选择最近的门店去试穿或购买在。

7. 根据O2O商业模式的主导者不同来分类

O2O作为融合线上线下流通优势于一体的商业模式，其主导者可以是传统的线下企业，也可以是传统的电商企业，或者是一家以O2O为切入点的刚创立的公司。因此，根据主导者不同，可以分为三类O2O模式。

---

① 中国公路物流：比电商更激动人心？网易，2015-10-07. http://tech.163.com/15/1007/16/B5BCDDE2000915BF.html.

(1)传统线下企业主导构建的 O2O 模式。传统的线下企业，无论是传统的生产制造企业还是流通企业，面对电子商务这个巨大的线上市场以及经营日渐惨淡的线下市场，面对庞大的网控型、手机控型消费群体，它们不得不大举进军陌生的线上市场。我们所熟知的服装品牌商主导构建的线上、线下垂直一体化的 O2O 生态体系，以及前面所介绍的大型连锁零售商主导构建的融线上、线下功能于一体的新型商业生态系统都属于这一类型。随着"互联网 + 传统行业"的深入影响，不仅有越来越多的传统制造、流通企业加入到了构建 O2O 模式的队列中，而且有越来越多的物流企业也加入到这个行列中。以快递和物流起家的顺丰，也玩起了 O2O。2014 年 5 月，全国 518 家顺丰"嘿客"面世，11 月份启用了"sfheike. com"嘿客 O2O 线上平台。顺丰嘿客创立的初衷是为顾客提供"快递收发站 + 社区便利店 + 线下体验店"三位一体的服务。由于门店内没有实物，只有图片，其在顾客体验方面的效果并没有达到预期。2015 年 5 月，嘿客门店转型顺丰家，嘿客线上平台并入顺丰优选网站。顺丰家升级了订购功能与便民服务功能，店内增设商品展示区，比如当季美食专区、全球直采专区、母婴海淘专区、新鲜到家专区以及会员专区等。在社区服务方面，则提供生活速递类、免费便民类、私人定制类等多项服务[①]。与顺丰玩社区 O2O 的思路不同，传化物流则聚焦于物流 O2O。传化物流一方面通过公路港整合线下资源，另一方面则以公路港为基础发展易配货(车主与司机之间干线长途配货)、运宝网(货主之间交易撮合)、易货嘀(同城短途配货)等三个互联网产品。截至 2015 年 10 月，传化物流已经落实公路港项目 70 个，未来计划在全国建设 170 个公路港。在三个平台上注册的司机会

① 王三暖. O2O 失败案例：剖析街库网 O2O 失败原因. 亿欧网，2014 - 06 - 09. http://www. iyiou. com/p/7668/

员已达 70 万，开店会员即物流企业也有 2400 家，发货社区运宝网运单流量则超过 300 亿[①]。对物流 O2O 感兴趣的不止传化物流，卡行天下、满意通达、货车邦、运满满等都是物流 O2O 的产物。

(2)传统互联网企业主导构建的 O2O 模式。随着本地化电子商务的发展，信息和实物之间、商品及服务提供者与消费者之间、线上和线下之间的联系变得愈加紧密。O2O 成为互联网企业的下一个掘金点，并在以腾讯、阿里巴巴、百度等三大互联网巨头为代表的互联网企业的 O2O 战略行动中得到体现。鉴于 O2O 平台建设的规模经济性、实施本地化服务的区域经济性以及 O2O 行业的复杂性和多样性，大型互联网企业均结合自己的核心能力，在不同领域通过不同模式来构建属于自己的 O2O 价值体系。目前平台层面的 O2O 应用以腾讯、阿里巴巴、百度三大互联网公司为主。众所周知，腾讯借助其微信、QQ 等社交平台优势，在 O2O 这片蓝海中已占有一席之地。腾讯布局 O2O 主要有两种模式：一是通过微信公众账号连接线下实体商家和消费者，实现微信客户导流和线上营销；二是通过战略并购各细分领域领先的 O2O 公司，如大众点评、高朋网和京东等，并打通这些平台与微信的接口。目前围绕微信平台与 O2O 相关的业务有微购物、京东商城、彩票、打车、团购、机票、理财等。阿里巴巴采取全线布局 O2O 的战略，其目标是构建从入口、营销、交易、支付到客户关系全产业链的 O2O 价值系统。该公司拥有的与 O2O 相关的 APP 主要有：以微淘、淘点点、手机淘宝、中信 21 世纪等为载体的淘宝本地生活服务平台，以新浪微博、陌陌等为载体的移动社交平台，以聚划算、丁丁优惠、口碑网、一淘网为载体的团购平

① 檀梅婷，马彦丽，纪连贵. 论商品流通模式创新的趋势与内涵. 商业经济研究，2004(12).

台，以支付宝为核心的第三方支付平台，以高德地图、淘宝地图为载体的地理数据信息服务平台。阿里巴巴已经初步构建起 O2O 业务闭环，形成了信息流、客流和资金流在 O2O 价值系统的交互和循环。百度的 O2O 业务主要包括以百度身边和爱乐活为载体的生活服务平台，以百度糯米为主的团购平台，以去哪儿网为主的在线旅游平台，以百度搜索和百度浏览器为载体的信息服务平台、以百度手机助手和91 为载体的移动应用分发平台，以及重量级产品百度地图等①。

（3）创业者主导构建的 O2O 模式。“O2O”的概念在 2012 年被引入中国互联网创业圈。到 2015 年，从餐饮、出行、家政、生鲜到教育、医疗、美业、房产等各个领域，O2O 的“战火”至少染红了半壁江山。传统线下企业拥有线下运营经验和地推团队，只要快速填补线上运营的不足即可构建成功的 O2O 模式。腾讯、阿里、百度等传统互联网巨头，则分别在线上社交、商品零售、信息服务等优势的基础上，通过平台接入模式、商家入驻模式或者合作联盟模式完善其线下系统，以构建闭环的 O2O 模式。而对于选择以 O2O 模式创业的公司来说，则是从零开始，它们不仅要搭建线上平台、完善线下服务体系，而且要在形成 O2O 闭环、O2O 推广等很多方面同步发力，以实现线上线下服务能力与客户规模的协同发展。显然，O2O 模式的前景毋庸置疑，但要实现“线上互联网、线下传统商业以及客户群体”的同步发展绝非易事，这是为什么很多 O2O 创业公司最终以失败离场的主要原因。前面提到的街库网，是以 O2O 模式创业的领头者。2011 年，在业内还没有 O2O 概念的情况下，以潘求辉为核心的团队就已经设计了一套完整的 O2O 模式，并于同年 9 月上线，先后开辟了北

① 张业军. 街库网不堪 O2O 成本重负：两年“烧钱”6700 万. 每日经济新闻，2013－08－08.

京、上海、深圳、杭州、重庆、武汉等8个市场。据分析，街库网前后两年多时间共花费6700万元，而每月收入仅几十万元，最终因资金链断裂而被迫终止①。2015年对O2O创业者来说是悲壮的一年，他们一方面目睹了大批O2O创业公司的失败，另一方面又不得不面对为数不多的成功者踩着失败者的肩膀成为行业巨头这一事实。

2.1.3 O2O商业模式给各方带来的好处与运营中面临的主要问题

据品途网发布的数据显示，到2015年年初，移动O2O行业用户规模达到6.1亿人，占移动互联网整体用户规模的57.5%。大量数据说明，O2O市场潜力巨大。餐馆、家政、出行、服装定制、影视娱乐等生活服务类O2O对城市居民生活的深入影响也充分证明了这个结论在城市市场中的正确性。O2O模式在农村市场是否也有如此巨大的发展潜力呢？这个问题的解决依赖于对以下问题的分析：(1)城市消费者为什么要通过线上平台选择服务商家？(2)商家为什么要自建或加盟O2O平台？(3)O2O平台运营方又能获得什么收益？(4)那些创业失败的O2O公司，其失败的原因是什么？(5)在农村是否存在影响O2O模式成功运营的因素？简单来说，就是要分析O2O商业模式给各方带来的好处及运营中面临的主要问题。

1. O2O商业模式给各方带来的好处

O2O在城市的快速发展足以证明：O2O模式的成功运营将会达成“多赢”的效果。空间网CEO庄帅介绍，作为家居产品类O2O模式的空间网采用的是“线上销售+线下实体店体验”的模

① http://baike.baidu.com/link?url=o7A4hA7UnSfsm_AP2ezGMDr4T6QF-YhNcSJNV3qz-qT8OdHZpEnmM88gnBEk7m7ShMkFITNRBi4Bf4TA0ctAeK

式。空间网与曲美等既有品牌又有实体店的企业之间的合作，采用扣点分成或是给出底价由空间网自由定价的方式分配盈利。而曲美等线下实体店则为空间网提供体验、配送和售后服务。显然，空间网既为曲美等线下商家提高了销售额，也为购买家具产品的用户带来了线上支付、线下体验的便捷。除此之外，O2O 将为移动支付、二维码提供商提供更广阔的市场，因为线上支付、线下消费将使二维码作为准确便捷的消费凭证而大有用武之地。“实际上手机中的二维码，成为了 O2O 模式线上与线下连接的助推工具。”①。

（1）O2O 商业模式给商家（企业）带来的好处。对于无论是生产制造企业还是流通企业，无论是本地的需到店消费的商家还是可以通过电子化方式销售产品的商家来说，O2O 模式都能给它们创造价值。总的来说，O2O 商业模式给企业（商家）带来的好处如图 2 - 1 所示。具体来说，O2O 商业模式给企业（商家）带来的好处主要有：第一，互联网对居民生活的影响已经深入到衣食住行、交友休闲娱乐等各个方面，互联网培养了大量宅居型、网控型消费者。将这些年轻的网控型客户纳入其潜在消费群体，以有效开拓线上市场，O2O 模式是传统生产制造及流通企业的不二选择。第二，互联网打破了时间和空间的约束，实现了商品、信息等资源跨时空、无界限以及无缝化的流通，这对提高信息及资源传递的效率，降低交易成本起着至关重要的作用。第三，O2O 商业模式不仅成功地实现了线上、线下商业生态圈的融合，而且与社交（social）、移动（mobile）和本地服务（local）等相关技术的高效融合，为商家构建了一个多入口、立体化的营销网络。这些技术打破了传统 PC 在空间上的局限性，充分利用智能终端的可定

① 舒声. 关于 O2O 领域，这五个价值思维法可以参考下. http://www.tmtpost.com/1025466.html，2015 - 06 - 15.

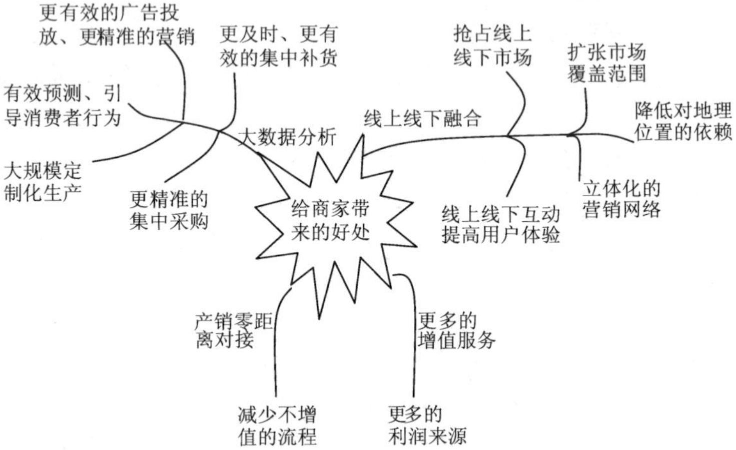

图 2-1　O2O 商业模式给企业（商家）带来的好处

位性、随身性、自动识别目标用户的特点，能有效分析并抓住消费者的消费心理，能帮助商家为消费者提供个性化产品和服务。第四，O2O 能实现消费行为数据的深度挖掘，能有效跟踪每一笔交易，能帮助企业更有针对性地开展促销活动。对企业开发新客户、维持老客户，预测和引导消费者的行为等都有积极价值。第五，对于传统电商型企业来说，O2O 模式能有效弥补其线下运营推广、线下服务不足的缺陷，对提高顾客的消费体验，增加客户忠诚度与黏性有积极意义。第六，O2O 模式降低了商家对地理位置的依赖，在一定程度上减少了租金方面的支出。第七，本地化程度较高的垂直 O2O 模式，还能为商家提供其他增值服务，拓展商家的收入来源。第八，商家通过 O2O 平台获取的基于云端的大数据，不仅是它们开展准时化集中采购、多品种少批量高频次集中补货、供应商管理库存，优化其采购、供应、补货决策和流程的基础，而且这些精准的大数据能帮助上游厂商更精细地、更准确地把握消费者的个性化需求，为其开展大规模定制化生产、优化生产决策提供基础条件。第九，O2O 模式下，传统供应链的组成元素被打散和重组。生产制造企业通过 O2O 平台与更远距离的消费者实现对接；商家可以以较低的成本扩大其辐射半径；制造企业可以对商品生产、营销的整个流程进行优化，这对减少不增值的流程、降低供应链运营成本、提高供应链运营效率有重要作用。因此，O2O 商业模式的应用将帮助商家实现供应链流程的优化。此外，O2O 商业模式在给商家提供更多、更低成本的宣传推广，实现线下、线上互动等方面都有积极价值。

(2) O2O 商业模式给消费者带来的好处。对消费者而言，O2O 模式带来的好处如图 2 - 2 所示。第一，O2O 平台提供丰富、全面、及时的商家折扣信息，对消费者购买价廉物美的产品和服务有积极作用。折扣、优惠等促销活动是驱使消费者选择 O2O 的重要因素。第二，O2O 平台能够汇总大量关联信息，并帮助消费者对信息进行分类、筛选，从而帮助消费者减少交易前的信息搜集处理成本。比如，本地化 O2O 模式下，消费者可以结合手机的地理定位功能找最近的餐馆、最近的酒店，找正在开展促销活动的电影院、歌厅等。减少信息处理的烦恼、提高信息处理的效率是 O2O 模式给消费者带来的另一重要好处。第三，O2O 模式打破了传统模式下时间、空间对交易的约束，消费者可以随时随地通过手机、PC 端或者线下门店浏览商家的产品、服务及促销活动等信息，可以随时随地与商家进行交易。第四，本地化 O2O 模式下，商家围绕本地居民的生活提供各类增值服务，而且 O2O 模式可以实现生产制造商与消费者的直接对接，这对减少流通环节、降低流通成本无疑有积极意义。第五，传统电子商务在线下市场的布局对消费者的线下体验起着决定作用，这对消费者科学合理地在线上市场开展理性消费以及增强其消费体验感等有着积极作用。增强消费体验是 O2O 模式努力为消费者带来的另一个重要价值。第六，O2O模式实现了商家和消费者的无缝化对接，这对消费者个性化、多样化需求的传递与满足起着关键作用。

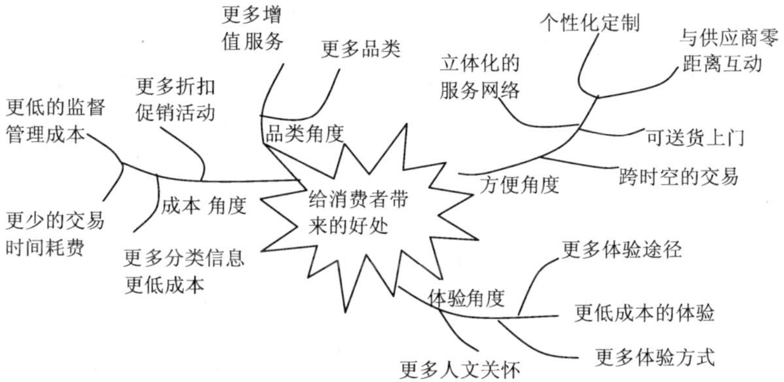

图2-2　O2O商业模式给消费者带来的好处

(3)O2O商业模式给平台运营方带来的好处。O2O平台主要有两类：一类是线上线下垂直一体化的O2O平台，另一类是第三方平台。显然前者是重资产型平台，后者是轻资产型平台。无论对于哪一类平台运营方，O2O商业模式都能给它们带来好处。对于重资产型平台运营方而言，O2O模式对它们抢占线上市场和线下市场有着积极意义。O2O模式的一个重要创新点是通过线上线下互动来提高用户黏性，从而提高线上、线下这两个市场的占有率。具体而言，O2O商业模式给商家带来的好处重资产型平台运营方几乎都能获得。对于轻资产型平台运营方而言，O2O商业模式给它们带来的无疑是利润，它们的利润来源于平台的流量、广告、销售提成、商家支付其他服务方面的费用，最吸引它们的是平台运营成功后的品牌价值以及蜂拥而至的投资与上市后所获得的巨大回报。显然，平台运营成功后，平台投资者能获得非常可观的收益。这就是为什么投资者们纷纷将目光锁定在 O2O 创业公司，以及 O2O 创业公司能不断获得 A 轮、B 轮、C 轮投资的主要原因。

2. O2O 商业模式运营过程中面临的主要问题

众多 O2O 创业公司以失败而告终，表明 O2O 商业模式在运营过程中会面临很多问题。这些问题没有有效解决的话，不仅不能发挥 O2O 商业模式的优势，不能确保各方都能从中获得相应的收益，而且会使 O2O 模式运营失败。O2O 模式在运营过程中面临的问题如图 2－3 所示。

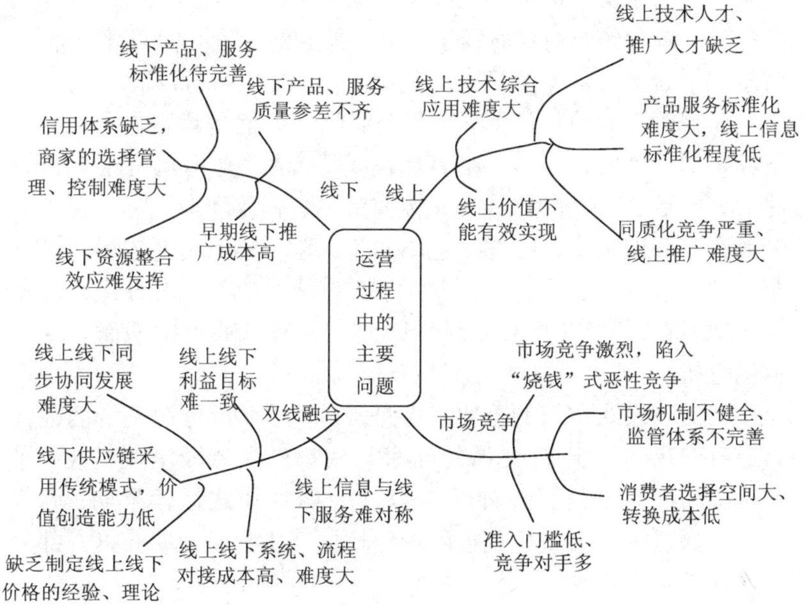

图 2－3　O2O 商业模式运营中面临的主要问题

(1)线下推广与运营中的问题。

线下供应链的价值创造能力、竞争力及对线下链条的管理能力是O2O模式成功运营的关键，然而，线下链条在实践运营中常面临以下难以有效解决的现实问题。

一是线下加盟商数量多，所提供的产品、服务的质量参差不齐，而核心主体在掌控和管理线下商家提供的产品和服务质量方面常常力不从心。低质量的产品和服务对顾客满意度的破坏性影响会在整个系统迅速蔓延，其对顾客满意度建设的破坏性影响远大于传统模式。

二是由于交易的前提是线下商家在O2O平台上发布其产品、服务信息或促销信息，而线下产品、服务的标准化是商家将相关信息在平台上客观有效描述的基础。产品、服务标准化建设的滞后与监督管理的缺位，线下服务企业的不规范运营等加大了对线下商家的监督管理难度。唯有加快线下产品、服务的标准化体系建设，才能尽快打破线上线下转换壁垒，有效降低产品、服务等资源在互联网上交易时的信息不对称风险，实现线上描述与线下服务的一致，有效预防与控制“付款前是上帝，付款后什么都不是”的情况发生，并且有效减少因商品或服务低于预期而产生的信用危机。

三是该模式价值的重要来源是资源整合，而资源整合的前提是通过O2O平台进行交易的商家与用户数量方面呈规模化、平台可交易的产品与服务种类多等。在O2O模式运营早期，商家和用户通过平台交易所获得的价值增值感不显著，唯有将一部分价值让渡给用户和商家，才能实现客户群体的快速扩大，“优惠券”“免单”“赠送”“超低价”是惯用手段，这无疑大大增加了本已居高不下的前期推广成本。比如，前面提到的街库网，免费给商家铺设大量二维码设备以及WI-FI设备，过高的前期推广成本在没有源源不断的外部资金注入的情况下，必然导致街库网不堪

O2O 成本重负，两年“烧钱”6700 万后倒闭。

四是将商家和用户整合到 O2O 平台虽完成了供应资源和需求资源的初步整合，但此时并不能真正发挥资源整合的价值。要想真正发挥供应资源和需求资源的整合价值，必须做到线上线下协同行动的同时，线下相关企业也协同行动起来为客户提供所承诺的服务。显然，在线下实体技术、实力、理念等参差不齐的今天，要做到整个 O2O 生态系统的协同，其难度可想而知。

五是我国信用体系缺乏，线下推广面临商家资质审核难度大的困境。商家“不诚信”曝光后的机会成本低，这无形中加大了线下服务的监督管理难度。O2O 模式发展不成熟，缺乏相关监督管理经验、制度，这进一步加大了线下管理的难度和成本。

(2)线上平台推广运营中的主要问题。

线上平台的推广能力、用户规模与黏性对 O2O 模式的成功运营起着决定性作用。对平台运营方主导的 O2O 模式而言，这点尤为关键。因为唯有用户规模与用户黏性达到一定程度，才能有效分摊平台建设、平台运营及线下产品、服务体系构建与管理的成本。实践中很多 O2O 平台都是由刚创立的小公司主导，在运营中面临很多的问题无法有效解决。常见问题主要有：

一是不能有效发挥 O2O 平台的价值。一般认为 O2O 平台价值是“线上引流到线下”，这是对 O2O 价值最粗浅的认识。要深入理解 O2O 平台的价值，必须首先认识到 O2O 平台与传统行业融合后，能帮助传统行业解决哪些问题，或者说 O2O 平台能为传统行业创造哪些价值。卫哲曾提出“凡是没有大幅提高用户体验的 O2O 不是好的 O2O，凡是不能大幅提高企业运营效率的 O2O 也不是好 O2O”的观点。这里指出了 O2O 必须在“提升用户体验感、提高企业运营效率”两个方面创造价值。显然，从不同角度可以探讨出 O2O 平台的不同价值。除了上面所说的价值外，O2O 平台至少应在以下两个方面发挥价值：

一方面，帮助传统行业改造行业的业态，提高其价值增值能力。意图颠覆传统行业的 O2O 的最终结果是自己被颠覆。外卖行业从过去的电话接单变成了互联网接单，出租车行业从公司化管理变成了平台化管理，生鲜零售业从过去到批发市场进货变成平台下单统一配送。这些都是通过改变传统行业来为各方主体创造价值，以实现生态系统中各方主体共生共赢的有力例证。O2O 改造传统行业业态的常见思路有：改变传统的营销推广方式，实现基于大数据的精准营销；改变传统的多级渠道思维，实现渠道的扁平化，帮助传统行业提高效率降低成本；改变传统的单线(线上或线下)思维，实现 O2O 体系化思维，建立线上线下融合的运营体系；改变传统的各自应战思维，形成产业链生态思维，实现协同竞争。显然，以上所说的改造传统行业业态的思路都不是一蹴而就的，而是建立在先进的理念、技术和系统的思维基础上的。

另一方面，要能不断实现商家和潜在消费者的精准对接。当越来越多的消费者把大部分时间花在互联网上时，越来越多的商家也把产品、服务和营销搬上互联网。互联网的无边际性、信息爆炸式增长性、用户海量性等决定了营销精准性的重要性。如果没有针对性的基于大数据分析和信息技术的营销推广，互联网营销与交易都将达不到理想的效果。由此可知，O2O 模式价值的发挥程度依赖于“互联网 + ”相关技术的发展应用程度。若不能有效实现先进“互联网 + ”技术的 O2O 平台，其价值仅仅是信息资源的互联网化和将网上需求引流到线下的价值粗浅化。

二是技术综合应用难度大。O2O 模式涉及的技术有线上技术、线下技术及线上与线下融合的技术。相对于成熟的线下技术而言，线上技术以及将线上线下融合的技术则大多属于专业化程度很强的新兴技术。对于普通的中小型创业型平台而言，熟练应用这些技术的难度可想而知。从线上平台所涉及的商品展示、商品分类检索、活动促销、咨询服务、系统设置等基础技术角度而言，能做到像天猫、京东等大平台一样充分考虑消费者需求、顾客体验的平台寥寥无几。对于基于大数据分析的精准营销技术，以及将线上系统与线下信息孤岛打通的技术以及线上线下互动的技术而言，也没有几家平台能充分发挥它们的价值。对于中小创业型 O2O 平台而言，要想完全自主掌握 CDN、云计算、云存储、云安全(防 DDOS、防 CC 等)、物联网等方面的技术基本上没有可能。将所有这些技术综合应用于某一个平台，才能充分发挥 O2O 模式所具有价值，而对于大多数平台而言，其难度实在太大，因而 O2O 模式所能发挥的效果较小，为各方创造的价值也就有限。

三是同质化竞争严重，线上推广难度大。云计算技术及相关服务的普及，大幅度降低了 O2O 创业的门槛，再加上 O2O 市场的美好前景的诱惑，使一些创业、投资公司蜂拥而至。以生鲜 O2O 为例，到 2014 年，生鲜 O2O 平台就有 4000 多家。就投资融资而言，2015 年融资的生鲜 O2O 企业不少于 20 家，融资金额最高者(中粮我买网，C 轮融资)有 2 亿多美元。2016 年一季度投融资的生鲜平台就有 6 家，融资金额有些甚至超过 1 亿美元。这一方面说明生鲜 O2O 市场的火热，另一方面也反映了 O2O 市场竞争的激烈。其他行业 O2O 的火热程度也不亚于生鲜行业。O2O 市场的火热，伴随的是同质化竞争的激烈和市场推广难度的加大。造成线上推广难度大的原因，除了同质化竞争严重之外，还有互联网信息泛滥、消费者对 O2O 的认识不足以及同行的恶性竞争等。百度公司董事长兼 CEO 李彦宏此前曾评论称，O2O 是一个没有技术含量的市场，所有行业都在砸钱、发红包，非常同质化。

四是线上技术人才、营销推广人才缺乏。罗迈国际(RMG Selection)互联网行业高级猎头顾问刘君告诉《第一财经周刊》，广义的O2O产业一年的市值是几千亿元，即使仅仅限定在餐饮、婚庆、亲子、护理等几个比较热门的O2O行业里，每年市值也有七八百亿元。巨大的市场导致了传统行业在向O2O延伸的过程中，人才需求每年以30%的速度递增。技术开发对于完成O2O的线上部分必不可少，其工作涉及iOS和Android等系统的APP研发、UI设计、美术设计、在线支付和大数据分析等。O2O模式要求线上技术人才必须既懂线上设计，又懂线下市场及所在行业的特点。这决定了新兴的IT人才在完成O2O平台的设计工作时面临所在行业经验缺乏的短板，而行业经验丰富的人才多来自于传统行业，他们对这种新兴的线上技术又非常陌生。因此，既懂线上设计又懂线下特点的人才或者说既懂线上运营推广又懂线下运营推广的人才将是非常稀缺的人才。做鱼火锅起家的新辣道董事长李剑曾说，他们公司的技术开发团队里不乏IT人才，但真正懂得消费者就餐习惯和餐饮业务模式的人却不多。比如，技术开发员在设计一个电子菜单界面时到底应该使用上翻页还是侧翻页，高毛利的菜放在哪些位置才能提高点击率，这些问题的有效解决依赖于设计工作者对线下消费者浏览网页习惯的了解。

五是产品服务标准化难度大，线上信息标准化程度低。O2O首先要做的是将线下产品、服务等迁移到互联网上，而非标准化的产品和服务是很难互联网化的，或者说迁移到互联网后所能发挥的效果也是远低于标准化产品和服务的。比如打车的标准化难度远低于上门打扫卫生等家政服务，所以家政O2O项目就没有打车O2O项目发展得那么快。因此，在非标准化的行业开展O2O业务，必须首先解决标准化问题。比如：中央三台在“赢在未来——农产品电商崛起”系列报道的第二集“产品的故事”中介绍了卖葡萄的潘东明，他做的最重要的事就是从着葡萄的色度、甜度、葡萄直径、重量等方面来尽可能地将非标准化的葡萄标准化。他说，虽然不知道消费者喜欢吃甜的还是酸的葡萄，但是他可以保证通过标准化(酸甜度)来如实告诉你，他的葡萄到底是甜的还是酸的、酸甜的程度如何等。只有解决了产品和服务的标准化问题，才能解决信息标准化问题(将产品和服务迁移到互联网上)。只有信息标准化了，消费者才能通过所看到的信息了解即将购买的产品和服务是否为他所需。标准化程度低的产品和服务，以及不同商家提供的产品和服务参差不齐，进一步加大了线下产品和服务的标准化管理难度，进一步降低了线上信息的可靠性。因此，标准化问题是很多 O2O 项目发展壮大的“拦路虎”。

(3)双线融合方面的问题。

O2O 模式的重要价值来源于双线融合，如果线上平台与线下服务系统没能有效融合，首先带来的问题是信息传递受阻、信息传递成本高，其次是消费者价值、商家价值难实现，最终的结果是增加了投资却不能带来相应回报而“一拍两散”。在实践中，双线融合会面临以下问题。

一是线上信息与线下服务难对称的问题。对于那些线上整合线下技术水平不高的中小创业型平台而言，它们并不能掌握线下服务的质量，它们的角色相当于第三方中介，它们的主要作用是在交易双方间推广和协调。对于快速增加的线下实体，在信息不对称的情况下，它们一方面会利用一切可能的机会夸大产品及服务给消费者的价值，隐藏其不足；另一方面，产品和服务本身的标准化程度低、监管难度大、不规范的运营所带来的产品及服务质量不稳定，使得线上信息与线下商家服务难对称的问题几乎存在于所有 O2O 公司。线上支付、线下消费体验模式要求线上承诺与线下服务一致。类似于“付款前是上帝，付款后什么都不是”的委托代理问题会给消费者的体验和满意度造成极大影响。这种消极影响会在朋友圈快速蔓延。没有好的口碑和信誉的 O2O 平台很难培育高黏度的客户群体，是很难走向规模化的。线上信息与线下服务难对称的问题是阻碍在所有 O2O 公司面前的一块“巨石”，及时将它铲除将会成为O2O公司健康发展的关键。

二是线上线下利益目标难一致的问题。从短期、显性角度来看，线上平台的收益来源与线下实体的收益来源不同。对于平台运营方来说，商家与消费者群体规模的快速增加，平台交易活动的火爆，能给它带来可观的流量收入、交易提成收入、广告收入，最重要的是受到投资公司青睐后的大笔风险资金。所有这些收入都是建立在客户群体规模化、交易火爆的基础上的。在商家和消费者不能从平台获得收益，不能从平台交易中获得价值增值的情况下，很难建立这个基础。平台、商家、消费者各方都要获得收益，而且都要实现价值增值，从短期来看这是与“羊毛出在羊身上”的道理相违背的。O2O模式对传统行业业态的改变节约了大量存在于传统模式中的浪费，当节约的浪费大于增加的成本时，各方主体才能都从中获得收益。O2O模式在推广前期一般需要高昂的运营推广成本，它所带来的成本节约与所带来的成本增加达到平衡需要很长的一段市场培育期。

如图2－4所示，当经过一段市场培育期，交易规模达到 Q_0 时，线上平台支付的运营成本才能与线下节约的成本相等。当交易规模大于 Q_0 时，O2O生态系统才开始真正创造价值，此时才能实现各方都赢的局面。商家为了从平台交易中获得好处，都会关注通过平台完成的交易量，但对于平台的总交易规模，它们并不关心。这也是有些没有形成交易闭环（没有在平台上付款）的O2O平台的提成收益无法得到保证的主要原因。如果O2O模式中的线上平台不能与线下有效融合，不能为商家带来除引流外的其他价值，那么商家可能仅仅利用平台的优惠券来招揽客户，而对客户是否会使用优惠券并不关心。说白了，就是顾客出示优惠券后，商家并不验证顾客出示的二维码或者序列号优惠券，而是直接给予优惠。这样一来，平台将无法监控优惠券的使用情况，也无法获得引流成功应得的收益。这种线下利益与线上利益不一致导致的最终后果是破坏了整个游戏规则，损害了整体利益，并最终导致 O2O 生态系统的解体。

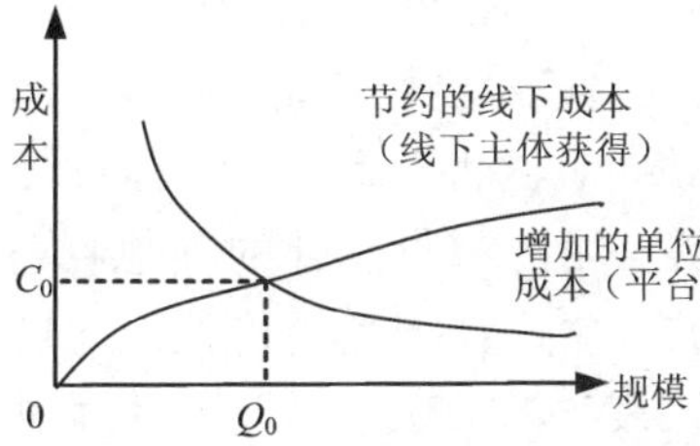

图 2－4　节约、增加的成本与平台交易规模的关系

三是线上线下系统、流程对接成本高、难度大的问题。O2O 的核心思想是线上线下一体化。只有一体化，消费者才能通过电脑、手机完成信息搜集、产品和服务的选择、下单、支付、评价等流程，商家才能根据交易数据制定科学的采购、库存、生产加工、配送等计划，并实现与客户需求的无缝化对接。一体化需要线下系统与线上系统的无缝化对接，也就是说消费端的预订、下单、支付、会员管理（CRM 系统），企业端的 ERP 系统、财务系统，这些系统都要与线上系统对接。只有线上系统与线下分散的信息系统对接成功，线下分散的信息孤岛才能通过平台连接成信息的海洋，才能充分发挥云计算、大数据的价值。只有系统对接成功，信息流才能同步传输，消费者才能轻松与商家互动，商家才能获得有效的消费者行为、偏好数据，才能引导消费者参与到产品研发、服务、评价反馈体系中来，才能最终实现线上线下流程的一体化。系统的对接涉及线上线下系统是否兼容，涉及线下线上数据库的设置，涉及服务器和数据库名称与线下软件数据库信息是否一致等很多问题。很多商家都缺乏系统，纵使有系统也存在系统多样化问题 。所有这些问题的存在，加大了线上线下系统对接的难度，提高了流程对接的成本。成都尚作农业科技有限公司董事长龙淼曾说："在达到一定规模后，能根据后台流程，动态调整每个农场的生产计划，能做到在全国自己种蔬菜，还敢让客户随机点菜的，我们是唯一一家，因为只有我们实现了大数据分析，实现了系统和流程的成功对接。"这番话至少向我们传递了以下信息：系统、流程对接难度大，系统、流程对接成功能给商家带来除宣传推广、引流、促销等收益外的其他收益，比如帮助商家制定动态的采购计划、生产计划和销售促销计划。

四是线上线下协同发展难度大。线上线下的协同发展，是任何一个O2O公司都必须面对且难以逾越的问题。线上线下的协同包括渠道协同、产品及服务协同、价格协同、物流协同、营销协同等。

O2O模式涉及线上电子渠道和线下实体渠道，这两种渠道在功能界定、促销策略制定等方面都要始终紧扣"提高用户体验、增加用户价值"这一理念。这两种渠道如果有一个投资主体，其协同相对比较容易，关键是要把握基于不同渠道价值的分工合作。比如：在电信O2O模式发展的早期，线上渠道主要作为线下业务办理的支撑和辅助，作为让客户足不出户就能办理业务的便捷方式而存在。线上渠道此时的价值是通过电子化、自动化将线下渠道从低价值的业务办理中解放出来。在此基础上，再充分利用自营的和第三方的电子渠道，强化线上渠道的销售功能，并同步加强线下实体店的体验、产品展示等提升用户体验的销售功能。线上线下渠道发展到一定程度后，将最终实现线上线下各有侧重、协同运作的终极目标。线上渠道应当充分发挥其宣传扩散的巨大能量，以推动业务量的提升；而实体渠道则应通过体验式营销，推广新业务、培育新客户、提供配套服务以强化客户体验等。当线上渠道和线下渠道分属不同运营主体时，线上线下渠道的协同将因为各自的利益诉求不同而变得非常困难。比如：线上渠道充分发挥其宣传造势方面的优势，将客户吸引到线下渠道，线下渠道的业务量得以增加但却不愿向线上渠道运营方支付相关费用。

线上线下产品协同是指这两种渠道基于产品差异性、互补兼容性等方面的协同。无论是纵向一体化的重资产型 O2O 公司还是横向一体化的轻资产型 O2O 公司，产品协同都是摆在它们面前的一大难题。为了防止线上渠道对线下市场的冲击，有些公司的做法是使线上产品与线下产品在质量、规格型号等方面不一致。他们期望这种不一致带来两个市场的共生共赢。业内常见做法就是在线上展示的产品多为过时的旧品，而线下渠道则为更能满足消费者需要的最新款。显然，这种产品协同模式充分考虑了线上低价市场与线下体验与服务的优势，但是不利于发挥 O2O 模式在线上线下一体化方面的价值。对于一些线上线下一体化的跨国型公司而言，它们构建 O2O 模式，是为了更好地为客户提供服务，以增加客户的满意度和其产品的市场占有率。比如说，国际性的服装品牌 H&M，它们的线下实体店会将客户引流到线上（在结算时扫描二维码即可获得优惠），线上网店也会传递线下实体店的相关信息，将消费者引流到线下。同时它们还向所有的消费者承诺其线上所有产品、促销活动、价格等都与线下一致。它们这样做才是真正以消费者价值为核心，才能在发挥线上渠道跨时空价值的同时充分发挥线下实体店试穿体验、即买即穿体验等价值。产品协同还有一种有效做法，就是线上线下产品的互补和兼容。线上渠道虽具有跨时空营销推广、交易方面的优势，但它也具有物流成本高、交货时间长、虚拟环境给消费者带来不真实、不安全感以及消费决策冲动等缺点。线上线下产品的互补和兼容性可以帮助克服线上交易模式的不足。比如：在生鲜 O2O 平台，对于需求量不是很大、快递物流成本又比较高的高品质土鸡、高档水果等来说，通过线上平台预定，再送至线下实体店，这样能实现高品质产品采购、物流作业的高度计划性和精益性。

对于需求量大的大米、面条、小菜、普通肉类产品来说，既可以在线上平台又可以在线下实体店呈现，这不仅可以实现采购、物流的规模化，又可以克服虚拟交易的不足。显然，线上线下产品协同策略因行业、O2O公司类别、产品属性、客户需求等的不同而不同，其科学决策不仅关系的O2O模式的运营效果以及消费者价值的实现，而且关系到其他各方利益。这是一个两难、需要平衡的决策。

价格协同是指线上线下产品在品种、功能、类别、品牌等方面一致的情况下，通过价格策略来协同相关主体行为的一种协同策略。线上线下价格问题，一直是争议的焦点，是一个需要权衡多方利益与价值的难题。有人主张“同款同价”，而有人则说“线上线下同价是个错误”。在实践中，有坚持同款同价的苏宁、H&M等重资产型O2O企业，也有坚持“线上线下同价不现实”的国美电器。显然，到底是同价还是不同价？不同价时价格差异多大？这些问题的答案会因价格制定者需达到的目的、产品及服务的类别、消费者需求偏好、渠道成本、竞争策略与商业环境等众多因素的不同而不同。显然，线上线下产品及服务类别不同，价格应该不同，例如，线下除了提供产品（如一杯咖啡）之外，还会附带有其他服务（良好的休闲聊天环境及客户服务所带来的体验），而线上就是快递一杯咖啡。这种不同的产品服务、不同的价格满足的是不同人群的需求。与消费者需求偏好一致的价格策略才是有效的价格策略，例如，寒冬或者酷暑，能上门给消费者带来好的体验的产品或服务，无疑能从消费者那里获得更大的回报。对于快递物流成本较高的产品，则应该通过有效的价格促销策略将消费者引至线下消费，而对于那些库存成本较高，市场波动大、采购生产计划难度大的产品，则应该通过价格与促销策略将消费者引至线上以使销售订单提前送至以及计划更加准确。

物流协同主要表现为线上订单与线下物流的协同作业以及线

下不同商家、线下物流链所涉及的不同主体间物流活动的协同实施。比如：将同一客户、同一区域的线上线下订单统一打包，以减少装卸、搬运、分拣的次数；线下同一区域的商家开展协同配送；将整个物流过程划分为不同阶段，不同阶段的物流承运人在物流活动的内容、时间、流程等方面展开协同作业。相比于横向一体化的 O2O 公司，纵向一体化的 O2O 公司线上线下更容易在物流方面展开协同作业。不同订单的物流作业涉及收货人、物流作业内容、物流作业时间要求、货物属性、物流条件、物流设施设备、物流关联人以及能支付的物流费用等众多方面，其有效协同显然不是易事。在缺乏统一的信息系统的情况下，横向一体化的 O2O 公司的物流协同基本上是不可能也是不经济的。在物流协同的过程中，线上系统应该发挥中枢神经系统的作用，充分发挥其在线上查询、线上预约、线上协同、线上数据分析等方面的价值。

线上线下营销协同可以表现为线上线下不同营销主体在营销活动内容、活动时间、活动对象等方面的协同。它包括线上不同主体协同开展促销活动，以提高促销活动辐射的广度和深度，也包括线上平台和线下主体在营销活动内容、活动对象以及活动时间等方面的分工与协同。“双十一”期间，淘宝、天猫入驻商家的协同促销，硬生生地将“双十一”这个“光棍节”改为网络购物节，这也是线上商家协同营销的效果。显然，线上商家的协同营销不仅需要线上平台对入驻商家有强大的组织管理能力，而且需要参与商家对协同营销的积极作用达成共识，需要线上平台方能利用其线上优势通过造势以积聚人气。线上平台造势的能力、各商家参与配合的积极性以及优惠促销的力度和方式等决定了线上线下协同营销的效果。

协同计划、预测和补货是供应链上下游企业在面临交货期不断缩短、成本降低压力进一步加大、质量和服务要求不断提高的大背景下，为了具备对不断变化的市场需求作出科学预测和快速反应的能力，与供应链上的企业进一步加强联盟与合作，以更加紧密的协同方式对外部市场进行预测，制定采购、生产、库存、补货等计划，并通过协同方式连续不断地补充库存的一种管理新模式。在该模式下，各方会通过基于 Web 的联合预测计划改进连续补货的标准，能够利用 Internet 来共享预测、检测变化、交换知识和协调解决分歧，最终确定一个共同的预测和补货计划来增加整个链条的响应速度，降低成本，提高服务水平。协同计划、预测和补货跨越了企业和整个生态链，它需要应用一系列技术模型和处理手段，需要各方建立起相互信任的伙伴关系。线下商家在信息技术水平、信息共享、协同计划、协同预测、协同补货等方面的认同与努力程度等任何一方面的问题都会使得整个协同过程形同虚设。

五是线上线下价格制定不合理的问题。对于现有 O2O 实践而言，很多公司通过低价策略吸引消费者。它们期待通过价格优势来快速抢占“入口”，最终实现线上电子商务市场的“赢家通吃”。这种低价竞争方式虽能暂时吸引部分价格驱动型消费者，但它付出的代价是严重扰乱线下市场的竞争秩序。商家如何权衡线上价格和线下价格的差异，如何在满足两个市场消费者需求的前提下实现两个渠道的优势互补才是 O2O 模式健康发展的关键。

(4)市场竞争方面的问题。

云计算技术的发展应用大幅度降低了线上平台的建设与维护成本，降低了 O2O 市场的准入门槛。电子商务市场的火热和传统线下市场的低迷，向所有商家和企业传递了“O2O 将是大势所趋”的信号。传统企业和商家中广泛流传的“不上 O2O 就等死”的言论，进一步加剧了 O2O 市场的火热。无论是互联网巨头、传统制造生产企业，还是传统的大型及小型零售企业，无不卷入了 O2O 的纷争中。价格折扣、优惠券、购物卡、买一送一、返现、全返(百分之百返现)等各种“烧钱”式恶性竞争手段无所不用其极。在供应端五花八门的促销活动的吸引下，价格敏感型消费者频繁地从一个平台跳到另一个平台。如果不能给顾客带来实质性的价值增值，不能帮助消费者解决“多掏钱也要解决”的烦恼，那么无论是低价促销竞争手段还是增加顾客体验的竞争手段，应用到一定程度后消费者都会出现“审美疲劳”。如何通过“互联网+”技术改变传统业态，清除传统业态中的浪费以真正降低成本，如何通过大数据技术以及协同技术的应用，以倾听和满足消费者需求，才是O2O时代市场竞争取胜的关键。此外，作为一种新兴而火热的市场运作新模式，制定行业标准、健全市场监管机制、防范市场投机风险，才是市场稳定健康发展的基础。

2.2 农村资源流模式概述

2.2.1 农村资源流的含义

资源指自然界和人类社会中存在的可以用来创造物质财富和精神财富的客观存在。它包括自然资源和社会资源。自然资源是指在一定时期、地点条件下能够产生经济价值，能用来提高人类当前和将来福利的自然因素和条件，包括阳光、空气、水、土地、森林、草原、动物、矿藏等。社会资源则是一个社会在其运行、发展进程中，以及生活在这个社会中的人们在其活动中为了实现自身目的所需要具备或可利用的一切条件，它包括劳动力、物质资料、资金、信息、技术、知识、组织、社会关系经营管理才能和智力等。农村资源是农村这一特定区域内所存在的一切可被人类开发、利用的各种自然资源和社会资源。在百度和知网中输入“农村资源”，出现频率最高的词语有：农村土地资源、农村旅游资源、农村人力资源、农林水产畜牧资源、农村生产要素资源等。

本书涉及的与农村资源有关的词语主要有“农村生产要素资源”“农村生活服务资源”“农村产出资源”(农产品、旅游服务等)等。

“农村资源流”是“农村资源流通”的缩写，它由农村资源在不同使用者、拥有者之间流转、交易所伴随的系列活动构成。根据实际情况的不同，它包括资源所有权、使用权的交易买卖(有些集体所有资源只能涉及使用权)、资源相关物质实体在供应者和接收者之间的转移(对于无形资源和土地、房产等资源而言，可以不涉及物质实体的转移)、相关信息以及资金的流动等。本书关注的农村资源流主要有：可以依法进行交易的农业生产要素资源及相关权益的流通，比如农村土地、林木、林地承包经营权，农业机械机具(包括买卖和租赁)、小型农田水利设施的使用权，水面承包经营权、养殖经营权等；农村居民生活服务资源的流通；农村地区农业、工业及服务业等行业的产出资源的流通，比如农村休闲旅游服务资源的流通，教育、宴席服务、租车、家政护理等服务的流通，农产品的流通；农村生产生活相关的资金、技术、信息等的流通；农业生产者、手艺人、计划外出务工等人力资源的流通。

2.2.2 农村资源流模式的含义和类别

农村资源流是决定农村经济发展或农民生活水平高低的关键因素。农村资源的流出和流入不仅要有量的增长，更要有质的提高。要将单纯依靠低层级劳动力资源流出以获取各种生活资源流入的思路升级，通过资金、技术、知识、人才等高层次资源的流入，将高层次流入资源与农村独特的自然资源结合生产出独特的产品、服务资源后再流出，以增加流出资源的价值。农村资源流的模式要顺应时代要求而变革，要将现代的资源流通技术和流通模式，比如说“互联网 + 流通”，运用到农村资源的流通过程中来，以实现农村经济活动所缺乏的生产要素资源的高效流入和农村独特自然资源、产品资源的流出。

农村资源流通模式是农村资源在不同主体之间流转的具体方式，它表现为流通主体、流通渠道、流通环节等的特定组合方式。比如传统的批发零售模式下，商品(资源)历经了“生产者—批发商—零售商”等流通过程后到达消费者手中，商品走的是批发零售渠道，经过的是批发和零售环节。在传统批发零售模式下，资源流通所包含的所有权(使用权)、物质实体、供求信息、资金等四流的特点如图2-5所示。在该模式下，所有权、物质实体、相关信息和资金在不同环节主体之间逐级传递。所有权及物质实体从生产者出发，逐级经过各类中间商后转移到消费者手中；消费者支付的货币则由消费者逐级转移到生产者手中。渠道上的各类流通主体共同承担流通任务，分享流通利润。渠道商之间以及生产者和渠道商之间主要是相互竞争的关系。

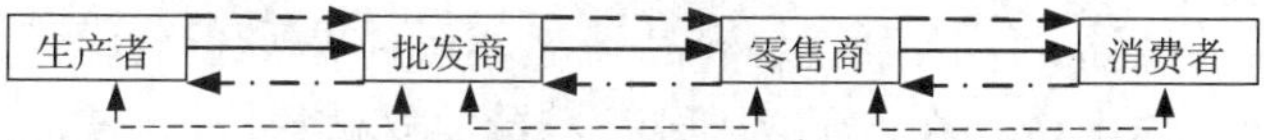

注：图中 - -► 代表所有权的流通，——► 代表物质实体的流通，◄·- 代表资金的流通
▲_▲代表供求信息在相邻主体之间流通

图2-5 传统批发零售模式下的四流

除了传统的批发零售模式外，在商品流通过程中，还存在以下模式，这些模式在工业产品的流通过程中发挥了重要作用，而在农村资源的流通过程中，有些流通模式还是新事物。比如：(1)产消对接模式，在没有电子商务介入的情况下，产消对接主要表现为生产者和大型消费者对接(比如说农业生产者直接与食堂、饭店等签订交易合同)，或者是独特产品(比如说只能在飞机上使用的元器件)的生产者通过他们的销售员直接与其需求者(飞机生产商)建立交易关系。(2)电子商务模式，电子商务模式

是依托互联网建立的供应者和需求者之间的交易模式，其具体形式有很多种，比如B2C，B2B2C，C2C等。(3)直销员直销模式，该模式下，生产制造商通过招募大量的直销员，将产品销售给终端的消费者。(4)电视购物、邮购、自动供货机、目录销售、登门销售等销售模式。(5)寄售模式，寄售模式是一种能帮助生产供应方快速打开市场的代销模式。该模式下，零售方不需要预先支付货款，等货出售后再按实际销售量支付相关款项，对于没有成功销售或者销售期间出现的损耗，均由生产方承担的一种销售模式。

传统流通模式制约了流通效率的提高，流通模式的创新是大势所趋。目前，商品流通模式的主要变化趋势为：去中间化、网络化、电子化。具体而言，商品流通模式发生了以下变化：一是流通观念发生了变化，比如，“大流通”观念的出现。在大流通观念下，商品流通不再是社会再生产过程的一个末端环节，不再是由生产来推动流通，而认为应是商品流通驱动，更妥当地说是顾客需求驱动下的生产。在产品的研发设计、原材料采购、产品的生产和销售、售后服务、信息反馈整个过程中，都应体现流通的思想[①]。二是新型流通主体大量涌现，比如，电商平台型流通主体和以配送服务为主的终端综合服务型流通主体。三是流通主体关系发生微妙变化，传统的以竞争为主的关系正悄然向以合作为主的关系转变，链上企业协同与其他链条开展竞争(供应链与供应链、生态圈与生态圈之间的竞争)成为大趋势。四是传统流通主体的功能正在转型，传统批发商的功能将从以批发交易为主向物流、信息流服务以及协调链上主体行为转变，传统零售商将在零售交易的基础上增加了宅配、便民服务等新功能，很多生产型

① 黄瀚玉. O2O模式下的人才空缺 这个行业到底需要什么样的人?. 第一财经周刊.[EB/OL]http://www.yicai.com/news/4618813.html, 2015.05.17.

流通主体正在弱化其生产功能(将生产作业外包)，强化其流通渠道建设与管理的功能，比如，苹果专注于研发、品牌建设、流通渠道建设和管理。五是新的商品流通模式中，商流、物流、信息流以及资金流的流转模式均发生了变化，其最大特点是“互联网 +”，也就是说，商品所有权的交易、物质实体在不同时间和空间的转移、信息的获取处理和分享、资金的分配等均与互联网紧密结合在一起。

2.2.3　基于 O2O 的农村资源流模式与传统流通模式的关系

无论是传统的批发零售模式还是传统的淘宝式电商模式，都有其弊端，也有其优势。比如说，传统的批发零售模式物流规模效应明显，但中间环节太多，交易成本太高，去中间化才能适应新的竞争形势，而淘宝式电商模式虽成功地去中间化，交易成本低，但面临单位物流成本高、货物质量难保障、交货时间长、顾客体验感低等问题。线上线下融合的 O2O 模式能有效发挥两者的优势，并克服其弊端。由此可知，O2O 模式与传统流通模式存在千丝万缕的联系，它是传统模式的优化与完善。

O2O 模式与传统流通模式的关系因 O2O 模式的种类不同而不同。(1)传统生产制造企业主导的 O2O 模式。它是传统流通模式的升级换代，是在传统流通渠道的基础上再增加一个线上的电子渠道，并将线上信息系统与线下渠道各节点的信息系统对接，以实现双线互联互通。(2)传统批发商城主导的 O2O 模式。该模式的出现会导致传统批发模式发生以下变化：一是在早期，O2O 模式不会取代传统批发模式，只会在传统批发模式的基础上增加线上批发模式；二是 O2O 模式发展过程中，线下市场的交易主体会逐步用线上交易方式替代线下交易方式，传统的以批发交易生存的专业批发商逐步被淘汰，取而代之的是生产型批发商；三是该模式发展到一定程度后，传统批发市场相关设施的功能主要是信息功能、协调功能和物流功能，传统批发模式最终被替代。(3)大型连锁零售商主导的 O2O 模式。根据现有的大型零售商主导的 O2O 模式的运营情况来看，也是在传统零售模式的基础上，增加线上电子平台以占有线上市场。O2O 模式的线上交易渠道并没有取代传统线下渠道，一般会通过增加线下交易节点，强化线下交易节点的物流配送功能，以更好地为线上交易服务。(4)平台型电商主体主导的 O2O 模式。该模式对传统零售行业而言，仅仅是它们应对电商竞争的举措之一，它们既有的运营模式不会因 O2O 的出现而有太大改变。线上平台的主要作用是帮助它们将线上客户吸引过来，它们的主攻市场仍是传统市场。而对传统服务业特别是对单个作业(非团队作业)的服务行业而言，O2O 的出现会对它们既的有运营模式产生巨大影响。比如说，美容、家政、租车等行业，只需服务者本人就可以为客户提供所需要的服务，从滴滴打车对的士公司的冲击即可知一二。

第3章　基于O2O的农村资源流模式的价值

3.1　资源整合价值

3.1.1　资源整合的含义与主要方式

1. 资源整合的含义

整合是通过某种方式，将原本彼此分散的要素整合成一个有机整体，以实现“1+1 > 2”的整合效应。资源整合是在系统观的指导下，将各种分散或独立运作的资源集成为一个有机整体后再统一进行优化配置。资源整合的过程是企业对不同来源、不同层次、不同结构、不同内容的资源进行识别与选择、汲取与配置、激活和有机融合，使其在一个共同的系统内创造出更多新价值的一个复杂过程①。对于企业而言，资源整合既涉及企业内部资源的整合也涉及外部资源的整合。为动态适应外部市场的需求，企业必须不断对内部拥有的资源进行动态整合。比如，将企业内部彼此相关但却分离的职能部门整合成能为客户提供全面的一体化服务的新部门，这就是企业适应外部环境整合内部资源的重要举措。再如，UPS于2002年1月将原来分散的为客户提供服务的物流公司、货运公司、金融公司、咨询公司和邮件管理公司整合

① 洪秦平. 资源整合赢天下[M]. 北京：中国经济出版社,2011, 4.

后，成立了供应链管理解决方案事业部。该事业部拥有由工程师、物流专家、技术集成专家、多式联运专家和投资分析专家等组成的专家团队，该团队能为客户设计“一站式”的全球供应链管理方案，以更好地服务于拥有全球网络的客户。外部资源整合是企业通过联盟、合作、合资、兼并重组等手段将外部资源整合起来，以在满足客户需求、占有市场、扩大规模、降低成本、控制外部稀缺资源等方面快速达成自己目标的一种经济行为。

2. 资源整合的主要方式

洪秦平在《资源整合赢天下》中介绍了学习交流、分工协作、置换、租用、兼并收购、聘用、联合、联盟、合伙、特许经营、融资上市等十一种资源整合方式。除此之外，企业内部资源整合的方式还有资源整合式组织重构，外部资源整合方式还有合作式、平台式、园区式。资源整合的主要方式如表3-1所示。

表3-1 企业资源整合方式分类表

资源整合的方式	含义	主要整合的资源
学习交流	通过安排人员参与企业内部或外部组织的各种培训、研讨会、论坛、年会、庆典、聚会等活动，获取信息、知识经验及人脉等无形资源的资源整合方式	信息、知识、经验及人脉等无形资源
聘用	通过正式聘用或者临时聘请拥有某种特殊资源的人以弥补企业在该资源方面的不足的资源整合方式	人力资源及人拥有的无形资源

续表3-1

资源整合的方式	含义	主要整合的资源
特许经营	特许经营指特许经营权拥有者以合同约定的形式，允许被特许经营者有偿使用其名称、商标、专有技术、产品及运作管理经验等从事经营活动的商业经营模式	品牌、市场、经营理念等无形资源
分工协作	分工协作是用于整合团队内部资源的最简单直接的方式	团队内部的资源
置换	置换指资源拥有方之间相互交换资源的一种资源整合模式，比如，互联网公司之间通过广告位的置换来互相实现客户导流，以及同一商城内部不同商户所售商品和客源的交换	常用于市场需求资源和生产要素资源的整合
租用	租用是通过支付一定费用而临时拥有某种物力资源的使用权的一种模式	物力资源
兼并收购	兼并收购简称并购，指两家或者更多的独立企业合并组成一家企业，通常由一家占优势的公司吸收另一家或者多家公司	各种企业资源
联合	联合指为了实现共同目标，两个不同主体将其所拥有的资源按约定方式联合行动，以获取“1+1>2”的资源整合效应，如联合营销、联合研发等	研发、生产、市场营销等资源。

续表3-1

资源整合的方式	含义	主要整合的资源
联盟	联盟指不同市场主体按照共同约定结成利益共同体，以实现某一目标的同行动、同进退。在商业领域常见的有同业联盟和异业联盟。同业联盟是同行之间为了防止恶性竞争或为了实现规模效应而结成的联盟；异业联盟则是稀缺异质资源拥有者为了使用或控制外部资源而结成的联盟	各种同类或异类资源
合伙	合伙指两人或者两人以上的群体，发挥各自优势，一同去做一些可以给其带来经济利益的事情。它可以是个人合伙，也可以是企业合伙	缺乏的各种资源
合作	合作指个人与个人、群体与群体之间为达到共同目的，彼此相互配合的一种联合行动	缺乏的各种资源
融资	融资是企业筹集资金的行为与过程。企业融资的渠道主要有：债务性融资和权益性融资。前者包括银行贷款、发行债券和应付票据、应付账款等，后者主要指发行股票、上市融资	资金
组织重构	组织重构指对企业组织运营体系的系统性整改，包括业务流程、作业制度、部门设置、岗位设置、人员调整、支撑运营的管理制度等。组织重构必定涉及企业内部资源的重新整合	企业内部资源

续表 3-1

资源整合的方式	含义	主要整合的资源
平台式	平台指一种基础的可用于衍生其他产品的环境。比如：学习交流平台、电子交易平台。平台式资源整合方式指通过构建或融入一个资源聚集的平台，借力发展自己或整合供求资源，从而获取经济利益的一种资源整合方式	各类资源的供求整合
园区式	园区式指通过进驻或建立一个某类资源聚集的园区，以借力全区优势资源或整合该类资源的资源整合方式，比如说高新技术产业开发区、物流园区等	各类资源

兼并重组作为重资产型的资源整合方式，主要采用四种形式：一是整体兼并，即兼并方承担被兼并方的全部债权和债务，接收其全部资产，安置其全部职工的一种兼并方式；二是投资控股，兼并方通过收购或资产转换等方式，取得被兼并企业的控股权，一般来说，跨地区、跨行业的兼并主要采用投资控股的形式；三是品牌运作，这是一种通过无形资产、知识、经验、市场等盘活有形资产的一种形式；四是合并式，即两个或两个以上企业通过签订协议实现合并，组成一个新的企业。兼并重组曾是备受中国企业青睐的一种外部资源整合方式，是一种重资产型纵向一体化的资源整合方式。人们习惯上将企业间的兼并比作“鱼吃鱼”。比如：将大企业兼并小企业比喻成“大鱼吃小鱼”，将新技术企业兼并传统企业比喻成“快鱼吃慢鱼”，将“强强联合”比喻成“鲨鱼吃鲨鱼”。

外部经济环境的快速变化凸显出重资产型资源整合模式的弊端，加快了通过联盟、联合、合作等方式建立虚拟组织的外部资源整合方式的发展。那些能专注于自己优势领域，专注于培育自己核心竞争力的企业，通过与外部异质资源拥有者的战略联盟与长期合作，在行业内快速崛起。大家所熟知的苹果、阿迪达斯等快速崛起的世界一流品牌，它们都专注于产品研发、品牌塑造、渠道建设，而将零部件生产、成品组装、物流等工作委托给所在行业领先的企业，它们通过这种强强联盟式战略合作的模式快速组建了一支能为消费者提供一流产品和服务的团队，并成功打败了行业内众多实力企业。联盟、合作式外部资源整合是一种轻资产型资源整合模式，它具有反应灵活、对外部环境适应能力强的特点，能通过将自己的优势资源与外部其他优质资源的交换与共享来创造价值。

3.1.2　资源整合的价值

资源整合之所以受到各类市场主体的喜爱，是因为通过整合能给各方带来价值。郎咸平说，一个人整合能力的大小，决定了他成功的大小。柳传志说，有的人不是珍珠，但他是一条线，他最大的特点是能够把珍珠串起来，做出一条光彩夺目的珍珠项链。线和珍珠整合成珍珠项链后，在消费者心中的价值远大于单独的一根线和几颗珍珠的价值。大家所熟知的“合纵连横”，其本质就是外部资源整合。韩非子曾说过：“从(纵)成必霸，横成必王”，这句话告诉我们：纵向、横向资源的成功整合能帮助我们在所处领域、所在行业“称王称霸”。这些话语，无不向我们显示资源整合的价值。

(1)时间价值。时间价值是一个内涵很深的概念，这点在本章后面部分将做详细论述。企业(个人)要达到某一目标，必须具备相应资源。相应资源的准备时间无疑是决定其目标达成时间的关键指标。准备资源的途径有两种：一种是自我积累，另一种是外部整合。显然，通过外部整合的方式获取所需资源的时间远小于通过自我积累的方式获取所需资源的时间。盛世合兴教育训练集团董事长、本土资源整合大师周嵘曾说："资源整合就是一个工具，这个工具是为了达到目标服务的，且它有两个特点：第一是使用资源整合这个工具来达成目标的时候，可以比较快速；第二是相对而言比较轻松，即资源整合是快速轻松达成目标的工具。"营销之父科特勒说，中国品牌国际化不仅是指打造中国品牌，更是通过整合手段来兼并收购国外品牌。科特勒告诉我们，兼并收购国外品牌是中国企业实现品牌国际化的最好的路，也是最快的路。

(2)杠杆价值，阿基米德在发明杠杆原理后曾放出豪言："给我一个支点，我能撬动整个地球。"这句话以简单易懂的方式告诉了我们杠杆的价值。资源整合具有非常明显的杠杆效应。借助资源整合这个杠杆，企业(个人)可以成功运用自己拥有的核心资源运作起一个巨大的资源盘。比如：苹果以其在研发和品牌建设方面的核心优势，在全球整合了台积电、三星、富士康、台厂鸿海、广达、和硕、仁宝、美商伟创力等在内的众多优质供应商资源。除在供应端整合全球一流的供应商资源外，还在需求端整合优质零售商资源，并成功织就了一张覆盖全球市场的零售网。苹果借助资源整合这个杠杆，用它所拥有的核心资源支起了一个巨大的覆盖全球市场的供应商资源盘和终端零售资源盘。有效利用资源整合这个杠杆，我们才可以用自己所拥有的核心优质资源换取我们所需要的、所缺乏的几乎所有的资源。企业可以通过学习交流的方式解决其人脉资源缺乏、信息资源的问题；通过合伙、置换、租用、融资、上市等方式可以解决其发展过程中面临的财力资源不足的问题；通过并购、合伙、联盟、特许加盟等方式整合上下游资源，解决其快速扩张过程中物资供应与市场需求资源不足的问题；通过租用品牌、联合营销、特许经营等方式，提升企业品牌知名度并解决渠道资源缺乏的问题；通过外包、并购等方式迅速扩大生产能力，解决生产要素资源不足的问题。

（3）网络价值。资源整合的网络价值指通过资源整合这个工具，把分散的辐射小范围市场的节点织成一张覆盖范围更广的网，并通过资源、价值、信息等在网内的快速有序流动，实现“1+1 >2”的非线性叠加效应，从而为原有分散的节点带来价值增值。根据整合的节点资源类别不同，或者说根据网络内流动的主要资源的不同，这张网可以分解为不同的网，比如供应网、需求网、终端配送网、信息网、关系网、价值网等。从亚德里安·斯莱沃斯基（Adrian J. Slywotzky）等对价值网络的描述中可对资源整合所带来的网络价值有更清楚的了解。亚德里安·斯莱沃斯基等（1998）在《发现利润区》中首次提出了“价值网络”的概念，并指出：“价值网络是一种新的业务模式，它将顾客日益提高的苛刻要求和灵活以及有效率、低成本的制造相连接，采用数字信息技术快速配送产品，避开了代理高昂的分销层，将合作的供应商连接在一起，以便交付定制的解决方案，将运价提升到战略水平，以适应不断发生的变化。”[①]亚德里安·斯莱沃斯基在价值网络的描述中指出：“通过Internet、信息技术的桥梁和保证作用，将客户、供应商及其合作伙伴等网络实体结成价值网后，能在以下几个方面实现价值增值：能成功进行定制化生产，能快速满足顾客日益提高的苛刻需求，能实现有效率、低成本的制造，能有效避开传统的代价高昂的分销层，降低分销成本，能适应不断发生的变化。”

① 亚德里安·斯莱沃斯基（Adrian J. Slywotzky），大卫·莫里森（David J. Morrison），鲍勃·安德尔曼（Bob Andelman）. 发现利润区[M]. 吴春雷，译. 刘宁，校. 北京：中信出版社，2014，1.

(4)边际价值。资源整合的边际价值主要指通过资源在资源拥有者之间的互享来有效消除某类资源过多引起的边际收益递减现象。边际收益递减是指在技术水平和其他条件不变的情况下，当某类资源的投入增加到一定程度后，再多投入一个单位的这类资源，所增加的收益将会不断递减。比如，无论是在一个地区、行业或企业，当资本的投入增加到一定程度后，再增加一单位的资本投入，所增加的效益会不断减少。这是因为在技术水平不变的情况下，生产所需的各类要素存在一个最优比例关系。当其他要素投入量不变时，仅仅增加某类要素的投入，会导致投入要素量之间的比例不断发生变化。当投入要素的配合比例达到最优比例时，边际产量达到最大。此后，如果再继续增加该类要素的投入量，就会打破这种最优比例关系，导致边际收益不断递减。为便于理解最优比例关系，举个简单例子，假设在某技术水平下，生产单位甲产品需要 A、B、C 三类资源的量分别为 3、5、9 个单位(最优比例关系为 3∶5∶9)。企业在拥有 30 个单位的 A、50 个单位的 B 的情况下欲增加 C 资源的投入。显然，在开始时，随着 C 资源投入的增加，甲产品的产量会增加，当 C 资源投入到 90 个单位时，企业拥有的三类资源达到最优比例，此时再增加投入并不能增加公司的收益。

通俗地说，资源整合的边际价值指当某种资源比较多，且该类资源的拥有量处于边际收益递减区时，将多余的处于边际收益递减区的资源拿出来与缺乏这种资源或者说处于边际收益递增区的伙伴共享，伙伴使用这些资源所获得的收益将大于你使用这些资源所获得的收益。我们可以假设一个生态圈，或者说是一个资源整合圈，圈内的都是一些拥有较多某类特殊资源的个体。圈内的每个个体都将自己拥有的特殊资源拿出来与缺乏这种资源的伙伴分享，资源分享所增加的边际收益按一定比例在共享主体之间分配。无疑，按照这种模式运作的生态圈中的每个个体都能获得

更多的收益。如图 3－2 所示，假设圈内有Ⅰ号、Ⅱ号、Ⅲ号三个

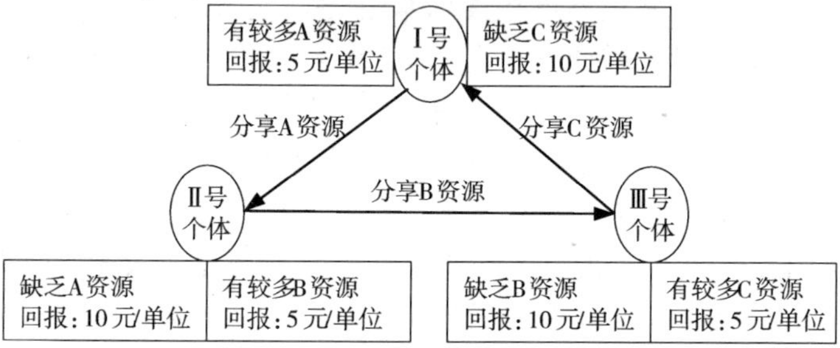

图 3－2　资源在圈内个体间共享能有效增加边际收益

个体，其生产经营活动都需要 A、B、C 三种资源，每个个体将多余资源拿出来与圈内伙伴共享，共享后每个个体能增加 5 元/单位的收益。在共享前，Ⅰ号个体缺乏 C 资源，每增加一个单位的 C 资源能给他带来 10 元的回报，同时拥有较多 A 资源，多余的 A 资源只能给他带来 5 元/单位的回报。Ⅱ号个体拥有较多 B 资源，这些 B 资源也只能给他带来 5 元/单位的回报，而他则缺乏 A 资源，每增加一个单位的 A 资源能给他带来 10 元的回报。Ⅲ号个体则拥有更多的 C 资源，C 资源给他带来的回报也是 5 元/单位，他缺乏的是 B 资源，每增加一个单位的 B 资源给他带来的回报也是 10 元。显然，按照图 3－2 所示方式将 A、B、C 三类资源在三个个体之间共享，可以分别给整个生态圈增加 5 元/单位的收益。资源整合的边际价值告诉我们，要善于用伙伴之间彼此拥有的资源来创造共同利益，特别是隐性资源、边际收益递减的资源、无形资源、闲置资源等。在共享之前注意制订合理的收益分配规则，以增加共享伙伴的收益，提高伙伴参与共享的积极性。

3.1.3　O2O 模式所带来的农村资源整合价值

通过构建融线上平台和线下服务实体于一体的农村资源流模式，能有效整合农村的各种生产要素资源、流通资源、服务资源、产品资源和需求资源等。总之，基于 O2O 的农村资源流模式就是一种整合农村各种供求资源的模式。通过农村资源的供求整合，可以给农业生产者、从事流通业的商人、各类服务者以及消费者带来巨大整合价值。下面对前面所讨论的四类整合价值在基于 O2O 的农村资源流通模式中的具体表现进行详细分析。

1. O2O 模式给农村资源供需方所带来的时间价值分析

基于 O2O 的农产品流通模式给农业生产者所带来的价值在后面会做详尽分析，这里主要结合目标实现时间的节约给资源整合者带来的价值进行分析。首先，通过生鲜 O2O 平台销售农产品，不仅能以比较高的价格销售产品（中央电视台所制作的五集“赢在未来——农产品电商崛起”中的调查显示，通过生鲜 O2O 平台销售的价格比通过批发市场销售的价格至少要高 1/3），更重要的是大幅度减少了农产品生产者用于产品销售方面的时间和精力，并快速收回现金，获得盈利。其次，对农村各种生产资料、生活资料的买卖商人而言，O2O 平台给他们织就了一种覆盖范围更广的无时空约束的销售网。通过这张网，他们可以打破时空界限，为目标客户提供服务。相比于传统模式下的逐步拓展市场，O2O 模式能帮助他们大幅度节省拓展市场、提升市场占有率的时间。比如：一个县有 12 个镇，传统模式下，我们假设某建材商每年选择一个镇开一个分店，那么他的分店遍布全县所有乡镇需要 12 年的时间。虽然在实际工作中，鉴于开店成本、时间、市场渗入的可能性，他们一般只在县城或者自己有优势的镇开一到两个店，几乎没有商人能覆盖全县所有乡镇市场。而在 O2O 模式下，不仅可以轻松将市场覆盖所有乡镇，而且能快速地达到目标。他只要一方面通过 O2O 平台向全镇所有消费者展示其产品、价格和促销信息，另一方面在每个镇找一个代理，由代理来为该镇消费者提供咨询、看样、下单、送货、安装等服务。总店只要做好线上推广、线下集中配送、线下采购和供应商、代理以及客户管理就行。由于代理拥有当地人脉资源，能以较快的速度渗透当地市场，且每个代理处不需要备很多存货，投资也不大，因此代理网络会以很快的速度扩展。对于消费者来说，购物的过程也是轻松而且快捷的。在现有模式下，所有耐用品或使用频率不高的快消品的购买，对于农村消费者而言，是耗时、耗精力、耗金钱的事。比如：要买手机、农机、家用电器，常需要花几十元钱、坐几个小时的车到县城，才能有更多选择，才能买到称心如意的产品，还有一些不常用的农用肥料、农药等也是如此，都要耗费比较多的时间、费用和精力。

2. O2O 模式整合农村资源的杠杆价值分析

O2O 模式的重要构成要素——线上平台，是一个资源整合和资源配置的工具，其最重要的价值就是资源整合的杠杆价值。通过这个平台，消费者能买到他想购买的几乎所有的商品，卖者则几乎可以与所有消费者零距离交易。另外，通过线上平台和线上信息系统，卖者可以和他的所有渠道伙伴实现互动。比如，县城总店老板和各乡镇分店老板（或各乡镇的代理）可以随时通过登录平台就客户需求、交易量、交易中的问题、库存、补货等问题进行协商、沟通。因此，O2O 模式在农村资源流通过程中所实现的杠杆价值主要有：一是 O2O 平台帮助消费者织起了一张巨大的供应资源网；二是 O2O 平台帮所有生产者和商家织起一张巨大的客户需求资源网；三是 O2O 系统帮助所有生产者和商家织起了一个遍布目的市场的渠道资源网。

3. O2O 模式给农村资源供需方所带来的网络价值分析

O2O 模式的成功运营，离不开以下几张网：第一张是产品或服务的供应网；第二张是产品或服务的需求网；第三张是线上平台所关联的信息网和互联网；第四张是物流配送网。

供应网是在互联网、信息网的基础上，由物、信息、资金等在不同供应商之间流转所形成的网络。在供应网内，整合了大量的消费者或者下游渠道商所需要上游供应资源，各类供应资源可以以较佳的品类、数量、位置、时间状态而存在，并以精准有效的方式在网内流动。也就是说，相比于传统模式而言，在该模式下的供应网具有如下特点：一是供应资源品类更多、覆盖范围更广，更能满足消费者的需要，这点从大家所熟知的“万能的淘宝”这句话中就可以感知到平台所具有的范围经济效应；二是供应商以较低的库存量就能满足消费者的需要；三是供应设施的位置和库存所处的位置更为灵活和经济；四是物资的周转时间、货款的回收时间更短。

供应商以较低的库存量就能满足消费者的需要，这主要得益于集中储存和高频次补货所带来的周转库存和安全库存的降低。假设O2O模式下某产品供应商(甲)下设三个代理点a，b，c(对应传统模式下三个分散而独立的店：A，B，C)，每个点一个周期(假设为1天)的平均需求量为100。由于市场需求有波动，假设一个星期下来，这三个点的需求情况如图3-3所示。

在传统模式下，A，B，C各店单独进货的成本太高，在产品储存成本和损耗成本不是很高的情况下，他们一般会选择每次进一个星期的货。他们的库存量由两部分构成：一部分是满足每周700的周转需求量，这是维持运营所需要的最低量700；另一部分是根据市场需求波动情况来确定的安全库存量，比如说：对于A市场而言，由于市场需求偶尔会在均值水平(100)的基础上上浮20，为应对这种偶尔会增加的需求，他需要维持至少20个单位的安全库存。假设A，B，C三个店的安全库存量分别为20，20，30。由于三店的库存基本上按等差数列减少，由此可估算A，B，

C 三店维持周转所需的平均库存水平都为 350。由此可计算出三店总的平均库存为 350×3+20+20+30=1120。而 O2O 模式下，三个店演化为 a，b，c 三个综合代理点，每个代理点仅储存少数样品或紧急订单需求的产品。货物集中储存在供应商(甲)处，供应商(甲)根据每天的销售情况将产品集中配送至三个代理点。从图 3-3 可知，O2O 整合后的市场需求波动情况明显低于 A，B，C 三个分散市场的需求波动情况，应对需求波动的安全库存量自然也要低于传统模式。更重要的是，每个代理点的库存水平大幅度降低(基本上可以忽略)。而对于供应商(甲)而言，他可以实现货物的集中采购，且是基于电子商务模式的电子采购。由于其采购成本(电子采购)和运输成本(规模化运输)都降低，所以他增加采购频次、降低采购量会更经济。以三天采购一次为例，每次维持周转需求的采购量大约为 900，维持周转需求的平均库存大约为 450，再加上 20 个单位的安全库存，此时的平均库存约为 470。相比于传统模式下平均每天 1120 个单位的库存水平，平均每天共节约了约 650 个单位的库存。

需求网是由大量的市场需求资源整合而成的，在互联网的基础上由信息流、物流将各需求点连接而成的网络。需求资源的整合是 O2O 模式成功运营的标志，也是各方互赢的基础。在 O2O 模式下，上游供应商会尽可能的削减中间渠道直接为下游消费者服务，有时甚至需要针对单个消费者的小批量需求展开终端配送。如何降低小批量配送的成本是摆在 O2O 模式运营者面前的一道难题。需求网是实现多品种、小批量、规模化配送的基础，是降低 O2O 模式下物流配送成本的关键。

在互联网、信息网和物流配送网的作用下，可以轻松实现供应网和需求网的整合，整合生成的是价值网，而且是削减了大量中间环节的扁平化的价值网。O2O 模式通过扁平化、削减中间浪费的思维方式创造了一张覆盖市场范围和产品范围更大的价值

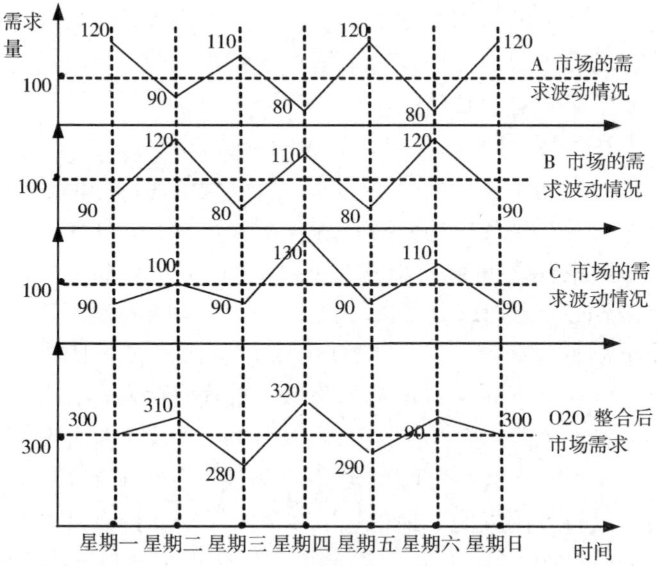

图3－3　三个分散市场的需求与O2O整合后的市场需求

网。众所周知的“O2O平台＋出租车”的滴滴模式，“O2O平台＋化妆师”的河狸家模式，都是高度扁平化的[①]。他们将传统行业中抽成、交份子钱的业态转型为平台服务，整合集约的平台服务能让相关费用大幅降低甚至不收取佣金费用。农产品从农村到城市的流通，各种生产、生活资料从城市到农村的流通，通过O2O平台将生产者和需求者直接连接起来的扁平化思维方式非常重要。传统批发零售模式下每一层都要耗费成本、都要获取利润，经过多层转化后，产品到达消费者手中时的价格就远高于初始的

① 舒声.关于O2O领域,这五个价值思维法可以参考下.http://www.tmtpost.com/1025466.html,2015.6.15.

出厂价格了。同时，对于作为供应源头的生产制造企业而言，多层中间环节使他们远离终端消费者，使他们无法快速、准确掌握真实的市场需求数据。一旦对市场需求发生变化，就会出现因过量生产或生产不足引致的高库存和高缺货问题。

4. O2O模式整合农村资源的边际价值分析

资源在不同主体之间分享可以有效放大资源的边际价值。农村拥有大量的各种各样的自然资源和社会资源，O2O模式为这些资源在不同主体之间重新配置提供了一个极好的平台。在O2O平台上，不同资源拥有者可以轻松跨越时空的障碍而实现其所拥有的异质资源的交换。基于O2O的农村资源流模式所带来的边际价值可以在以下几个方面有所体现：首先，在农村，有大量过剩的土地、劳动力、农产品等资源，这些资源对其拥有者而言价值很低，而对缺乏这些资源的城市人来说，却拥有很高的价值。农村人可以将其闲置的土地信息、多余的农产品信息甚至是闲置的劳动力信息在O2O平台上展示出来，城市人登陆平台即可以轻松获得自己所需要的土地、正宗土特产等。其次，农村拥有大量的旅游人文资源、自然景观和原生态的生产、生活方式，这些对农村居民来说是习以为常、没多大价值的资源，而对生活在拥挤、喧闹环境中的城市居民而言，宁静的乡村、原生态的生产生活方式、青山绿水、农家小院、自制土特产等都能给他们带来美好的难以忘怀的生活体验。再次，农业生产资料特别是大型的农机对大部分小规模农业生产者而言，其使用频率不高，存在有农业生产资源闲置的现象，通过O2O平台将闲置的农业生产资源分享给缺乏农资的农业生产者可以有效提高农资拥有者和农资缺乏者双方的收益。最后，农业生产效率与收益的提高，除了需要良好的生产资料外，还需要技术、管理经验、品牌、市场推广与销售能力等其他能力与资源。显然，任何小规模的农业生产者都不可能同时在以上各方面都拥有良好的竞争力。通过O2O平台，实现拥有不同核心能力的企业生产者、经销商、技术专家之间的有效分工与合作，对不同资源拥有者核心竞争能力的提高以及资源的优势互补，提高联盟共同体的总效益有重要作用。总之，基于O2O的农村资源流模式的建立，可以实现各种农村资源在农村内部以及农村与城市资源拥有者之间高效流通。

3.2 协同价值

3.2.1 协同与协同价值的含义

(1)协同的含义。协同一词含有协和、同步、和谐、协调、协作、合作的意思，是指协调两个或者两个以上的不同资源或者个体，协同一致地完成某一目标的过程或能力。协同一词属于协同论(Synergetics)的范畴。协同论的创立者，德国著名物理学家哈肯(Hermann Haken)在1971年提出协同的概念。协同是指元素对元素的相干能力，表现为整体中的各元素在发展运行过程中协调与合作的性质。导致事物间属性互相增强、向积极方向发展的相干性即为协同性。哈肯认为自然界和人类社会的各种事物普遍存在有序、无序的现象。在一定条件下，有序和无序会相互转化。无序就是混沌，有序就是协同。在一个系统内，若子系统(要素)不能很好地协同，甚至互相拆台，这样的系统必然呈现无序状态，因发挥不了整体性功能而终至瓦解。相反，若各子系统(要素)能很好地配合、协同，多种力量就能集聚成一个总力量，形成大大超越单个功能总和的新功能，即产生“1+1 > 2”的新效应。

企业作为一个协同的系统，其协同的一个重要表现是经营者有效利用各部门的资源。安德鲁·坎贝尔等(2000)在《战略协同》一书中指出：“通俗地讲，协同就是‘搭便车’。当公司一个部门中积累的资源可以被同时且无成本地应用于公司其他部门的时候，协同效应就发生了。”蒂姆·欣德尔(2004)概括了坎贝尔等人关于企业协同的实现方式，指出企业可以通过共享技能、共享有形资源、协调的战略、垂直整合、与供应商的谈判和联合力量等方式实现协同。

(2)协同价值的含义。协同价值源于协同效应，是因为协同效应而获得的新增价值。协同效应是指复杂开放系统中大量子系统相互作用而产生的整体效应或集体效应(《协同学引论》)，是两个事物有机结合在一起，产生的“1+1>2”的放大效应。企业的协同效应包括外部协同效应和内部协同效应。外部协同效应是指一个集群或生态圈中的企业因相互协作、共享业务行为和特定资源，所拥有的比作为一个独立个体拥有的更高的盈利能力；内部协同效应则是指企业内部的采购、生产、营销、物流等不同部门或者同一个集团内部的不同分公司共同利用同一资源而产生的类似报酬递增的效应。协同理论是企业采取多元化战略的理论基础和重要依据。多元产业协同(Synergy)是安索夫在《公司战略》中提出的，表达了“2+2=5”的理念，即公司整体的价值大于公司各独立组成部分价值的简单总和。多元化战略的协同效应主要表现为：通过人力、设备、资金、知识、技能、关系、品牌等资源的共享来降低成本、分散市场风险以及实现规模效益。

3.2.2 协同价值的种类及来源

成本降低所带来的收入增加是最常见的一种协同价值，而成本降低主要来自于规模经济、资源更有效的利用、内耗、浪费的减少。市场覆盖范围扩大或者说市场占有率提高所带来的收入增加是企业获得的另一种协同价值。集中有限资源用于发展核心能力，增强核心竞争力，提高盈利能力也是企业所能获得的协同价值之一。协调企业内部各部门的供求以及与外部企业、消费者的供求关系，减少供应过剩和短缺所带来的损失也是一种重要的协同价值。此外，协同还可以给企业带来降低风险、加快响应速度、提高供应链敏捷性、提高客户满意度和员工认同度等方面的收益。按如图3－4所示的基本思路，详细分析协同给企业带来的价值及其来源。

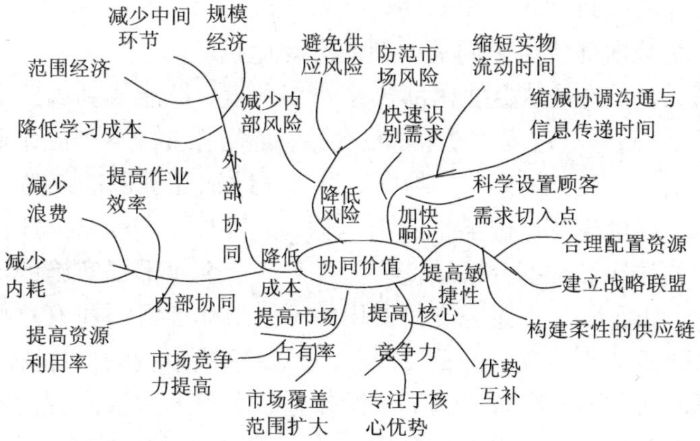

图3－4　企业协同价值及其来源

1. 成本降低所带来的收益增加

显然，在总销售额不变的情况下，成本的降低量即等于企业收益的增加量。无论是企业内部协同还是外部协同都有助于企业降低成本。

第一，无论是内部协同还是外部协同，都能获得因规模经济、范围经济、资源共享所带来的资源利用率的提高，所取得的成本节约主要源于单位产品的固定成本分摊率降低。产销相同（或相似）产品的企业通过横向协同后，可以在企业生产经营的任何一个环节（供、产、销）和任何一个方面（人、财、物）获取规模经济。企业提供的产品或服务的增加有助于企业各产品线共享内部资源，以提高资源利用率，降低单位固定成本。

第二，无论是外部协同还是内部协同，都能提高系统的有序性以及系统要素目标与行为的一致性。内部协同提高企业内部各部门、各环节的有序性以及目标与行为的一致性，外部协同提高生态圈或者是供应链系统内部各成员、流程之间的有序性以及目标与行为的一致性。系统有序以及系统成员目标与行为的一致性是降低系统内部成员之间的内耗的有效途径。

第三，无论是从企业内部还是外部角度，都能找到因资源闲置、等待、过量、过度、过早、残次品、重复作业、不增值作业等方面的浪费。比如：人员、物资、设备、设施等资源的闲置与等待加工，过量生产，过早生产与运输，过度加工与包装，任何原因所致的残次品、不合格品，供应链上多个企业重复实施的不增值作业，任何顾客不愿意支付费用的不增值作业等。所有这些浪费，无疑都是节约成本的重要源头。减少这些浪费的措施除了合理配置资源之外，高效协调上下游作业，实现上下游流程的同步化（减少等待）、无缝化（减少断点）、一体化（减少重复、减少冗余）是降低企业内部和供应链浪费的有效措施。

第四，通过企业内部不同部门的管理协同与协同合作，提高作业的效率。比如：通过协同管理防止责任、任务在不同部门之间“踢皮球”；通过协同合作，降低学习成本，提高作业效率。

第五，减少中间环节能有效降低因渠道冗余、环节过多所增加的不必要的成本。生产企业与大型零售商的协同可以有效减少因多层批发而产生的不必要的成本。

此外，与其他部门和企业的协同合作，可以充分利用其他部门、其他企业的优势资源，可以专注于自己擅长的领域，减少进入不擅长领域的学习成本。学习成本的降低还源于不同部门与企业的合作性学习以及外部学习网络的建立所带来的学习效率的提高等。因此，外部协同所降低的学习成本常高于内部协同所降低的学习成本。

2. 风险降低给企业带来的价值

企业面临的风险主要来源于上游的供应、企业内部的管理和下游的需求以及市场竞争等。企业生产、经营所需的人、财、物等各种资源的供应风险主要表现为因资源供应的数量、质量、品类、价格、时间等不能满足企业需要所带来的风险，与上游供应商结成战略联盟，协调供需关系有助于避开供应风险；通过内外部的协同管理可以增强计划的有效性、作业组织与实施的规范有序性以及各环节作业协调与控制的高效性，从而有效防范因计划无效、生产经营活动低效、内部流程无序等所致的内部管理风险；下游的需求风险主要是指因市场需求的突变或不可预测所带来的供需失调的风险，降低供需失调风险的有效措施是除了协调供需关系外，与下游企业结成联盟共享需求信息也是关键。企业供应方式与市场需求特点的有效匹配是协调供需关系的关键。快速变化、不可预测的市场需求需要快速反应的供应方式与之进行匹配。显然，只有上下游企业协同行动才能帮助企业快速识别变化，只有协同行动才能对客户需求的变化做出快速反应。供需失调的结果是供应过度或供应短缺，供应过度会引致降价或呆滞库存的损失，供应短缺带来的是缺货损失。因此，协调供需关系的机会收益是呆滞库存与缺货损失的减少。此外，与同行企业的协同能有效防范市场竞争风险，比如价格协同能有效降低恶性价格竞争的风险，与同行的战略联盟可以产生协同竞争的效果。

3. 加快响应给企业带来的价值

加快对客户需求的响应速度不仅能帮助企业对需求变化做出快速响应，有效防范市场风险，更重要的是可以提高客户满意度，增加客户忠诚度，提高市场占有率。对客户需求的响应速度是由客户下订单到客户收到产品并完成产品的安装调试所需要的时间决定的。显然，对客户需求的响应速度与企业生产供应的模式以及客户需求的特点密切相关。基于库存的生产（MTS）、基于订单的生产（MTO）和基于订单的设计（ETO）这三种生产模式与客户需求特点的有效匹配能实现需求的有效响应。在其他因素相同的情况下，对于需求稳定的产品而言，基于库存的生产模式对客户需求的响应速度快并且供应链实物流动的成本较低，而对于需求不稳定的创新型产品而言，基于订单的生产模式和基于订单的设计模式可能更有效。后两种生产模式虽能有效降低呆滞库存和缺货损失，但会面临对客户需求响应时间过长、客户满意度低的问题。合理平衡实物流动成本和客户需求响应时间，需要评估需求的稳定系数，根据需求的稳定系数设置合理的顾客需求切入点。设置顾客需求切入点时要考虑的基本要素如图3－5所示。

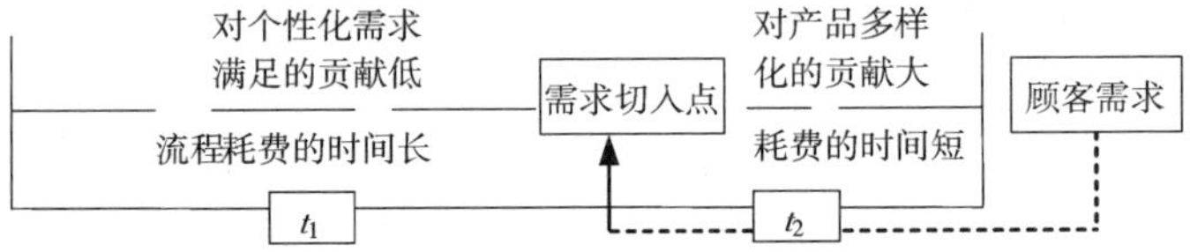

图3－5　顾客需求切入点需考虑的因素

顾客需求切入点将整个供应链流程分为两部分，一部分是需求切入点之前的流程，这些流程所耗费的时间为 t_1，另一部分是需求切入之后的流程，这些流程所耗费的时间长为 t_2。显然，该模式下，供应链对顾客需求的响应时间为 t_2。在已知顾客需求的情况下，为缩短顾客需求响应时间，应尽可能地将需求切入点往右移。由于在顾客需求切入之前，供应链采用的是推动型的生产供应模式，其采购、生产及库存计划都是根据预测来进行，如果预测的需求与实际需求不一致，则会产生缺货或者供给过剩的损失。因此，对于市场需求波动大的产品而言，需求切入点又要尽可能地往左移。由此可见，顾客需求切入点的设计需要平衡响应时间缩短对供应链价值增加的贡献与推动式的生产供应模式所造成的供给过剩与短缺所带来的损失之间的矛盾。解决这个矛盾的有效方法是：一方面尽可能地缩短实物流动的时间、信息传递的时间以及供需协调的时间；另一方面是重新设计供应链流程，使需求切入之前流程具有更强的共性，并且要尽可能提高这些满足通用的、共性需求的生产与物流需求量的可预见性。

4. 提高敏捷性给企业带来的价值

敏捷性是衡量企业在不可预见的突变环境中生存发展能力的重要指标。比如说，一个企业所接到的订单比预料增加了20%，或者说减少了20%，企业适应这种突变所需要的时间长。还比如说，竞争对手推出了新产品、提供了新服务，企业推出能与之相竞争的产品的时间长。显然，适应变化的时间越短，企业敏捷性就越强。当然，如果一个企业能非常成功地主导市场需求变化的方向和趋势，那无疑是一个高度敏捷的公司。总之，敏捷企业能在更好地“响应机会”和更有效地“创造机会”两个方面有出色的表现。在产品生命周期不断缩短，新产品、新技术、新的流通方式层出不穷的时代，敏捷无疑是企业参与市场竞争的一大法宝。敏捷能帮助企业减少缺货和呆滞库存的损失，能帮助企业成功应对市场竞争，能帮助企业主导或紧跟行业发展新趋势。

提高企业的敏捷性，可以从以下方面入手：一是采用柔性的生产与物流模式，构建柔性的供应链，柔性的供应链无疑需要企业内部各部门之间以及企业与外部资源拥有者之间建立紧密协作的关系。S. 古德曼指出：敏捷企业不只盯住产品，更加要盯住关系。与顾客间建立超越产品到增值服务的持久关系，是更有意义的财富源泉。协作同时体现在企业内部和外部，通过内部协作建立作业团队，通过外部协作构建柔性的虚拟组织。S. 古德曼还指出：企业适应变化的能力来自可重新配置和可快速升级的生产设施，也可能来自能创造性地响应顾客需求的柔性工作中心[①]。由于企业的生产、物流等资源可重新配置，那么当某一种产品的需求量突然减少时，企业可将剩余的资源用于进行其他产品的供应。比如，企业将可预测需求的实用型产品和难以预测需求的创新型产品进行合理组合，以应对当创新性产品需求突然减少时，通过启动实用性产品的生产来提高生产资源的利用率。企业的生产设施快速升级，预示着当产品需求量突然增加或者新产品出现，企业能快速应对。二是与外部企业建立战略联盟，构建横向一体化的供应链。建立横向一体化的供应链，企业不仅可以充分借助外部资源来适应外部环境的变化，而且企业可以将有限的资源用于培育自己的核心竞争力，以做到“根深叶茂”，横向一体化的前提是外部协同。三是协调供需关系，合理配置供应链资源。协调供需关系可以表现为供需双方通过协调，以设置合理的库存资源存放地点和补货方式，以实现快速响应客户需求的同时最小化实物流动成本；协调供需关系还表现在供需双方实施供给与需求信息的共享，以及最终需求信息的协同预测；当然，利益共享与风险分摊方式是协调供需关系的重要手段和内容。

5. 提高核心竞争力和市场占有率给企业带来的价值

通过外部协同，建立横向一体化的供应链，企业可以将有限的资源集中于培养自己的核心竞争力，再凭借它拥有的核心优势与在其他拥有较强竞争力的公司建立战略伙伴关系。通过这种强强联合的方式所获得的市场竞争优势不仅具有灵活性，还具有适应性。这种灵活适应性能帮助企业获得持久的市场竞争优势，这种竞争优势是企业维持较高市场占有率的关键。与资源互补企业建立联盟关系可以获得强强联合的优势，比如，生产企业与某地销售企业的合作可以帮助生产企业将产品迅速销往该地市场，生

① S. 古德曼，R. 纳吉尔，K. 普瑞斯. 敏捷的竞争者和虚拟组织[M]. 1995.

产企业与上游战略供应商的协同开发可以缩短产品研发周期，降低产品研发的风险。与同类资源拥有者之间的合作则可以获得规模经济和范围经济效应。比如同行之间的协同采购，可以提高采购的规模经济效应，同行之间建立销售联盟或者合作社可以通过整合资源以实施更有效的市场推广和更多品类、更有数量的供给保障。

3.2.3　基于 O2O 的农村资源流模式给农村资源拥有者带来的协同价值分析

从城市到农村，从工业到农业和服务业，从在互联网上泡大的“90 后”到主动迎接互联网的“80 后”“70 后”“60 后”，再到被迫接受互联网的“50 后”甚至是“40 后”，互联网经济正深入而广泛地影响几代人的工作及生活。企业内部各部门之间、企业与企业之间、人与人之间的协同方式因互联网和社会化网络的出现而发生了深刻的变革。O2O 模式就是这种变革下的一个产物。O2O 模式的核心价值基于线上平台以及信息系统的整合价值和协同价值。协同力、整合力的高低是决定 O2O 商业模式竞争力高低的关键。不能有效发挥协同价值和整合价值的 O2O 模式，会因徒有其表而最终走向失败。基于 O2O 的农村资源流模式是城市 O2O 快速发展后的必然产物，是弥补农村资源流缺陷的有效武器。基于 O2O 的农村资源流模式，会给各类农村资源拥有者带来协同方式的变革以及协同价值的提升。下面结合前面所介绍的协同价值，分析基于 O2O 的农村资源流模式给农村资源拥有者所带来的协同价值的类别及实现方式。

1. O2O 模式给农业生产者带来的协同价值分析

O2O 模式给农业生产者带来的协同价值主要通过生鲜 O2O 以及农资 O2O 得以实现。生鲜 O2O 为农业生产者创造的最大价值是协同销售以及基于 O2O 平台的协同预测、协同生产以及协同物流等。农资O2O对实现农资生产者与农产品生产者之间的零距离对接，减少农资流通的环节，实现农资的集中采购、集中配送以及大型农资租赁与农资在农业生产者之间共享有积极的价值。

散、弱、小的农业生产者无法获得农业生产、销售的规模经济和范围经济效应。对于小规模生产者而言，在满足家庭以及当地市场小批量的需求后，剩余浪费是常有的事。对于大规模生产者而言，销售是最头痛的问题。笔者曾访谈邵阳新宁的一个橙子生产商，他种植了几千亩橙子，2015年橙子大丰收给他带来了无尽的销售烦恼。直至2016年3月份，他还有上万斤橙子收藏在地窖，没能及时卖出去。眼看橙子因水分流失而丧失口感，心急的他开车将橙子拉到长沙，一家人分散摆起了地摊。上万斤橙子，靠一家人摆地摊怎么卖得完。他说，没办法，卖一点算一点。我问为什么不联系超市，他说超市都欺负他一个外地生客。他问了很多超市，收购价格都不高于8毛钱一斤。自己摆摊，3.5元一斤随便卖。8毛一斤，连油费、过路费、采摘、搬运等人工费都搞不回来。还比如，笔者的高中老师，退休后承包了村里的农场，种植了上千亩橘子。上万斤橘子没法销售，挂在树上或放在仓库腐烂。他发现橘子腐烂过程中发出一股酒味，于是干脆研究了让橘子发酵然后酿造橘子酒的技术，并成功申请了专利。现在，他可以将大量无法及时销售的橘子酿成橘子酒，不用再担心橘子腐烂变质的问题。不过，他又面临一个新的难题——橘子酒的销售问题。

显然，无论是大规模农业生产者还是小规模农业生产者，他们在销售渠道建设以及管理方面都存在问题。至于与渠道商协同开展销售，以获取最大市场价值的问题更是无法涉及。生鲜O2O模式的出现，能有效地帮助解决大规模以及小规模农业生产者的众多烦恼。下面，我们通过构造一个由农产品生产、农产品物流、农产品销售、终端服务以及信息技术、营销推广等众多专业主体组成的 O2O 生态圈。这些专业主体通过 O2O 平台以及信息系统开展协同作业。农业生产者、农产品销售专家、终端服务主体之间就销售价格、销售方案制定、促销时间与方式等问题进行协商，以制定一个最有竞争力的销售价格和一个价值最大化的销售时间计划；产销主体间以及线上信息平台与线下实体间的信息共享以及协同预测对统计某品类农产品的生产种植量、预测市场需求等有着积极价值，这些信息对制定科学的生产计划，防范农产品价格的大幅度波动无疑有积极的价值；同类农产品生产者以及农业生产技术指导者组成的协同生产团队对农业生产技术的改进、农资的协同采购、大型农机的协同应用等有着积极的价值；而基于信息平台的协同物流对农产品的集成调度，降低小批量交易、小批量流通所伴随的高物流成本有着积极的价值；不同农产品生产者在 O2O 平台上的协同促销对强化促销效果，提高以及维持消费者的忠诚度有积极价值。

2. O2O 模式给其他稀缺资源拥有者带来的协同价值分析

农村不乏各种稀缺资源，对于缺乏这些资源的城里人而言，这些资源有巨大的价值，而在拥有这些资源的农村人眼中，它们是那么的廉价，以至于到处可见它们的闲置与糟蹋。随处可见的荒芜的土地，无人为之放慢脚步的宁静而优美的自然风光，腐烂在林中、地里的绿色有机食品，以及宁静而空置的农家别墅等，这些都是城里人眼中的奢侈的浪费。如果能构建一个城乡直通的 O2O 平台，每一个农村稀缺资源拥有者都可以在平台上发布能用来交易与共享的稀缺资源，而每一个城里人都可以在平台上检索和浏览他所需要的农村稀缺资源与服务的信息，并能自由地与资源拥有者进行沟通与对话，以进行供需信息的有效传递。显然，基于 O2O 平台的供需协同对促进这些资源在不同主体之间的流通，充分发挥这些资源的价值有着积极意义。基于 O2O 平台的供需协同是一种纵向协同，这种纵向协同对促进资源流通、减少流通环节、降低流通成本、加快供给者对需求的响应速度、促使稀缺资源拥有者优化其资源的数量与质量有积极意义。基于O2O 平台的同类或不同类资源拥有者之间的协同是一种横向协同，这种横向协同也能有效地增加价值。这是因为单一、分散的稀缺资源与配套成套的稀缺资源相比，在资源需求者眼中的价值截然不同。比如：优美的自然风光，如果缺乏优质的绿色食品、良好的农家住宿与休闲放松活动与之相配套，其价值就会很低，低到几乎无人愿意去体验，这是大量优美的农村自然风光被浪费的主要原因。由此引起了一个重要问题：如何有效开展基于 O2O 平台的不同的、配套的稀缺资源拥有者之间的横向协同？以实现稀缺资源的配套成套供给。显然，不同资源拥有者之间的无障碍沟通与信息的及时传递是横向协同的基础，此外，一个有效的协同合作框架和一个强有力的协同核心是保证。在 O2O 模式下，O2O 线上平台与电子信息系统为资源拥有者之间的横向信息沟通与信息共享提供了良好的条件。而横向协同的核心可以在 O2O 平台主体的主导下，按地理区域选择有意愿有实力的主体来担任，也可以在 O2O 平台主体的引导下通过市场机制来培育。至于协同合作框架，一般是在协同合作核心主体的主导下，也可以是在 O2O 模式主体的主导下，充分考虑以下内容：一是利益的分配、激励机制；二是协同合作的方法及利益、风险分担的方式；三是协同信息沟通的渠道与方式；四是协同资源的类别；五是协同发展的目标及思路等。

O2O 模式给农村稀缺资源拥有者带来的价值主要体现在以下几个方面：一是资源及服务种类增多给供需双方带来的范围经济；二是同类资源聚合所带来的规模经济；三是 O2O 平台助力打破地域范围限制所获得的范围经济；四是资源拥有者之间资源共享与交易所带来的资源利用率提高、成本降低、边际收益提高；

五是O2O平台主导下，线上与线下两条渠道的协同所带来的渠道价值；六是O2O模式下的产消直通，减少了中间环节，降低了流通成本，加快了资源拥有者对需求者的响应速度；七是资源拥有者之间的横向协同增强了资源主体应对市场需求变化的能力，提高了其灵活适应性与敏捷度。

3.3 时间价值——以生鲜农产品为例

3.3.1 时间价值理论的重要观点

作为衡量人们生产和消费活动效率高低的指标，时间是有价值的①。马克思、恩格斯指出："一切节约都是时间的节约"，"时间节约以及劳动时间在各个生产部门中有计划地分配，在共同生产的基础上是首要的经济规律，是极其高级的规律"②。马歇尔（1890）在《经济学原理》初版序言中提出"时间因素——几乎是每一个经济问题的中心难题"③，诺贝尔经济学奖获得者加里·贝克尔（1965）明确提出"时间价值"的概念，指出"时间经济学是一种广义的时间消费效用研究"④。从20世纪初泰勒的作业工时研究、福特设计流水线压缩零配件的装配时间，到乔治·斯托克提出基于时间的竞争策略（1988）⑤，强调时间竞争战略必

---

① 李国新. 对马克思恩格斯时间节约理论的探讨[J]. 江汉论坛,1995(02).

② 马克思,恩格斯. 马克思恩格斯全集(第46卷上册)[M]. 北京,人民出版社,1979:120.

③ 阿弗里德·马歇尔著. 经济学原理(珍藏本)[M]. 廉运杰译. 北京:华夏出版社,2012.1.

④ 阿弗里德·马歇尔著. 经济学原理(珍藏本)[M]. 廉运杰译. 北京:华夏出版社,2012.1.

⑤ Stalk, George Jr.. Time - The Next Source of Competitive Advantage[J]. Harvard Business Review, 1988.

须与降低库存浪费、满足客户需要紧密结合才能避免陷入一味提速的陷阱(1993)①，艾瑞卡·舍恩博格(2000)提出“时空惯例”的概念，指出企业应重视时间过程管理，企业的空间形式应与时间过程紧密相连，时空管理是企业保持竞争优势的战略性工作②。资源节约的时间价值、行为时间管理的价值一直以来备受经济学家和管理大师们的关注。

3.3.2 供应链物流时间与农产品价值的主要观点

1. 农产品价值的两种主要观点及相关影响因素

劳动价值论与效用价值论是经济思想史上最具影响力的两种价值论。劳动价值论认为商品价值由生产该商品所花费的社会必要劳动时间决定。而效用价值论则从主观方面，指出商品价值由商品给消费者带来的主观效用来决定，且商品边际效用决定商品价格。劳动价值论从供给方的角度分析了农产品价值，指出农产品生产者和流通者要获取超额剩余价值必须提高个别劳动生产率。从这种观点出发，供应链运营水平是决定农产品价值高低的关键，也是影响农产品价值实现的重要因素。而效用价值论则从需求角度出发，指出消费者对产品的主观效用决定消费者愿意支付的价值量。在这种观点下，农产品的生鲜度、供求关系以及消费者对农产品使用价值的认同度等是决定农产品价值的关键因素。

2. 供应链物流时间的构成与分类

生鲜供应链的物流时间由运输时间、仓储时间、包装时间、装卸搬运时间、流通加工时间、配送时间、信息处理时间以及无

---

① Stalk, George Jr. andWebber, Alan M., Japan? s Dark Side of Time[J]. Harvard Business Review, 1993.

② 艾瑞卡·舍恩博格. 时间与空间管理. 2000, 载 G. L. 克拉克等主编. 牛津经济地理学手册(中译本). 刘卫东等译. 北京：商务印书馆, 2005.

效的闲置等待时间等构成。显然，这些时间既包括价值增值时间，也有价值不增值的时间。在图3－6中用斜线表示的是价值增值时间，即该段时间内，产品的性能、形态、空间位置等发生了改变，且消费者愿意为这些改变支付的价值大于改变所支付的成本。而在图中用水平线表示的则是价值不增值时间，即这段时间内虽耗费了时间资源但物品的价值并没有因之而改变或者是改变所带来的价值增加并不足以抵消所支付的成本。

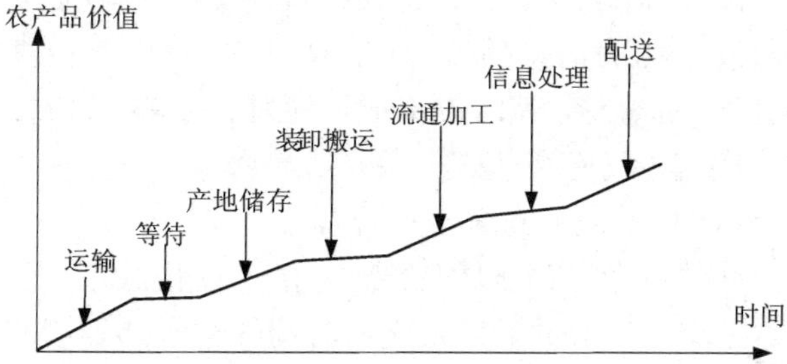

图3－6　农产品供应链物流时间的构成

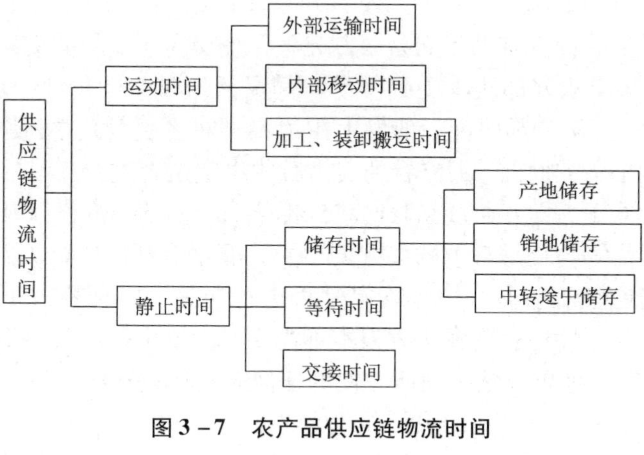

图3－7　农产品供应链物流时间

如图3－7所示，农产品供应链物流时间包括运动时间、静止时间。显然，有效的运动时间一般是消费者愿意支付价值的增值时间，而静止时间比如说闲置等待时间、交接时间则是消费者不愿意支付价值的时间，属于明显不增值的时间。

3.3.3 基于 O2O 的生鲜农产品流通的四类时间价值

生鲜农产品流通由农产品所有权的转移（商流）、物质实体的时空转移（物流）、相关信息的流通（信息流）以及价值在供应链主体之间的分配（资金流）等四流构成。无疑，生鲜 O2O 模式的时间价值在这四流中均有所体现。

1. 生鲜 O2O 模式的商流时间价值

生鲜 O2O 模式的商流时间价值是指 O2O 模式下，因生鲜交易时间节约、交易时间灵活以及交易时间的科学计划给交易各方所带来的价值。首先，生鲜 O2O 模式可以实现生鲜生产者和最终消费者的对接，减少了传统流通模式所依赖的大量中间环节，大幅度节约了流通过程中无效的不增值的交易时间。其次，互联网跨时空的特性有助于交易双方突破传统交易所面临的交易时间约束，买卖双方都能享受到交易时间灵活所带来的价值。比如：传统模式下，交易时间一般发生在物流时间之后，卖方必须先把产品运至买方面前，买方看到实物后才决定是否进行交易。而在 O2O 模式下，卖方通过互联网将产品名称、品质、价格以及相关实物图片等与交易有关的买方关心的标准化信息传递至买方，买方根据这些信息即可初步确定是否进行交易。O2O 模式下交易时间的灵活性还表现在买方根本不需要与卖方进行面对面沟通的时间交易，他可以选择他所方便的任何时间通过在线的方式购买产品。这种交易时间的灵活给上班族带来了极大的便利。再次，交易时间的灵活给买卖双方带来了交易时间的合理计划价值。这种价值一方面表现为卖方不再受困于交易时间约束而不得已低价出售产品。比如，传统批发模式下，批发方必须在凌晨三点前将生鲜运至目的市场，并且必须在当天上午九点前将产品全部交易完毕，否则会因交易时间延误导致其生鲜产品价值大幅度贬值。据行内人士说，生鲜批发过程中常常有集体宰外来生客的现象。也就是说，如果某生鲜生产者贸然将自己生产的生鲜运至某外地批发市场，当地批发市场的批发老板们会不约而同地不购买他的产品，使他面对大量生鲜错失最佳交易时间而不得已低价处理其产品的风险。显然，O2O模式下，卖方不再有这类烦恼。因为商流和物流的分离，卖家可以选择在交易发生后，才将产品运至买方市场。对于买方来说，也可以轻松享受交易便利所带来的交易时间合理计划的价值。比如：买方不会再面对因白天要上班而不得已清早起床买菜或者下班很疲倦但还不得不去市场买菜之类的困扰，也不再有因购买时间受限而不得不大批量购买，也就是不会有"周末不得不买一个星期的菜"之类的烦恼。

2. 生鲜O2O模式的信息流时间价值

生鲜O2O模式的信息流时间价值是指相对于传统模式而言，O2O模式能更有效地实现信息流通时间缩减、信息即时传递，从而降低因信息流通时间方面的问题所带来的浪费，提高生鲜O2O生态系统的收益。众所周知，生鲜O2O模式是"互联网+生鲜流通"的具体表现。"互联网+"相关联的系列技术在生鲜流通过程中的应用能从以下几个方面给流通主体带来价值。首先，在互联网技术、POS技术、XML技术等的支持下，可以实现信息在多点之间同步实时传递，从而大幅度减少传统模式下信息逐层传递所带来的信息传递周期长、信息传递失真与信息传递延迟等问题。信息传递周期长、信息传递失真与信息传递延迟等是供应链上游库存过高与终端市场缺货问题并存的主要原因。因此，缩短信息传递周期、减少信息传递失真扭曲、提高信息即时传递能有效降低库存成本与缺货损失。业内人士常说的“以信息换库存”就是基于这个原因。其次，相关“互联网+”技术的应用，可以实现数据信息的自动输入、同步共享，大幅度减少信息重复输入、反复处理所耗费的时间，节约相关主体耗费在信息输入、处理方面的时间。特别是大数据技术的应用，可以对产品供应信息进行高效的分类、处理，从而节约消费者耗费在信息查询方面的时间。通过运用大数据技术对消费者消费习惯、偏好等的分析，可以节约生产者耗费在需求信息分析方面的时间。再次，“互联网+”技术的应用，可以实现信息的及时传递。比如：供应信息的即时传递，可以减少无效信息的干扰，提高消费者信息检索的效率；终端需求信息的即时传递，可以降低信息延迟所造成的决策失误。

3. 生鲜O2O模式的资金流时间价值

生鲜O2O模式下，“互联网+金融”的创新支付模式“微信支付”“支付宝支付”“网银支付”等在生鲜流通过程中的应用可以实现资金的自动、快速传递，这对节约消费者的资金支付时间、提高消费者的支付体验，对帮助生鲜生态系统中各服务主体之间资金的及时结算等有积极价值。

4. 生鲜O2O模式的物流时间价值

众多生鲜O2O的实践经验表明：供应链物流是决定生鲜O2O成败的关键。线下产品交付时间周期压缩、交付时间准时化等是提高消费者体验和生鲜O2O系统竞争力的重要措施。物流时间决定生鲜O2O的交付周期长度，是决定准时化交付的关键。生鲜O2O的主导者不仅要发掘农产品从生产到交付给最终消费者的整个供应链物流时间压缩的价值，更要从供求、生鲜度、上市时机以及整个供应链物流时间优化配置等角度最大化生鲜农产品的物流时间价值。因此，本书将重点从理论与实证的角度探讨生鲜O2O模式下生鲜供应链物流时间价值

3.3.4　O2O 模式下生鲜农产品供应链物流时间价值

1. O2O 模式下生鲜农产品供应链物流时间价值的内涵

时间作为事物的存在方式，它不可能脱离事物独立存在和起作用(张黎夫，1998)[①]。离开了它所依附的主体或资源，时间就没有价值。探讨时间的价值，实际上是探讨时间对特定主体、特定行为过程、特定资源的价值[②]。供应链物流是通过一系列物流活动完成物质实体从最初供应到最终消费者接收的整个时空转移过程。对供应链物流时间价值的研究，理论界主要集中于货物运输时间价值的计算方法[③]、货物运输时间价值的运用[④⑤]等研究，多从时间节约角度研究物流时间价值的来源与实现[⑥]，鲜有从整个供应链物流一体化的角度探讨物流时间的延长、压缩、准时化以及供应链物流时间在不同物流活动之间合理配置的时间价值。

物流时间价值是时间对于物流相关主体、物流相关行为过程、物流相关资源的价值，它是物流价值的重要组成部分，是物流得以存在和发展的重要驱动。对于物流时间价值，可以从不同角度进行探讨。如物流时间价值是指因物流时间占用的节约而增加的价值，这是从“减少”“节约”时间及资源的角度来界定物流时间价值，即减少将产品从一个物流形态转换成另一个物流形态

---

① 张黎夫. 论时间价值的特性[J]. 荆州师专学报,1998,(1).

② 王海洋,周伟,王元庆. 货物运输时间价值确定方法研究[J]. 公路交通科技,2004.(7).

③ 陈小君,林晓言. 基于运输时间价值的路径选择行为研究[J]. 北京交通大学学报(社会科学版),2013.4, 12(2).

④ 张健琦. 货物运输时间价值理论在国际多式联运产品设计中的应用[J]. 中国铁路,2011.12.

⑤ 荣朝和. 交通—物流时间价值及其在经济时空分析中的作用[J]. 经济研究,2011,(8):133－145.

⑥ 陈淑祥. 简论我国农产品现代物流发展[J]. 农村经济,2005,(2).

所耗费的物流时间，继而减少所耗费的物流资源所节约的价值。节约物流时间所产生的价值还包括物流服务对象感知的因物流时间缩短而增加的顾客价值。显然，这里界定的是狭义的物流时间价值。物流时间价值还包括延长物流时间所增加的价值。延长物流时间能增加价值，无非是延长时间的物流活动属于增值活动，客户愿意为该物流活动中所延长的物流时间支付费用，且物流时间延长所增加的价值大于增加的成本。一些生产与消费具有时间差、量差的特殊商品，比如季节性产出的农产品，延长其储存保管时间常能增加总价值。除了从节约物流时间、延长物流时间的角度思考物流时间价值，还应该从物流时间的可靠性、物流时间的合理配置以及物流作业时间点的提前或延迟等角度去探讨物流时间价值。显然，O2O 模式下，对生鲜农产品线下物流的整个过程的时间管理能显著增加供应链价值。

基于以上分析，本文认为 O2O 模式下生鲜农产品供应链物流时间价值是指在生鲜农产品从产出至最终消费的整个供应链物流过程中，O2O 模式的主导者通过对供应链产品的储存、运输、配送、包装加工、装卸搬运、信息处理及等待衔接等供应链物流时间的分配和管理给供应链相关主体带来的价值，具体包括：延长物流时间创造的价值；缩短物流时间增加的价值；提高物流活动时间的可靠性、合理分配供应链物流时间资源的价值；提前或延迟物流作业时间点所增加的价值。

2. O2O 模式下生鲜农产品物流时间价值的实现

(1) O2O 模式下生鲜农产品物流时间延长的价值。

O2O 模式下，生鲜农产品物流时间延长的价值主要有延长储存时间增加供应链总价值、延长运输时间换取空间价值、增加加工时间获取加工价值。

延长储存时间，提高均衡价格。生鲜农产品作为人们生活的必需品，其生产周期长、产出季节性等特点决定了合理延长其储存保管时间能增加供应链价值。通过以下分析可见其价值生成机理。

季节性产出的农产品价格易受销售时间的影响。如图 3－8 所示，在自然状态下，当某秋季成熟的农产品集中上市时，产量巨大，而消费又有限，造成供求之间严重不平衡，如图中的点 V_2（t_2，V_{min}）所示，在集中上市的时间点 t_2，农产品价格达到最低值为 V_{min}。而冬季或春季，供给量较小，需求量较大，如在点 V_3（t_3，V_{max}），此时农产品价格达到最高值 V_{max}。

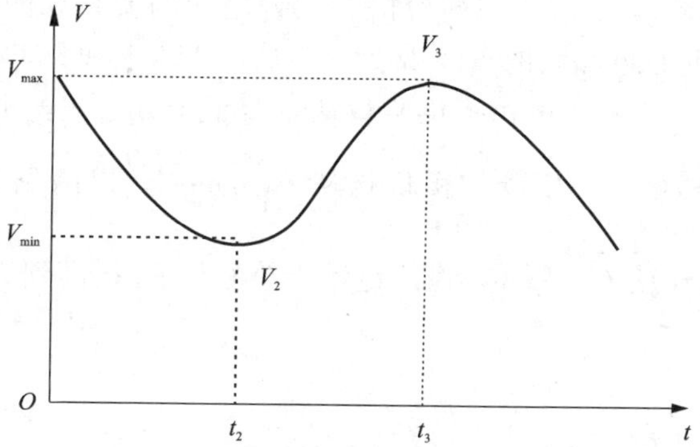

图 3－8　销售时间与农产品时间价值的关系

在缺乏有效保管技术和储存时间合理规划的传统模式下，产出时节的生鲜农产品供给量剧增，常出现供给量远超需求量，产品销售价格低于产品价值的“物贱伤农”，而在非产出季节，产品供给不足，人们的消费需求无法得到满足，产品价格畸高于价值的现象。缺乏有效保管技术和储存保管时间的合理规划是“物贱伤农”“价高伤民”交替出现的重要原因。由此推知：合理规划生鲜农产品的储存保管时间，以延长供货周期，降低供给速率，提高均衡价格，最大化供应链总价值。

设某特色水果种植者为某封闭市场提供水果供给服务，设某年该特色水果的总产出量为 Q。传统模式下，其有效销售期为 t_0 天，平均每天的供给量为 $q_0 = Q/t_0$。现采用科学的储存保管技术以延长其储存保管时间和供货周期，或者说通过延长储存保管期以延长供应链产品销售出清期。在供给总量一定的情况下，供货期的延长必定减少每天的供给量。如：采用冷库冷藏保管，并计划最长储存时间为 t_1 天，即计划在 t_1 天内将产品全部销售完毕，则平均每天的出库量（供给量）为 $q_1 = Q/t_1$。当 $t_1 \geqslant t_0$，则每天的供给量 $q_1 < q_0$。结合经济学中的供求理论，可得其最长储存时间 t、市场供求量 q、市场均衡价格 p 三者之间的关系如图3-9所示。假设向右下倾斜的直线 D 为该市场的需求曲线，其函数关系为 $p = a - bq$。当每天的市场供给量从 q_0 降低至 q_1，供给曲线从 S_0 向左上平移至 S_1，市场均衡价格从 $P_0 = a - \frac{bQ}{t_0}$ 提高到 $P_1 = a - \frac{bQ}{t_1}$。如式(1)、(2)所示，供应链销售总额从 R_0 提高到 R_1。

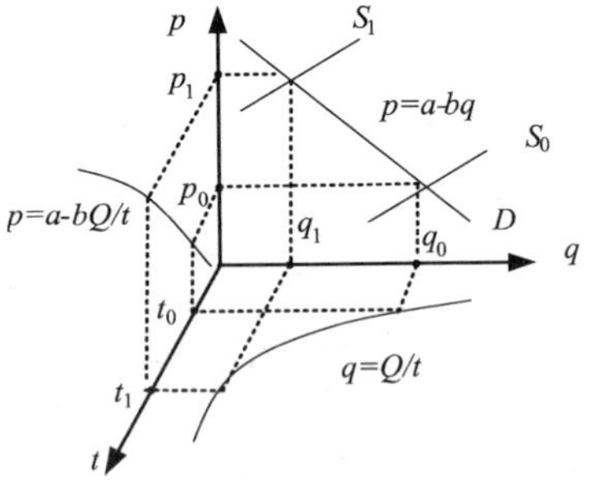

图3-9 生鲜果品储存时间 t、每天的供求量 q、市场均衡价 p 三者关系图

$$R_0 = Q \times P_0 = Q \times (a - \frac{bQ}{t_0}) \quad (1)$$

$$R_1 = Q \times P_1 = Q \times (a - \frac{bQ}{t_1}) \quad (2)$$

季节性生鲜农产品储存时间的延长，满足了非产出季节消费者的需求，降低了产出季节每天的市场供求量，无疑有助于增加供应链价值。如我国荔枝在使用冷藏、冷链技术后，销售期延长，荔枝的平均售价上升 10% ~15% ①。

均衡储存时间收益与储存时间成本，实现储存时间价值最大化。生鲜农产品具有易腐性，不管采用怎样的储存保管措施，到某一临界点后，其使用价值必将随储存时间的推移而减少（有形损耗增加），或者是产品生鲜度随储存时间的延长而降低（无形损耗增加）。如图 3 –10 所示，维持生鲜农产品原有状态不发生变化的临界时间随储存条件的不同而不同。自然条件下，其临界时间点为 t_0，而冷藏条件下，其临界时间则延长至 t_1。在临界时间点前，生鲜农产品的使用价值维持其原有状态不变，在临界时间点后，生鲜农产品的使用价值随着时间的推移逐渐减少甚至可能丧失其全部使用价值。生鲜农产品使用价值的递减必然带来供应链实际销售总量的减少。图 3 –11 列出了供应链产品最长储存时间（销售出清）的四个时间点。纵轴左边的时间点 t_0 表示自然条件下，产品生产出来后即完成产品销售的时间点；纵轴右边的时间点 t_1、t_2、t_3，对应冷藏条件下生鲜农产品销售总额随时间而变化的间隔点，其中 t_1 为临界时间点，其具体数值可结合产品特点、储存条件等实际情况统计得出；t_2 为供应链销售总额达到峰值的最后一个时间点；t_3 为销售总额为零的时间点。

① 马克思，恩格斯. 马克思恩格斯全集（46 卷下册）[M]. 北京：人民出版社，1980:33.

纵轴左边的阶段Ⅰ揭示的是，没有特殊保管措施，即在自然条件下临界时间点t_0前完成所有产品的销售。由于缺乏有效保管措施，自然条件下临界时间点t_0很短。此阶段对应的供应链销售总量为初始供给量Q。在该时点前将所有产品推向市场，会导致市场供给大于需求，市场均衡价格p_0维持在较低的水平并保持不变。因此，在临界时间点t_0前，供应链出清所有产品的总销售额$R_0=Q\times p_0$。在时间点t_0前，没有对产品采取特殊的储存保管措施和流通措施，支付在单位产品上的流通成本没有变化。设单位生产成本为k_0，单位销售成本为c_0，则供应链价值增加额为：$V_0=Q\times p_0-Q\times(k_0+c_o)$。

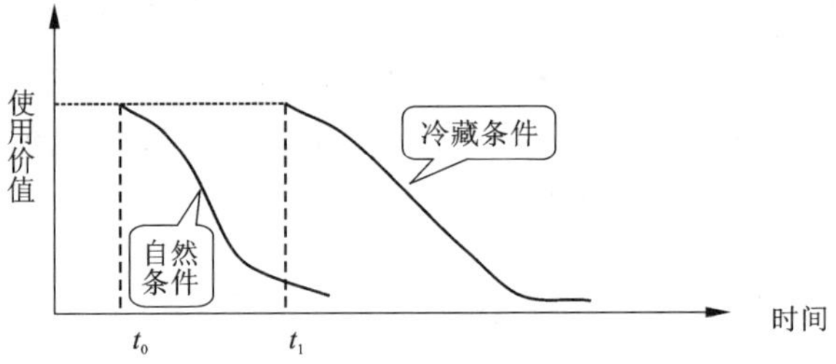

图3-10 生鲜农产品使用价值与时间的关系图

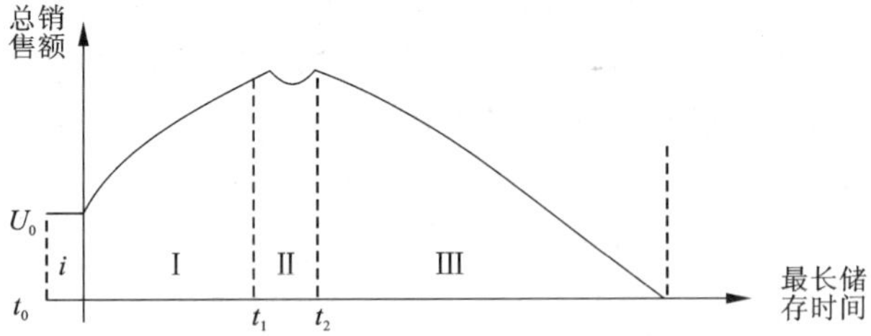

图3-11 供应链销售总额与最长储存时间的关系图

从阶段Ⅰ开始的Ⅰ、Ⅱ、Ⅲ阶段反应的是冷藏条件下供应链销售总额随最长储存时间（供应链产品出清时间）的变化而变化的情况。阶段Ⅰ反应的是临界时间点 t_1 前的情况。在阶段Ⅰ，供应链产品使用价值维持不变，即供应链可销售的总量 Q_1 仍为初始供给量 Q，单位产品价格（假设价格与价值一致）随着储存时间的推移而增加。供应链选择在该阶段任一时点前销售产品所获得的销售总额将随时间的推移而不断增加。沿用3.1.1的假设和结论，可得供应链销售总额为：

$$R_1 = Q \times P_1 = Q \times (a - \frac{bQ}{t}) \quad (0 < t \leqslant t_1) \tag{3}$$

科学的储存保管方式虽延长了生鲜产品的供货期，减少了每天的市场供给量，提高了市场均衡价格，但无疑要耗费较高的单位储存保管成本，而且随着时间的推移，支付在单位产品上的储存保管费用会不断增加。设 β 为单位产品单位时间的冷藏成本，则单位产品的平均流通成本为 $c_1 = C_1 = C_0 + \frac{\beta t}{2}$，供应链总成本为：

$$C_1 = Q \times (K_0 + C_1) = Q \times (K_0 + C_0 + \frac{\beta t}{2}) \tag{4}$$

供应链价值增加额为：

$$V_1 = R_1 - C_1 = Q \times (a - \frac{bQ}{t}) - Q \times (K_0 + C_0 + \frac{\beta t}{2}) \tag{5}$$

式（3）显示供应链销售总额随增值储存时间的推移而增加，式（4）显示供应链总成本也随储存时间的推移而增加。无疑，只有当边际销售额等于边际成本时，供应链价值增加值达到峰值。将式（5）对 t 求导，令导数等于0，得：

$$\frac{bQ^2}{t^2} - \frac{\beta Q}{2} = 0 \tag{6}$$

求解关于 t 的二次方程（4），可得供应链净收益最大的供应链产品出清时间点为：

$$t = \sqrt{\frac{2bQ}{\beta}} \tag{7}$$

当 $t = \sqrt{\frac{2bQ}{\beta}} \leqslant t_1$ 时，供应链净收益在阶段Ⅰ达到峰值，即该供应链应在产品开始损耗前将产品销售完毕。如果 $t = \sqrt{\frac{2bQ}{\beta}} \geqslant t_1$，则供应链净收益将在第Ⅱ阶段达到峰值。

如果产品在阶段Ⅰ没有成功实现使用价值和价值的转换，或者说供应链净收益最大的产品出清时间点在临界时间点 t_1 后。则有必要分析在临界时间点 t_1 后供应链净收益与供应链产品出清时间的关系。越过临界时间点 t_1 后，无论采取怎样的储存保管措施，单位产品的使用价值都将随着时间的推移而降低。假设在阶段Ⅱ，单位产品每天的有形与无形损耗率为 γ。供应链初始供给量为 Q，供应链在时间点 $t(t_1 \leqslant t \leqslant t_2)$ 出清产品，平均分摊到每天的供应量为 $q_2 = Q/t$。如图 3－12 所示，供应链产品出清的整个周期 t 由两部分组成，一部分是 t_1 前，一部分是 t_1 后。在临界时间点 t_1 前，产品不存在损耗，每天的供给量为 $q_2 = Q/t$，在临界时间点 t_1 后，单位产品每天的损耗为 γ，平均每天的供给量为 $\frac{Q}{t}[1 - \frac{(t - t_1)\gamma}{2}]$。

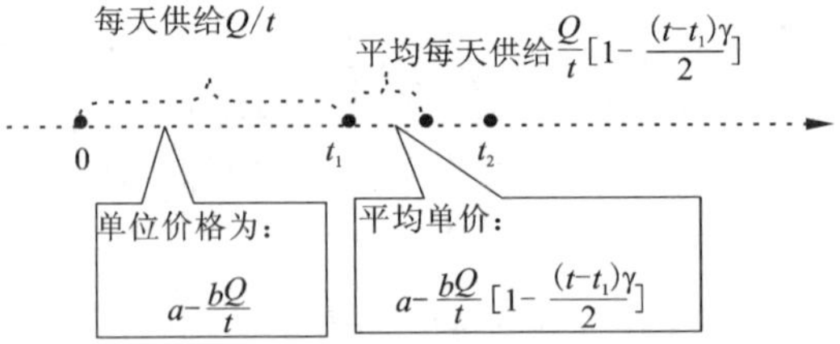

图 3－12　第Ⅱ阶段出清供应链产品的供给、价格示意图

设均衡价格与供给量的关系为：$p_2 = a - b \times q_2$。在临界时间点 t_1 前，单位产品的均衡价格为：$a - \frac{bQ}{t}$，在临界时间点 t_1 后，平均单位产品的均衡价格为：$a - \frac{bQ}{t}[1 - \frac{(t - t_1)\gamma}{2}]$。供应链在时间点 $t(t_1 \leqslant t \leqq t_2)$ 出清产品，供应链销售总额为：

$$R_2 = t_2 \times \frac{Q}{t} \times (a - \frac{bQ}{t}) + (t - t_1) \times \frac{Q}{t}\left[1 - \frac{(t - t_1)\gamma}{2}\right] \times \left\{a - \frac{bQ}{t}[1 - \frac{(t - t_1)\gamma}{2}]\right\} \tag{8}$$

平均单位产品的供应链成本为：$k_0 + c_0 + \frac{t\beta}{2}$，且储存过程中损耗的产品也要耗费成本，因此供应链总成本为：

$$C_2 = Q \times (k_0 + c_0 + \frac{t\beta}{2}) \tag{9}$$

将式(8)对 t 求导，可得供应链在第Ⅱ阶段的时间点 $t(t_1 \leqslant t \leqslant t_2)$ 出清产品的边际收益 MR_2，将式(9)对 t 求导，可得供应链在时间点 t 出清产品的边际成本 MC_2，令 $MR_2 = MC_2$，即可求得供应链收益最大的供应链产品出清时间点 t。

将式(8)对 t 求导，令导数等于0，可求得供应链销售总额达到峰值的 t^*（有多个），由此可见，阶段Ⅱ是供应链总销售额上下波动的时间段。令 $t_2 = \max(t^*)$，即进入第Ⅲ阶段。在第Ⅲ阶段，供应链销售总额将随着时间的推移而持续走低。这是因为储存保管时间的延长，供应链产品损耗越来越严重，可供销售的产品总量越来越少。如果供应链决策主体选择在第Ⅲ阶段出清产品，所获得的净收益必定少于阶段Ⅱ出清产品的收益。此时，供应链主体必须不断压缩产品流通时间（包括物流时间），才有助于减少损失。

延长运输时间，增加供应链价值。延长运输时间可以从以下两方面增加供应链价值：一是延长运输时间，换取生鲜农产品的空间价值；二是延长运输时间，降低单位运输成本。马克思指出，资本越发展，越需要在空间上扩大市场，越需要“用时间消灭空间”①。马克思这里体现了用交通运输时间、信息传输时间换取空间价值的思想。在交通运输条件一定的背景下，交通运输时间的延长，虽要耗费更多运输成本，但却换得更大空间价值。延长运输时间拓展了产品销售的市场空间，增加了供应链的总需求量，或者说供应链分摊在单位空间内的产品供给量降低，提高了供应链产品的市场均衡价格，增加了供应链价值。如果把延长运输时间所换得的空间价值的增加部分作为生鲜农产品运输时间延长的收益，那么当延长运输时间所增加的成本小于增加的空间价值时，延长生鲜农产品运输时间能增加供应链价值，且当延长运输时间所增加的边际运输成本等于增加的边际收益时，延长运输时间的价值达到最大化。

以下两种情况的运输时间延长，有助于降低单位生鲜农产品的运输成本。一是延长某些生鲜农产品的运输时间，实现与其他农产品的配载运输，从而增加单次运输规模，降低单位运输成本；二是某些时间敏感度相对较低的生鲜农产品，采用过快、成本过高的运输方式所节约的时间收益低于增加的运输成本时，宜采用时间较长的运输方式，这样更有利于增加供应链价值。

合理延长物流间隔时间，增加供应链价值。物流需求是时间的函数，延长两次物流活动间隔期，可以集聚更多的物流需求，增加单次物流作业量，降低单位物流成本，从而增加供应链价值。如：生鲜农产品配送公司的配送需求随着时间的延长而增加，延长配送间隔期，可以增加单次配送量，获取配送规模效应；延长运输间隔期，可以增加单次运输量，获取运输规模效应；延

① 马克思，恩格斯. 马克思恩格斯全集(46卷下册)[M]. 北京：人民出版社，1980：33.

长储存时间，减少采购、运输次数，扩大单次采购、运输批量，降低单位采购与运输成本。

延长物流活动间隔期，会增加储存、等待成本。效益背反原理告诉我们，储存、等待时间资源的付出，可以换来运输、配送、装卸搬运等其他物流活动的规模效益。如果把储存、等待时间延长所获得的其他物流活动的规模效益当作储存、等待时间延长的收益，那么当延长储存与等待时间的边际成本小于其他物流活动规模扩大的边际收益时，延长生鲜农产品的储存与等待时间能增加供应链价值。当储存与等待时间延长的边际成本等于其他物流活动规模扩大的边际收益时，储存与等待时间延长的价值达到最大化。

合理增加农产品的加工时间，获取加工价值。农产品的清洗、切割、搭配、包装等农产品加工作业能有效增加农产品价值。包装可以提高农产品档次、提升价值、增加收益。如对农产品装盒、套袋，可便于消费者消费、储存、携带等。此外，超市对肉类、蔬菜等的清洗、切割、分类、搭配等加工也有助于超市获取超额剩余价值。通过流通加工把滞销或储存不便的农产品进行相应加工处理，一方面能够延长农产品的保存周期，另一方面能够提高农产品的利用率，使农产品的每一个部分都能发挥应有的价值。如把胡萝卜加工成胡萝卜粉，这样既能提高价值量，又有效利用了现有的农产品。

(2)压缩物流时间，增加供应链价值 。

生鲜农产品供应链物流时间是指生鲜农产品从产出到最终消费者的整个供应链物流过程中所耗费的时间，包括储存、运输、包装、加工、装卸搬运、配送以及信息处理等物流作业时间和物流节点、物流作业之间的衔接、等待、停置时间。压缩物流时间，增加供应链价值的经济学机理不外乎以下几个方面。

压缩物流时间，提高生鲜度，增加农产品的效用价值。某菜市场在上午 9 点和下午 6 点这两个时间段里，相同的农产品的价格差异如表 3－2 所示。从表 3－2 可看出不同的时间段，农产品的价格有不同的变化，其中生菜和大白菜降价的幅度特别大，造成这种差异的主要因素就是农产品的生鲜度。

表 3－2　某菜市场农产品不同时间段的价格差异

单位：元/斤

	上午 9:00	下午 6:00	价差
生菜	1.98	1	0.98
西红柿	3.98	3.4	0.58
大白菜	2.48	1.2	1.24
猪肉	9.88	9.88	0

如图 3－13 所示，图中描述了生鲜度与生鲜农产品时间价值之间的关系。在自然状态下，生鲜农产品刚出产的那一刻，可以说是最新鲜的，其价值最高为 V_{max}。之后随着时间的推移，其品质变差，新鲜度降低，其价值也在不断降低，并最终降至 0。图 3－13 中 A 为价值临界点，所对应的 t_0 为保鲜期，所对应的 V_0 为临界价值。

压缩物流时间，提高供应链运营效率，获取超额剩余价值。减少农产品的实体损失率。如图 3－13 所示，如果 $T>t_0$，说明生鲜农产品品质不合格，已达不到人的食用标准，考虑到可能对禽畜等动物还有食用价值，因此价值不是直线降为 0，而是以加速下滑的趋势降为 0。正常情况下，农产品必须在时间 t_0 范围内实现它的价值。时间 t_1 为鲜活农产品从出产地到达销售地的物流时间，在时间 t_1 处，其价值已变为 V_1，而 $V_1<V_{max}$。因此，现实中需要 t_1 尽量短，这样 V_1 才会趋向于 V_{max}，价值减损量最小。

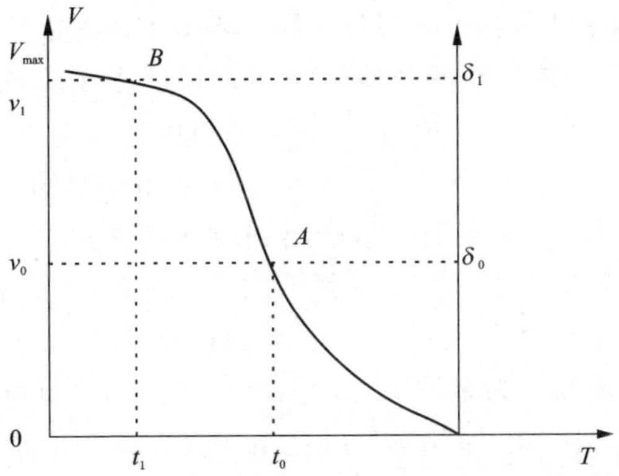

图3－13　农产品价值、生鲜度随时间的变化图

从增值角度来看，农产品物流时间可分成两类：价值增值时间和非价值增值时间。在图3－14中用斜线表示的是价值增值时间，主要是物品的形状和位置发生改变时的时间。这一时间消耗会增加产品的价值，也会增加产品的成本；而在图中用横线表示则为非价值增值时间，这一时间范围内，农产品价值并不会发生改变。这一时间的消耗只会增加资源耗费，不会增加产品的价值。因此，压缩物流时间，特别是不增值的物流时间，对节约资源耗费、减少个别劳动时间、获取超额剩余价值有重要意义。

压缩非增值物流时间，减少供应链物流成本。有研究指出，供应链系统中增值流程所耗费的时间不到供应链整体响应时间的5%，95%的时间是不增值时间[①]。供应链物流时间也包括大量的非增值物流时间。非增值物流时间是不能给客户带来价值的物流活动、物流环节所耗费的时间，是客户不愿支付费用的超过社

① Stalk，G.，Hout，T.. Competing against Time：How Time-based Competition is Reshaping Global Markets[M]. New York：Free Press，1990.

会必要劳动时间以上的那部分时间。物流节点、物流作业之间的衔接、等待、闲置环节所耗费的时间无疑是非增值时间。客户不需要的不能为客户增加价值的储存、运输、加工包装、装卸搬运、配送等物流活动所耗费的时间也是非增值物流时间。比如，传统批发零售模式下，水果蔬菜从产出到最终消费者的整个物流过程中，要经过多个物流环节，反复多次装卸搬运、迂回运输、往返运输、不合理储存等大量非增值活动耗费了大量非增值物流时间。客户需要的能为客户增加价值的物流活动也有可能包含非增值物流时间。比如，原始落后的物流作业方式和低水平的物流管理必伴随物流活动时间超过社会必要劳动时间，超过社会必要劳动时间的那部分时间，无疑是非增值物流时间。

供应链物流价值随物流时间的推移呈波浪式增加。通过以上分析可知，供应链物流价值与供应链物流时间之间的关系如图3－14所示。图中用竖直虚线表示各项物流作业的开始和结束，横轴下各物流作业之间的间隔代表不同物流作业之间的等待、衔接时间，这些时间都是非增值时间，对应的供应链价值曲线是水平线；各物流作业时间所对应的供应链价值线由两部分构成：一部分是向右上倾斜的线，表示供应链价值随物流作业时间的延长而增加；另一部分是水平线，表示对应的物流作业时间是非增值物流时间，即物流作业过程中的等待、闲置时间和超过社会必要劳动时间的那部分时间，这部分时间也不能增加供应链价值。图中显示，不同物流活动不同时点的价值增值度不同。

供应链物流成本随物流时间的推移不断增加。无论是增值物流时间还是非增值物流时间都得耗费成本。如图3－14所示，我国生鲜农产品物流成本中，很大一部分是非增值物流时间内耗费的成本。非增值物流时间内耗费的成本主要有：一是资源耗费成本，即非增值物流作业所消耗的仓储、运输、装卸搬运、包装加工、配送等费用；二是资本使用成本，即非增值物流作业时间内

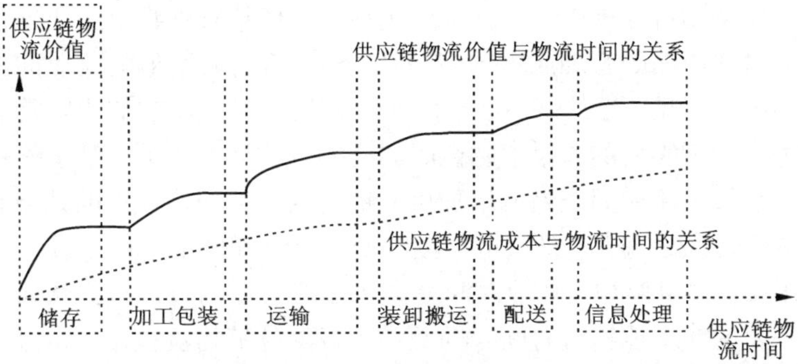

图 3－14　供应链物流价值、物流成本与物流时间的关系

占用的固定资本、流动资本、商品资本等资本的使用成本。资本不管以何种形式存在，都存在使用成本。其计算公式为：

$$C_{\mathrm{nvalt}} = \sum_{i=1}^{n} (Z_i \times t_i \times C_i)$$

式中：C_{nvalt} 为供应链非增值物流时间占用资本的使用成本；

z_i 为物流活动 i 平均单位时间内占用的资本量；

t_i 为物流活动 i 的非增值物流时间；

c_i 为物流活动 i 的单位时间单位资本的使用成本。

均衡非增值物流时间压缩的边际成本与边际收益，实现非增值物流时间压缩价值的最大化。非增值物流时间，包括必要的非增值物流时间和不必要的非增值物流时间。所有闲置、等待时间、往返运输时间、过长储存时间、多次装卸搬运时间等都是不必要的非增值物流时间①。不必要的非增值物流时间产生的原因主要是供应链物流计划不科学，物流组织、协调能力差等。加强

① 崔彬. 对优化水果蔬菜物流模式的思考[J]. 经济问题,2006,(2):43－58.

供应链物流管理是压缩不必要的非增值物流时间的主要手段。加强供应链物流管理无疑会增加管理成本，且基于不必要的非增值物流时间压缩的管理成本越高，供应链耗费的非增值物流时间越少。由此可见，当基于不必要的非增值物流时间压缩的边际管理成本小于不必要的非增值物流时间压缩的边际收益时，基于不必要非增值物流时间压缩能增加供应链价值。按照马克思的社会必要劳动时间原理，当供应链物流技术、物流管理水平低于社会平均水平时，单位物流作业时间会高于社会必要劳动时间，从而产生必要的非增值物流时间。因此，提高供应链物流技术、物流管理水平是降低必要的非增值物流时间的有效手段。当物流技术、物流管理水平提高所增加的成本小于必要的非增值物流时间压缩的收益时，必要的非增值物流时间压缩能增加供应链价值，且当边际成本等于边际收益时，必要的非增值物流时间压缩的价值达到最大值。总之，无论压缩必要的还是不必要的非增值物流时间，只有当时间压缩的边际成本等于边际收益时，基于非增值物流时间压缩的价值才能达到最大值。

压缩物流时间，增加供应链收益。压缩非增值物流时间，除了成本节约角度的供应链价值增加外，还有收益增加角度的供应链价值增加。压缩物流时间可带来以下三方面的收益增加：一是资本周转收益增加。在单次资本周转所创造的剩余价值不变的条件下，非增值物流作业时间的压缩加快了资本周转速度，增加了单位时间内资本的周转次数，从而增加了单位资本在单位时间内创造的剩余价值量。裴小兵等（2013）指出，加快流程中可变环节的周转速度，是剩余价值的源泉①。本书的非增值物流环节无疑属于可变环节。由此可见，非增值物流环节周转速度的加快也是

① 裴小兵，莫璇华，蒋伟. 基于精益视角的供应链流程时间效益研究[J]. 商业研究，2013，(01).

剩余价值的源泉。二是顾客价值增加带来供应链市场占有率的提高。顾客价值是顾客感知到的产品及服务的价值，是顾客对供应链产品及服务价值的主观认知，包括顾客对其感知利得与感知利失的比较和权衡。顾客需求的响应时间、相关物流的服务时间是供应链产品及服务的重要组成部分，也是顾客感知价值的重要来源。随着人们生活节奏的加快，时间资源价值的提高，时间敏感型生鲜农产品物流时间压缩给顾客带来的价值在顾客感知价值中所占比例将越来越大。顾客价值的提高无疑会提升供应链的竞争力，增加供应链的市场占有率。三是抢占市场先机所获得的价格收益。经济学中边际收益递减原理决定了消费者愿意为较早上市的时令性生鲜农产品支付较高的价格。在生鲜农产品生产成熟时间不变的条件下，压缩物流时间必然提前产品上市销售的时间，无疑有助于生鲜农产品所有者获得更高的市场价格收益。

(3)优化生鲜农产品物流时间资源配置，增加供应链价值。

O2O模式下，生鲜农产品物流时间资源具有稀缺性、交付时间刚性和物流时间价值的非匀质性。时间作为一种特殊的资源，对于任何人或物来说，其进程是非逆的，其数量是有限的。对时间的不同支配或使用方式决定了不同人或物的时间价值的高低。生鲜农产品的鲜活性、易腐性决定了生鲜农产品物流时间的有限性，决定了生鲜农产品物流时间资源的稀缺性。此外，在O2O模式下，商流与物流分离，消费者订单下达后，必须在约定的时间内将产品送至消费者手中，O2O物流的这一交付时间刚性特点进一步强化了物流时间的稀缺性。如何把稀缺的物流时间分配给不同的物流活动，以实现物流时间价值的最大化，是所有生鲜O2O的物流决策者不得不面对的问题。

快速、准时的现代生产、生活方式强化了人们的时间价值观念。O2O模式下，电子商务、精益生产、精益物流的普及决定了供应链产品、服务交付时间的准时化、刚性将成为常态。如何将预定的交货提前期合理分配给各项物流活动，以实现如期交货约束下的物流成本最低。O2O 模式下交付时间的刚性强化了生鲜农产品物流时间分配的意义，提高了生鲜农产品物流时间分配的价值。

荣朝和(2011)指出，时间价值是非匀质，时间价值在特定时点前后或特别时段内存在明显的凸高现象。交通运输时间价值的非匀质性更是显而易见。为了在特定时点前将货物送到，或者是为了避免错过预定交付时间所造成的损失，人们愿意付出更高的成本。精益生产、精益物流理念的普及放大了物流时间价值的非匀质性，物流时间价值出现峰值的频率越来越快，峰值越来越大。人们采购、消费生鲜农产品的时间惯性、生鲜农产品的易腐性、交付时间的刚性进一步加大了生鲜农产品供应链物流时间价值的非匀质性。

优化配置 O2O 模式下的物流时间资源，是供应链价值的新源泉。生鲜农产品物流时间资源稀缺、交付时间刚性约束、物流时间价值非匀质性等特点决定了供应链物流时间资源优化配置的价值。图 3－14 显示不同时段不同物流活动的时间价值不同，由此，供应链物流决策者必须综合权衡以下问题：哪些物流活动时间可以延长，哪些物流活动时间必须压缩，优先压缩哪些物流活动时间，压缩程度如何，等等。这些问题的核心都是时间分配，都属于物流时间资源的配置问题。物流时间资源的优化配置不仅要优化各项物流活动的时间参数，更要提高各项物流活动时间的可靠性。物流时间的可靠也有价值，荣朝和(2011)认为“对时间价值高低的评价，往往更多取决于不能准时到达所造成的损失程度，即相关机会成本有多大”。一般而言，社会越发达，人们、资源及行为过程的时间价值越高，供应链物流时间约束越刚性，客户对时间的敏感度越高，物流时间不可靠的机会成本也越高。

物流时间的延长、压缩能增加供应链价值是物流时间资源优化配置的价值基础，物流时间资源的稀缺性、交付时间的刚性以及物流时间价值的非匀质性是物流时间资源优化配置的现实与理论基础。稀缺、固定的时间资源的优化配置是提高供应链物流时间价值的有效途径，是供应链价值的新源泉，是培植供应链竞争力的新思路。

物流时间资源优化配置的基本思路。物流时间资源优化配置可遵循以下基本思路：首先，根据生鲜农产品物流时间的有限性和客户要求的交付时间约束确定供应链物流时间的总长度，这是供应链物流时间资源配置的硬约束，是可供分配的时间资源上限；其次，根据供应链物流技术、物流能力和客户要求初步确定供应链物流流程，制定流程明细表，画出供应链物流网络图；第三，利用网络计划技术计算供应链物流的实际耗时，找出关键路径和供应链时间瓶颈；第四，比较实际耗时和时间硬约束，如果实际耗时超过时间约束，则首先考虑供应链时间压缩问题，特别是瓶颈流程的时间压缩，如果实际耗时小于时间约束，则找出延长时间可增加价值的流程，特别是非关键路径流程的时间延长收益；第五，计算各流程的时间延长与压缩收益及最优延长与压缩时间；第六，将流程按优化的先后次序排列，排列规则为先按收益高低排列，如果实际耗时超过时间约束，则将压缩时间的流程排在前面，将延长时间的流程排在后面；第七，按优化先后，针对各流程采取相应的技术及管理措施，调整流程时间；第八，重新计算实际耗时，比较实际耗时和时间约束的大小，并再次计算流程时间调整的收益，如果各流程时间调整的收益为零且实际耗时小于时间约束，则供应链物流时间资源优化配置过程终止，否则，返回第三步。

3.4 空间价值

3.4.1 空间价值的内涵及种类

一般来说，空间价值是指通过物流活动改变商品销售的地域空间所创造的价值。本文认为，空间价值不仅包括销售空间转移所创造的价值，也包括市场辐射空间范围扩大与供应链设施空间布局合理所创造的价值。

1. 商品销售空间转移所创造的价值

边际收益递减效应决定了将商品从供给量大的产地运至缺乏这种产品的销地后，销地消费者从商品消费中所获得的边际价值高于产地消费者消费该产品的边际价值。由于同一产品在不同地域空间的消费者眼中，其价值不同。不同地域空间的消费者为获得产品的使用价值，愿意支付的价格也不同。表 3 – 3 的数据显示，2016 年 4 月不同销地的消费者购买金乡大蒜所支付的价格明显不同，而且该价格与产销两地地域空间距离的远近有密切关系。因此，合理设计产品的销售空间，能给产品生产者创造巨大的价值。

表 3 – 3 是 2016 年大蒜主要产地山东金乡大蒜在全国各主要城市价格的调查表。

表 3 – 3 山东金乡大蒜在不同销地的销售价格

销地	价格（元/斤）	距山东金乡产地的距离(km)
济南	2.8 ~ 3.2	55
北京	5.2 ~ 5.5	360
郑州	3.3 ~ 3.6	400
武汉	5.5 ~ 5.8	830

续表 3－3

销地	价格（元/斤）	距山东金乡产地的距离(km)
吉林	6.8～7.3	976
长沙	6.0～6.5	1070
成都	5.6～6.0	1400
甘肃	6.2～6.5	1400
乌鲁木齐	7.1～7.5	2630

2. 市场辐射空间范围扩大所创造的价值

为获得某一产品的使用价值，不同地域空间的消费者愿意支付的价值不同。计算不同销地的消费者愿意支付的价格与供应链价值实现所支付的总成本，将两者相减将得到不同空间转移方式所创造的空间价值。假设山东金乡大蒜在销地 i，当销量为 Q_i 时的销售价格与供应链总成本数据如表3－4所示。假设2016年金乡大蒜的总产量为100万斤，如果金乡大蒜的市场覆盖范围在400公里内，那么，这100万斤大蒜将在济南、北京、郑州三地销售，所创造的空间转移总价值为 $20\times1.6+50\times3.0+30\times1.5=227$ 万元。如果金乡大蒜的市场覆盖范围为表3－4中的所有城市，那么可按照空间转移价值由大到小的原则选择产品销售的地域空间。首先，将20万斤大蒜转移到空间转移价值排名第一的吉林，创造空间转移价值 $20\times4.8=96$ 万元；其次，将20万斤大蒜转移到空间转移价值排名第二的乌鲁木齐，创造空间转移价值 $20\times4.0=80$ 万元；再次，将50万斤大蒜转移到空间转移价值排名第三的长沙，创造的空间转移价值 $20\times3.8=76$ 万元。在表3－4所示的更大地域空间范围内选择产品销售的最佳空间，所获得的空间转移总价值为 $96+80+76=252$ 万元，比空间辐射范围仅为400公里时所获得的空间转移总价值227万元多出25万元。由此可见，市场辐射空间范围扩大可以增加供应链总价值，该价值实现的前提是某产品能辐射到更广的地域范围，并且能科学地选择产品的销售空间。

表3-4 山东金乡大蒜空间转移所创造的价值

销地 i	产销两地的空间距离本（公里）	销量 Q_i（万斤）	价格（元/斤）	供应链总成本（元/斤）	空间转移所创造的价值本(元/斤)	按空间转移价值排序
济南	55	20	3.2	1.6	1.6	9
北京	360	50	5.5	2.5	3.0	7
郑州	400	30	3.6	2.1	1.5	8
武汉	830	20	5.8	2.4	3.4	5
吉林	976	20	7.3	2.5	4.8	1
长沙	1070	50	6.5	2.7	3.8	3
成都	1400	50	6.0	2.9	3.1	6
甘肃	1400	20	6.5	2.9	3.6	4
乌鲁木齐	2630	20	7.5	3.5	4.0	2

3. 供应链设施空间布局优化所创造的价值

产品必须沿着某条供应链才能从产地流到最终消费者手中。供应链中的生产供应点、多层销售点、仓储配送中转等设施点的空间布局不同，实物在供应链上流动的距离与成本也会不同。在产地空间布局确定不变的情况下，产品空间转移价值的不同说明销售设施点空间布局的不同给供应链主体创造不同的价值。如图3-15所示，在销地空间布局不变的情况下，产地设施点空间布局的不同，给供应链主体所创造的价值也会不同。显然，不同产地 i 的单位生产成本（C_i）不同；不同产地生产出的产品品质不同，单位产品在目标市场的销售价格 P_i 会不同；生产地点至目标销地的距离不同，单位物流成本 L_i 自然也不同。由此可见，在目标市场销售点设施布局不变的情况下，生产设施点在 i 个可选地点之间的布局变化，给供应链创造的单位价值将按 $P_i - C_i - L_i$ 的规则变化。无疑，将 $P_i - C_i - L_i$ 从大到小排序，从大到小选择产地合作伙伴，将最大化产地空间布局价值。

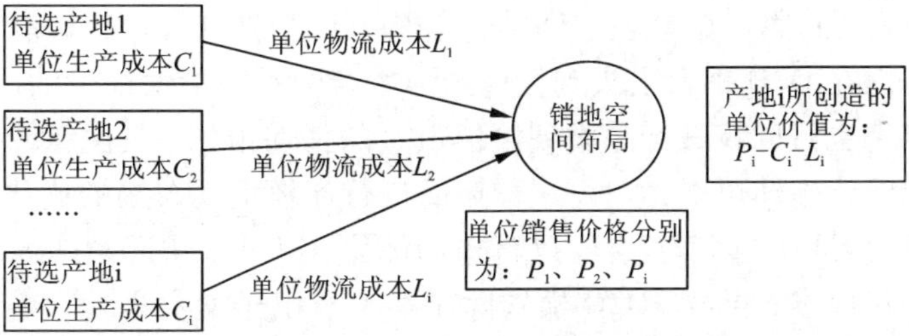

图 3－15 不同产地空间布局所创造的单位产品价值

仓储、配送、中转等物流设施点的布局变化，带来的是单位产品运输配送成本、单位设施折旧成本、单位装卸搬运、单位产品的物流损耗等物流成本的变化，这些成本的变化无疑会导致供应链总成本的变化。此外，这些设施点的变化会带来供应链对顾客需求响应时间的变化，从而带来顾客体验感和愿意支付的价格的变化。因此，物流设施空间布局的优化能创造价值。

3.4.2　基于 O2O 的农村资源流模式所创造的空间价值分析

无论是运至城市市场销售的农产品还是在农村市场销售的生活服务类产品和生产资料类产品，在传统流通模式下都面临产品流通的地域空间约束问题。产品供需信息被地域空间无情地阻隔。要实现供需信息在供需双方之间的有效传递，需要耗费巨大的信息传递成本和漫长的传递时间。O2O平台充分发挥了电子信息传递打破时空间隔的优势，极大地降低了信息传递的成本，加快了信息传递的速度。

从现有电子交易模式所表现出来的时空零距离竞争优势对传统零售模式的冲击即可推知O2O平台所能创造的空间价值。首先，只要跨越广阔地域空间的物流具有可行性和经济性，消费者就可以在O2O平台上买到任何产地生产的对其价值最大的产品，生产者也可以将其产品卖到价值最大的任何市场；其次，O2O模式的经营主体可以针对每一款产品进行产地空间布局的优化，生产者也可以对其销售空间进行布局优化，以最小化产销两地的设施布局成本；再次，O2O模式除了线上有电子交易平台，还有大量能协同作业的线下设施点，这些设施点的合理布局能最大化供应链价值。具体表现为：一是线下设施的协同行动加快了对客户需求的响应速度，降低了响应成本；二是终端体验、服务设施点的合理布局能有效弥补传统电子商务模式下顾客体验不足的缺点，提高顾客的体验价值；三是线下生产设施、流通设施的合理布局，对整合O2O平台交易所产生的所有实物流，能有效降低电子交易模式下小批量实物流动的高成本；四是O2O模式能通过产地的集中成片设计、销地的集中成片开发，以解决传统电子交易模式头痛的生产地点与销售地点过于分散所伴随的高物流成本问题。

3.4.3 O2O模式下实现农村资源流空间价值所面临的主要问题

1. 产销两地空间集中成片设计与开发的问题

无论是农产品还是在农村市场上销售的生产、生活类产品，通过电子平台交易虽能实现信息传递与产品交易的时空零距离，但永远无法跨越遥远的空间距离而实现物流零距离。因此，要发掘基于O2O模式的产品流动的空间价值，必须解决伴随空间距离扩大的物流成本增加的问题。小批量电子交易模式下，这个问题尤其严重。

针对O2O模式下产销之间小批量交易的特点，降低物流成本的关键是整合。通过将众多小批量的订单整合成大批量的物流，以实现物流的规模效应和单位物流成本的降低。整合的基本思路有三种，一是将运往同一销地空间的产品进行产地整合；二是将不同产地运至同一销地的产品进行销地整合；三是对不同产地、不同销地的产品，在途中寻找一个中转地点，进行中转地整合。显然，前两种整合思路，都是建立在产地或销地已有了一定的规模效应的基础上的，即已经做到了集中成片开发。

集中成片地设计与开发产地和销地市场，首先，需要实施主体具有较强的系统布局设计能力，这需要科学预测产销两地的产量、销量、生产成本、销售价格、物流成本等数据，需要综合考虑各种收入和成本数据进行系统的、动态的定量分析，这对大部分O2O模式运营主体而言是难以逾越的鸿沟；其次，在集中成片开发的过程中，面临高投入与低收入的双重约束，这是很多O2O公司虽然创意很好但最终半途夭折的重要原因；再次，在集中成片开发过程中，面临漫长的开发时间与成功后竞争者轻松进入的双重难题，该难题不能有效解决的结果是投入开发期过长，收入期过短且竞争太大；第四，是集中成片开发经验存在难以分层、分类、分步的问题，其总结、归纳与推广的难度大，这进一步增加了集中成片开发的难题；第五，是在某地已取得成功的集中成片开发经验即使能有效提取出来加以复制，但因不同地域空间生产与销售主体的思想观念、收益模式、价值取向等的不同，使得经验成功复制后带来的后果却是“水土不服”。

2. 线下网络空间的合理布局问题

线下网络空间的合理布局能通过降低实物流动的成本、缩短实物流动的时间、满足顾客多样化的需求、加快对顾客需求的响应速度等途径来创造价值。产品供应网络的合理布局有助于满足顾客多样化的需求；物流网络的合理布局有助于降低物流成本、缩短物流时间；实物停留地点的合理设计对顾客需求的响应速度有重要影响。无论是产品供应网络的布局设计、物流网络的布局设计还是实物停留地点的布局设计，都需要综合考虑各种成本、收入甚至是行为偏好数据。这些都是复杂的系统问题。优秀的线下网络设计还需要成功的落实实施，而无论是供应网络建设、物流网络建设都需要投入大量的成本与时间，而且跨越地域空间越远，所需投入的成本一般越大。此外，物流网络效应的发挥还需要信息系统与之配套，这也需要大笔的资金投入。

3. 线下实体的整合与协同问题

农村市场的一个最大特点是相关市场主体行为、习惯、偏好方面具有浓厚的守旧色彩，所处市场环境闭塞、落后，导致很多交易都具有“说不清、道不明”，或者是压根儿就不能说清楚、道明白的特点，很多市场规则或者说法律规范在农村市场根本就无法发挥作用。这决定了在农村市场整合已有线下实体并让他们开展协同行动的难度非常大，因为他们压根儿不愿意遵守那些必须摆在明面上的规则。而且，无论是产品及服务的提供者还是消费者，他们虽知改变能给他们带来价值，但是他们已经习惯了既有的生活，他们不愿意去改变、去适应新的模式，不愿意去培养新的习惯，这无形中又加大了整合与协同的难度。即使成功解决了一个地域范围内的线下实体的协同整合难题，但如果跨地域的协同与整合问题没有解决的话，整个O2O模式的空间价值还是难以有效实现。比如说解决了某一地域内的农产品生产供给端的协同整合问题，还需要解决需求端的终端体验点、服务点的协同整合问题，而且必须实现供应端与需求端的协同促销、协同推广、协同物流，才能有效发挥O2O模式下农产品流动的空间价值。

4. 线上描述与线下服务难一致的问题

线上平台克服时空障碍，依赖的法宝是电子信息传递与电子交易。电子信息传递与交易具有虚拟性，存在信息与实物难一致的问题。特别是在产品及服务标准化难度大、程度低的情况下，其信息传递更加容易表现出弹性、虚假性。无论是传递者有意还是无意制造出来的信息弹性，都会对消费者的利益以及价值体验造成恶性影响。在监管难度大、市场规则不健全的农村市场，以及不成熟、不愿意遵守规则的线下服务主体等多重因素的综合作用下，这种弹性现象会经常发生。这种弹性现象对O2O平台跨时空价值的发挥无疑是致命的伤害。

5. 线下物流成本居高不下、物流服务滞后的问题

无论是农村市场上生产、生活资料的跨地域流通还是农产品从农村到城市的流通，物流问题都是制约农村资源采用O2O模式流通的一个重要瓶颈。农村市场存在地域分散、流通规模小、基础设施建设落后、物流服务滞后的问题。农产品从农村到城市的流通，面临物流难度大、物流成本高的问题。O2O模式对小批量客户需求快速响应的特点加大了物流难题。传统模式下，能更大规模地开展农产品的物流活动。农产品物流的规模效应比较明显，但在物流空间价值实现过程中仍存在许多问题。比如：(1)农产品运输线路过长。我国农村分布很广，地形复杂，并且我国的农村交通运输条件较差，有的地方甚至没有通汽车，农产品只能靠人力、畜力等往外运输，即使有的地方能通汽车，由于路面条件差，交通工具的落后与陈旧，使得农产品运输时间过长，每年有大量的农产品因为运输困难而烂在运输途中，造成了巨大的损失。(2)农产品物流管理水平低下。我国目前有各类农产品批发市场5000多家，但具备一定规模的市场数量有限，批发市场的

管理缺乏相关法律法规的约束，标准化程度不高，运输农产品的车辆调度和管理混乱，农产品的检疫监测手段不完善，检测时间长。(3)农产品物流过程中市场信息匹配较差。农产品生产地分散，消费地更是遍布全国各个地方，使得农产品供应信息和需求信息难以对称。另外我国农村网络通信技术还比较落后，因此每到农产品成熟的季节，我们就会看到一些地方生产出来的农产品没有地方销售而烂在田地里，而一些主要消费地该农产品却供不应求。(4)长途运输过程中过路费、过桥费过高，且危险性较大。据相关调查可知，全世界收费公路 14 万公里，其中有 10 万公里在中国，占全世界的 70%。对物流行业而言，路桥费直接占到成本的 1/3。并且长途运输对运输人员的要求较高，这严重制约了农产品空间价值的实现。

第4章 基于O2O的湖南农村资源流现状

4.1 基于O2O的湖南农村信息化基础情况

4.1.1 湖南信息化基础设施建设顺利

近年来湖南信息化基础建设步伐加快，来势很好。根据《2014年中国信息化发展水平评估报告》显示，2014年全国信息化发展指数比2013年增长了5.86，湖南信息化发展指数增长速度排在全国第三位，达到8.34；2014年全国电子信息制造业实现主营业务收入10.3万亿元，湖南信息产业实现营业收入1329.91亿元，利润59.92亿元，数字化整机和新型元器件行业营业收入1158.67亿元，占信息产业的87.1%，新一代网络和“三网融合”行业营业收入78.00亿元。2015年将建成城市地区20兆以上光纤覆盖率达95%，农村实现宽带网络行政村覆盖率100%，全省4兆以上宽带用户占有率达到95%，宽带用户突破1000万户。2015年将新建4G移动基站4万个，3G，4G网络基本覆盖城区、乡镇和农村行政村，电话用户达到7000万户，下一代互联网基本实现商用部署①。

2015年湖南投资22亿元建基站，湖南电信全省行政乡镇互

① 湖南省“十三五”信息化发展战略研究．湖南电子政务，2015.10.19.

联网络和固定电话网络覆盖率为100%。全省2015年投资33.4亿元，一是改造升级全省宽带骨干网，全面提升骨干网传输和交换能力，提高骨干网互联互通的水平和质量；二是全面落实光纤到户国家标准和省标准，实现县级以上城区新建住宅小区光纤到户。截至2015年年末，力争农村实现宽带网络行政村覆盖率达到100%[①]。2015年底，湖南省网民总数达2685万，网民规模在全国排第9位；普及率39.9%，在全国排名第25位，网民规模增速为4.1%。手机上网用户继续快速增长，移动互联网用户净增480.5万户，总数达到3639.1万户[②]。

4.1.2 湖南涉农网站发展迅速

最近几年，我省涉农网站建设情势喜人。湖南省农业信息中心，作为湖南省农业信息化的协调机构，主持建设了湖南省农业信息网；全省各市级农业局、县级农业局和大中型农产品批发市场大都建立了农业信息服务网站；长沙红星大市场建立了红星农网；此外，湖南省还建有湖南特产网、湘农网、石门柑橘网等特色的行业网站和专业网站。2014年，国家提出"互联网+"战略后，我省传统行业加快"互联网+"的步伐。传统批发零售企业、连锁超市和专业市场借力"互联网+"进行转型升级，打造旗舰电商平台，开展网络批发零售业务。比如步步高、友阿、通程等建设的云猴网、友阿云商、爱尚通程等成为全国知名电商平台，平台上销售各类农产品。

湖南农业信息网、湖南农产品交易网、网上供销社、湖南百

① 孟希娟.湖南全面启动光纤到户工程,明年实现宽带网络行政村全覆盖.中国信息产业网,2014.6.27.

② 2015湖南省电子商务发展报告.湖南省商务厅,2016.5.28. http://www.hunancom.gov.cn/swdt/576252.htm

姓网、特色湖南等电商综合服务平台相继出现在人民的视野。大部分网络平台以B2B, B2C为主，通过第三方电子商务公共服务模式，以“在线发布+物流配送”运营。平台重在“电”，即利用互联网打造畅通的信息交流渠道，而非“商”，即产品渠道运营，包含线上线下网络批发零售。京东、苏宁、阿里在湖南农村的渠道下沉工作进展顺利。2015年1月15日，京东华中区首家县级服务中心长沙县店隆重开业；2015年9月23日，首批50个农村淘宝服务站点在桂阳县正式运营；2016年6月，湖南湘村电子商务有限公司与湖南苏宁云商有限公司就苏宁易购代理点加盟和农村物流配送的合作签署协议。

2015年，我省深入开展“湘品网上行”工程，打造线上（湖南电商公共平台）、线下（湖南电商公共服务中心）相结合的电商公共服务体系。基于湖南电商公共平台（www.hnebuy.com），组织湖南本土优秀电商企业和产品，举办“湖南网购节”系列活动。“2015湖南网购节”实现直接销售额4.2亿元、带动销售额9.5亿元。为促进湖南特色产品网上销售，与国内知名电商平台合作，建立各类“特色湖南馆”，同时基于湖南优势产业开通了湖南产业带。

4.2　湖南农村居民对电商的认识情况

最近几年，湖南农村居民电商意识不断提高。从2013年开始，各种涉农电商平台在湖南农村安营扎寨。进入村村乐网站的湖南板块，可以看到湖南省各地农村居民在平台上推介家乡的奇闻轶事、供求、旅游、生活等信息。在平台上发布的信息类别、数量以及各村站长发展情况可知，我省农村居民参与电子商务的意识和习惯正在逐步养成。在各大平台销售的湖南农村特色产品数量和品类在逐年增加，以及生活服务类电商平台和农资电商平台在我省的渗透度逐年提高等现象可推知，电子商务正在逐步融入我省农村居民的生产和生活中。

为了解我省农村居民对电子商务的认识情况，2016 年 4 月至 5 月，笔者通过问卷网对来自湖南农村的 374 位居民展开了问卷调查。

1. 被调查者的基本情况

图 4－1 显示了受调查者的身份，主要是学生（47.06%）、普通 农村居民（11.23%）和生意人（10.96%）。有 37.5% 的被调查者认为“如果有人能帮我在互联网上销售，那就太好了”；有 25% 的人选择了“听说过互联网可以卖东西，很想学”；也有 25% 的人认为“太难学了，不想考虑互联网销售的问题”。选择“曾经通过互联网销售，效果不理想”和“我觉得现在的销售方式很好，不想使用互联网”的受调查者比例都为 6.25%。

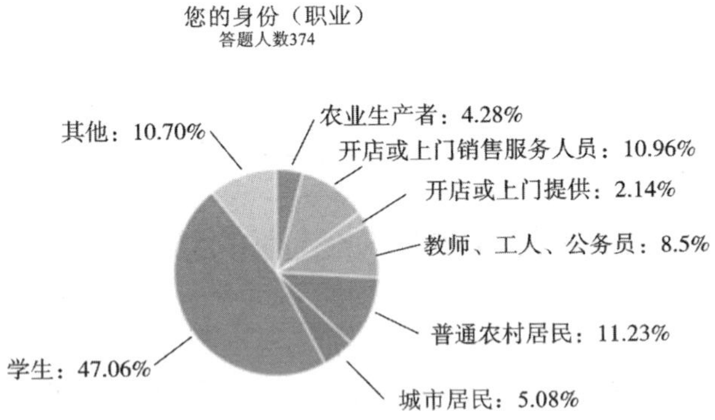

图 4－1 被调查者的身份情况

2. 农村居民网上购物的影响因素

对于影响农村居民选择网上购物的因素问题，调查结果如图 4－2 所示。有 81% 的被调查者认为是“不会使用电脑、手机购物的技术问题”；有 50% 以上的被调查者认为网上购物的退换货问题、质量问题也是影响农村居民选择不在网上购物的重要因素。

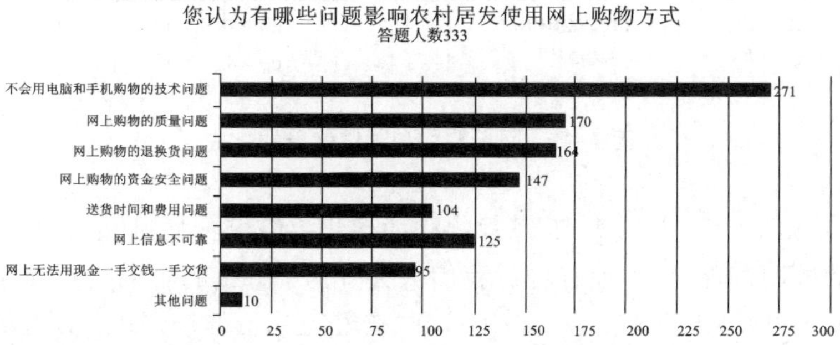

图 4－2　影响农村居民选择网上购物的因素

3. 农村居民网上购物与信息浏览的主要方式

对于网上购物与信息浏览的方式问题的调查结果如图 4－3 所示。66% 的被调查者手机上装了淘宝、京东等购物软件，并在上面购物；40% 的被调查者通过电脑浏览信息，电脑购物；21% 的被调查者通过手机微信公众号里的网上商城，浏览商品信息和购物；有 13% 的被调查者虽通过电脑浏览信息，但不购物；9.4% 的被调查者手机上装了购物软件，但不会在上面购物。从这些数据可以看出，移动互联网是新一代网民网上购物和浏览信息的主要通道。

4. 农村居民对电子商务培训的认识

对于互联网销售、购物方面的学习与培训问题的调查结果如图 4－4 所示 。57.22% 的受访者“没听说过”这方面的培训；

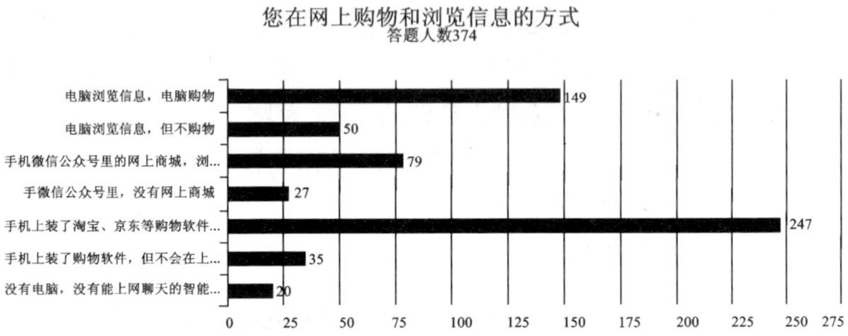

图4－3　网上购物和浏览信息的方式

29.68%的受访者说“听说过这样的培训，但没参加过”；7.22%的被调查者说“本地有告诉我们怎么开店、怎么购物的公司或个人”；3.74%的调查者选择了选项“曾经有这样的培训班，并且参加过”。这些数据表明，通过培训来提高农村居民使用互联网开展电子商务的问题已得到相关主体的认同，但没能有效实施。

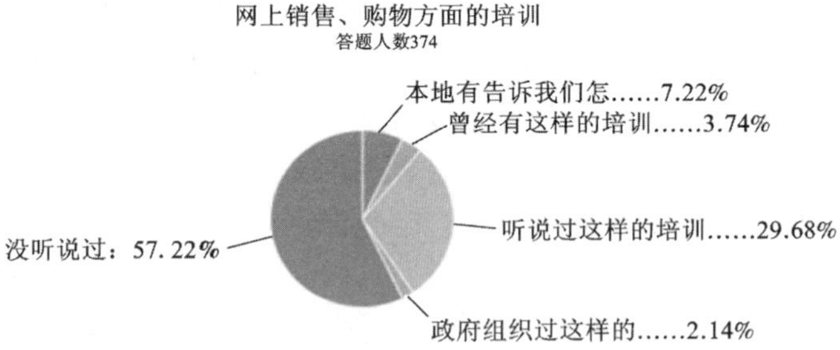

图4－4　网上销售、购物方面的培训情况

5. 农村居民对网购代理点的态度

图4－5的数据显示，75.94%的调查者认为在农村开设网购代理点很好，可以帮助不会网购的农村居民买到他需要的商品。另外24%的被调查者认为在农村开设网购代理点不好。

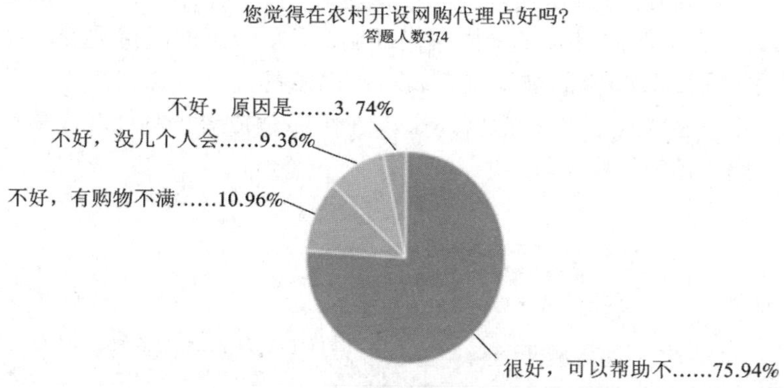

图4－5　通过互联网销售的意愿

6. 农村居民对网上销售方式的偏好

对于哪种网上销售方式最好的问题，有75%的受调查者认为“镇政府组织建立一个网上销售平台，帮助销售本地农产品，委托物流公司送货”最好；认为“委托长沙等大城市的销售平台，由他们销售，由他们来收货和送货”最好的受访者占比为20%；认为“自己建个网上销售平台，卖特色农产品”“自己通过微信、*QQ*、网上开店等方式销售，委托物流公司送货”“还是将网上销售与原来的销售方式结合起来好”等方法最好的受访者占比为5%。

4.3 湖南农村快递物流能力不断提高

对湖南省农村物流设施建设情况的调查结果如图 4－6 所示。43. 48% 的被访者表示他们村没有快递代理点；16. 67% 的被调查者表示他们村有快递代理点，且拿包裹不要钱；有 11. 59% 的被调查者表示他们村有多个快递代理点，但拿包裹的时候要交 1 块钱手续费；1. 45% 的被调查者表示他们镇都没有快递代理点。目前，湖南省大部分农村地区还未实现快递全覆盖，农村电商最后一公里物流问题急需解决。

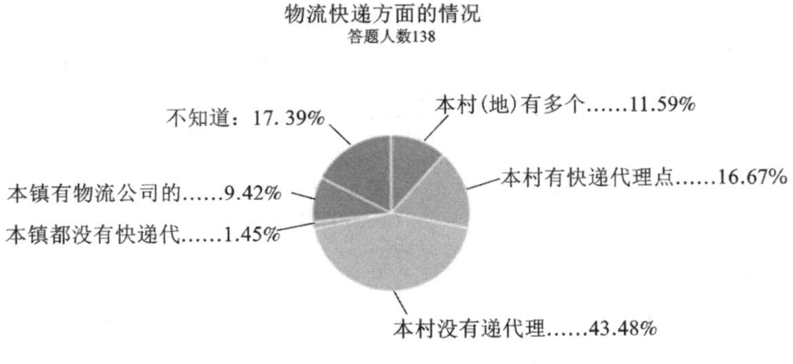

图 4－6　物流快递方面的情况

如表 4－1 所示，湖南农村快递物流量持续增长。2015 年，湖南省在优化快递设施网络上取得新突破。2015 年湖南省邮政行业快递业务量完成 3. 18 亿件，同比增长 39. 93%；快递业务收入完成 33. 89 亿元，同比增长 29. 3%。湖南省持续推动村邮站与村级电商平台的统筹建设，加大与综合交通运输体系衔接力度，邮政普遍服务营业场所实现了全省乡镇全覆盖。顺丰速运物流有限公司2016年将县域作为业务运营增长高潜区域，纳入业务提升重点。速运物流湘北区所辖长沙、株洲、湘潭、岳阳的344个乡镇，乡镇覆盖率已达72.67%。截止到2016年4月，速运物流31个县城乡镇点部已完成净收入682.7万元，完成预期收入的68.8%，同比增长32.57%。

表4－1　湖南农村快递量增长情况

2011年	2012年	2013年	2014年	2015年
6542.72	10022.73	15446.72	22716.17	31786.74

4.4　基于O2O的湖南农村资源流现状

4.4.1　湖南农资O2O发展情况

1. 农业生产者对农资O2O普遍持欢迎态度

为了解我省农业生产者对农资电商的基本态度，就下面这个问题调查了16名农业生产者：如果镇里统一建一个网上农资销售平台，上面能买到你需要的所有农资，而且送货到村，你觉得如何？他们的主要观点如表4－2所示。从表中信息可知，大部分农业生产者对农资电商持欢迎态度，他们认为这样的话产品质量有保障、选择空间大、送货到村带来方便等。有少数被调查者对农资电商持怀疑态度，他们担心产品质量问题、商家信誉问题、个人信息以及资金安全问题和自己不会操作等问题。

表4-2 受访者的回答

答案选项	回复情况
很好，这样就不要担心买到假冒伪劣产品了	8
很好，我不要跑很远的路了	6
很好，选择的商家和产品多了	6
不好，担心产品质量有问题，担心卖家不守信用	3
不好，担心我卡里的钱和我个人信息出问题	1
不好，我不会用手机和电脑买东西	2
不知道	1

2. 农资O2O在湖南农村市场渗透速度加快

农机、化肥、农药、兽药、种子等农资产品，大部分都可以标准化，且消费者会反复购买，适合电商模式销售。在互联网快速渗透和政策面利好的背景下，农资O2O发展迅速。农资O2O企业通过各种途径加快在湖南市场的渗透速度。农资电商中在湖南发展最好的要算田田圈。田田圈是湖南省华福盛禾农业科技有限公司，投资打造的现代农业电子服务平台。公司采用O2O模式，线上平台为农户提供咨询、交流、投保、小额贷款、发布供求信息等服务；线下设县域综合服务中心、镇级服务中心、村级服务点，形成了一镇一店，一村一点的线下服务体系。2015年5月，田田圈农业服务中心在长沙宁乡县横市镇开业。这是田田圈农资电商平台在宁乡县开设的首家镇级服务中心。截至2016年8月，在百度地图上已标示有资福店、江泉店、良桥店、万宝山店、横市店、唐市店等15家田田圈宁乡服务中心。此外，田田圈在湘潭、常德、益阳等其他县市也取得了较好发展。

4.4.2　湖南农村本地生活服务O2O发展条件已初步形成

随着移动互联网、智能手机、各类APP、二维码的普及，极大地推进了吃、住、行及旅游、娱乐等生活服务在线化。我省餐饮、家政、洗衣、家电维修、票务、生鲜配送、物业服务等生活服务类企业逐步利用电子商务平台开展网订店取、网络订票、预约上门服务、社区配送、电商物业等O2O(线上线下一体化)业务。

1. 湖南农村本地生活服务者对本地生活服务O2O普遍持欢迎态度

农村本地生活服务O2O，需要农村服务提供者的参与。为此调查了41位在农村从事服务行业的店主，并问他们：镇里统一建一个平台，你把店开到平台上，消费者通过手机下单，你送货上门，你觉得这种方式好吗？店主们对问题的回答情况如表4－3所示。从表4－3的信息可知，大部分店主认同本地生活服务O2O模式，认为这种方式好；有7个店主担心物流问题没法解决，8个店主担心自己不会操作；只有3个店主认为这种模式不好，他们认为没有消费者会通过互联网来购买他们的服务。

表4－3　本地生活服务者的回答

答案选项	回复情况
这种方式好，能满足偏远的或行动不便的人的需要	12
这种方式好，应该能增加我的销量，如果费用不高的话我愿意尝试	18
这种方式好，我就可以省掉一些店铺租赁费	5

续表 4－3

答案选项	回复情况
好是好，但是我担心送货上门的问题无法解决	7
好是好，但是我担心我不会操作	8
不好，因为没人去买	3
不知道	1

2. 综合型本地生活服务平台最受农村居民的喜爱

通过对本地生活服务平台提供的哪类产品最受欢迎问题的调查，我们发现综合型本地生活服务平台最受农村消费者的欢迎。如图 4－7 所示，333 位调查者中有 200 位调查者期待能买到吃穿用之类的所有物品；有 132 位调查者认为服装最受欢迎；106 位调查者认为电器最受欢迎；另有 80 位调查者认为建筑与装修材料最受欢迎；也有 25 位被调查者不会到网上购物，所以不知道。

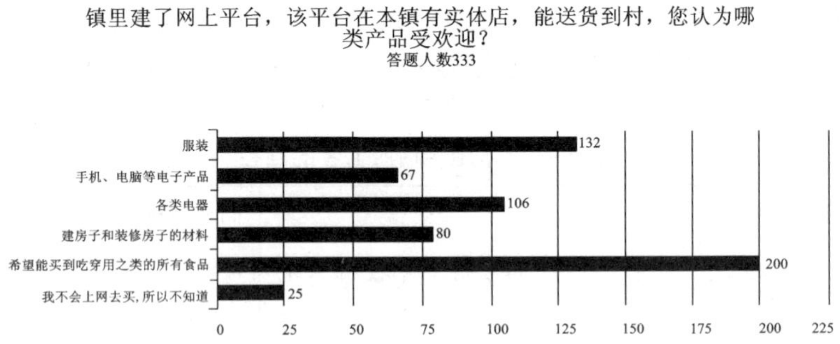

图 4－7　物流快递方面的情况

3. 湖南农村电子商务有了较好开端

2015 年，商务部、财政部审核批准韶山、宁乡、炎陵、江永、邵东、双峰、汨罗、桃江 8 个县市开展电子商务进农村综合示范建设。电子商务进农村综合示范工作开展以来，8 个示范县市累计发展电商网民 215710 人，新增网店 4605 个；开展培训 242 次，累计培训 26602 人；农产品网络销售额 145340 万元，工业品网络销售额 305170 万元；已经建成和正在筹建电子商务创业孵化园(中心)11 个、县级电子商务运营服务中心 17 个、村镇服务站点 1113 个，县域电子商务服务网络体系正在逐步形成①。

截至 2016 年 6 月，阿里巴巴的农村淘宝、京东、苏宁易购、易田、居无忧、1 号店、一亩田等电商平台企业都已进入湖南。2015 年 9 月，湖南地区的农村淘宝项目正式启动，2016 年初已在长沙、郴州、湘潭、益阳、张家界等地级市设立县级运营中心 16 个，每个运营中心覆盖村点平均为 50 个左右。省内湖湘商贸、邮政、供销、农商通、搜农坊、智慧农村等电商企业也都纷纷加快发展农村电商，积极参与农村电商项目建设。

4.4.3　湖南农产品 O2O 进入快速发展阶段

1. *湖南省特色农产品电子化销售成绩喜人*

2015 年，农产品成为湖南省电子商务营销热点。湖南苏宁云商、搜农坊等电商企业针对炎陵黄桃开展“互联网 + 特色水果”电商模式试验并取得成功，继而对我省的大通湖大闸蟹、江永香柚等农产品展开营销。炎陵黄桃作为湖南特色农产品的代表，在各大电商平台的推动下，成为家喻户晓的知名品牌。2015 年，溆浦县网售农产品 4.9 亿元，该县电商乡村服务站点已遍布 70% 以上

---

① 我省电子商务进农村综合示范建设取得阶段性成效. 湖南省人民政府门户网站，2016.3.10.

的贫困乡村①。2015年，靖州苗族侗族自治县的乌梅借助互联网销售"一触即发"，8天时间全部脱销，在传统销售模式下七八元每斤的乌梅，通过电商销售，最高可达40元/斤。

怀化市商务和粮食局提供的数据显示，全市191家农业产业化龙头企业，涉及电子商务的就达82家，占43%。2015年，怀化实现电商交易总额达45亿元，其中网络零售额9.2亿元，交易总额较上年增长151%。江永县的香柚、香芋、香姜、香米、香菇五香特产已经成为该地的名片。至2016年初，全县发展电商企业80家，开办网店1500多个，电商从业人员达5000余人，电商销售产品总收入突破13亿元。

炎陵神农谷竹笋干、湖南特产农家自制干豆角、湖南特产纯天然地瓜干出现在有吧网(*www.cnuu8.com*)，冷水江的施农家肥的葡萄，在"快活邻"人员的推动下，以高于市场3元/斤的价格在各微信群里火拼。特色农产品生产基地、农场主等纷纷联系各平台，主动推动我省农产品销售的电子化。

2. *湖南省涉农电子商务进入快速发展期*

早在2013年，"三亿农"(3enong.com)即打造了一种全新的"农户+企业+电子商务"的O2O模式。2014年5月，湖南首家水果O2O绿叶水果商城(www.27shuiguo.com)正式上线，对长沙及周边的星沙、浏阳、望城宁乡区域提供配送服务。"搜农坊"(www.so50.com)是全国首家体验式特色农产品购物平台，成立后的短短一年时间内，即完成了从最初的株洲炎陵黄桃、益阳大通湖大闸蟹，到郴州永兴冰糖橙等一系列爆款产品的运作。目前是省内知名度最高的B2C+O2O型电子商务企业。公司采用"互联网+政府+媒体+农户"的模式，将农户和产品描述成故事，

---

① 湖南1.5亿元专项资金扶持农村电商 重点推动农产品进城. 华声在线(长沙)，2016.2.2

一对一定制化解决推广和销售同步的问题。2015年1月30日正式上线试运营的友阿农博汇，是友阿股份旗下的*B2B2C*特色农产品网络购物平台，产品定位于“进口食品+湖南本省农产品+全国新奇特产”。作为全国首家橙类全产业链O2O电商平台，“永丰农”(hnbtc.cn)于2014年3月成立。以江永电子商务街为代表的农产品电商聚集区逐步建立。以“农产品上行”为特征的“淘宝村”在湘潭、岳阳、娄底等地开始出现。湖南作为农业大省，涉农电子商务发展进入快速发展期。

3. 各级政府部门采取措施推动农产品电商的发展

2015年2月15日，省商务厅研究审定《关于引导与促进电商产业扶贫的实施意见》，从2016年开始，将围绕“农产品进城”痛点，在所有贫困县全面推广电商扶贫工作。2016年将拿出1.5亿元专项资金引导扶持农村电商，重点推动农产品进城。湖南省扶贫办主任王志群透露，2015年，我省第一批选取了19个电商扶贫重点县，与阿里巴巴、京东等知名电商平台签订了电商扶贫合作框架协议。

为补齐电商人才缺乏的短板，省商务厅与湖南商学院合作，成立惠农学院，全面开展对农村电子商务适用、实操人才的培训。目前，全省各地，各种电商培训已是风起云涌，通过对相关新闻报道的搜索，总计已有30多个县开展了电商培训。

各县人民政府认识到农产品电商进城对当地经济的推动作用，纷纷采取措施推动农产品电商的发展。2015年，龙山县引导农民通过“公司+基地+农户”模式发展高山有机无公害蔬菜产业，产品通过O2O电商模式销售至深圳、上海等城市。2015年5月15日，双峰县人民政府与一亩田举行了农产品电子商务战略合作签约仪式。双方将着重在以下四个方面展开合作：一是农产品电子商务培训，计划每年培训2000人左右；二是在“一亩田”官方网站开设“双峰县产业带”专栏，推广双峰县农产品；三是合作推广特色农产品，策划实施品牌推广活动；四是公司提供农产品流通大数据分析报告，并设立办事处进行具体指导与帮助。

我省农产品电商虽进入快速发展阶段，但仍存在很多问题。一是大部分农产品仍采用分散的小农生产模式，未建立涵盖生产过程控制、质量检验、清理筛选、分级包装、冷藏保鲜等环节的一整套质量管理体系。无法解决农产品的非标准化问题，这无疑会制约农产品的触网销售。二是我省农业品牌虽多，但真正知名的品牌较少，没有过硬品牌实力的农产品，很难抵挡外省名优特产品的冲击。三是不少农产品公司产品质量虽过硬，但产权意识不强。四是农村电商人才奇缺，大部分农业生产者缺乏相关技术和知识。五是冷链物流问题，特别是最初一公里和最后一公里效率低下的问题很难解决。六是以农产品电商为核心整合农业产业链的难度大、成本高的问题，该问题的存在直接导致农产品电商模式缺乏价格、质量、时间等方面的竞争力。只有在电商企业、政府部门、农业生产者和相关服务部门的协同努力下，不断解决农产品电商发展中存在的一系列问题，我省农产品电商才能更上一层楼。

第5章　基于O2O的农村生产要素资源流优化

5.1　农村生产要素资源概述

5.1.1　农村生产要素资源的内涵

生产要素是进行物质生产所必需的一切要素与环境条件，包括人的要素、物的要素及其结合因素。劳动者和生产资料是物质资料生产的最基本要素，不论生产的社会形式如何，它们始终是生产不可缺少的要素。在生产过程中，劳动者和劳动资料通过一定方式的结合，使劳动对象发生预期的变化，生产出满足人们需要的产品。由于生产条件及其结合方式的不断发展变化，生产要素的内涵日益丰富，不断产生新的生产要素。比如现代科学、技术、管理、信息、文化等无形资源等作为重要的生产要素在生产过程发挥越来越重要的作用。

农村生产要素是指与“农村”这一概念有着直接联系的可用于生产的各种要素。比如：农村地区提供的用于城市生产活动的人的要素、物的要素；城市地区提供的用于农村进行生产活动的人的要素、物的要素等。因此，农村生产要素资源是指农村地区存在的或者说可用于农村地区开展生产活动以创造物质财富和精神财富的物质、能量和信息的总称，如人力资源、土地资源、房产资源、矿产资源、森林资源、信息资源等。

5.1.2 农村生产要素资源的种类

通过对农村生产要素资源内涵的分析可知，农村生产要素资源可分为以下几大类：一是农村地区产出的用于城市进行工业生产和服务活动的要素，主要包括进城务工的人、用于加工的初级农产品和作为工业生产原料的初级农产品等；二是农村地区进行农业生产所需要的各种要素，包括农业生产所必需的人的要素、物的要素和知识信息等要素；三是农村地区开展的除农业生产外的其他经济性活动中所需要的各种要素，这里主要涉及服务生产所需要的要素。本书研究生产要素的种类是为了更深入地探讨生产要素的高效流动问题。因此，从生产要素资源流动的方向可以将农村生产要素资源分为：从农村地区流向城市的用于城市生产活动的各种要素；从城市流向农村的用于农业生产和农村服务业和工业的各种生产要素；农村内部流动的各种生产要素。

作为一种能带来价值增值的资源，农村生产要素资源的流动涉及使用价值与价值的流动、物质实体的流动、相关信息的流动。使用价值是指生产要素资源所具有的能满足人的某种需要的属性。从使用价值的发挥是否需要涉及物质实体的流动，可以将生产要素资源分成必须有物流服务和不需要物流服务的资源。需要物流服务才能完成流通的生产要素资源，在设计其流动模式时必须权衡不同流通模式所对应的物流成本、时间以及对顾客个性化需求的满足度等指标。从使用价值的发挥是否会严重损伤其依存的资源实体，可以将生产要素资源分成可反复使用的资源和一次性资源，比如，人的知识、才能、优美的自然环境等是可反复使用的资源，而初级农产品、化肥、农药等则是一次性使用的资源。无疑，对于可反复使用的资源，如何提高其使用频率是一个非常有价值的问题。从使用价值标准化程度的高低可以将生产要素资源分成标准化程度高的资源和标准化程度低的资源。显然，农药、化肥、农机等的标准化程度相对于知识、自然环境等来说，标准化程度要高很多。标准化程度越高的产品，电子化交易的管理成本越低。从是否存在物质实体角度来看，生产要素资源包括有形资源和无形资源，一般的人的要素和物的要素都属于有形要素，而信息、知识、技术、良好的自然与人文环境等则属于无形要素的范畴。相比来说，有形要素使用电子交易方式比无形要素使用电子交易方式更易操作、更方便。从物质实体是否能流动角度来看，农村地区生产要素资源包括有物质实体且物质实体能流动的资源、有物质实体但物质实体不能流动的资源和不存在物质实体的资源。大部分农业生产资料都是属于有物质实体且物质实体能流动的资源；土地、房产是有物质实体但物质实体不能流动的资源；劳动者以及所有无形的生产要素都是没有物质实体的要素。所有没有物质实体和物质实体不能流动的生产要素资源在流动时都不涉及物流问题。

5.2　基于 O2O 的农村生产要素资源流模式

5.2.1　基于 O2O 的农村生产要素资源流模式的内涵

在第 2 章中已经指出，本书所涉及的 O2O（Online to Offline）不仅是“将客户从线上引流到线下消费”的狭义模式，而是广义的 O2O 模式。它可以是“商品(服务)品类创建、客流引流、线上营销、在线支付、线下消费体验等狭义含义下各环节的有机整合，也可以是整合传统线下模式和线上模式进行商务交易、信息流和品牌推广，以及其他各种细分的商业模式和经营行为。

基于“O2O”的农村生产要素资源流模式是指充分利用线上和线下两个平台、两条渠道，充分整合线上电子的和线下传统的流通模式，以实现与“农村”有着直接联系的各种生产要素资源高效流动的立体商业模式。

5.2.2 基于 O2O 的农村生产要素资源流模式的几种主要类别

按 O2O 模式所面向的市场是农村市场还是城市市场，可将农村生产要素资源流的 O2O 模式分为面向城市生产加工与服务企业的农村生产要素资源流模式和面向农村生产、加工及服务企业的生产要素资源流模式。前者主要是由农村资源拥有者建立或第三方流通主体建立的融线上线下渠道于一体的流通模式，其目的是提高农村人力资源、初级农产品资源、中药材资源、矿产资源等流向城市生产加工及服务企业的效率。由于需求者——城市生产加工与服务企业的规模一般比较大，他们的需求量相对也较大，且交易关系一般比较稳定，因此，该模式线上渠道的主要作用是辅助，即辅助线下渠道完成产品信息、服务信息、品牌信息、物流信息以及相关交易数据、单据、资金等的流通；由于我国农村生产加工及服务企业一般都采用个体式、作坊式、家庭承包经营式，生产经营规模小，需求量不大且供需关系不稳定，因此，满足农村生产加工及服务企业的生产要素需求的 O2O 模式，其线上渠道除了发挥信息流、资金流方面的作用外，还要承担物流整合、供求资源整合以及交易引导和线上交易的作用。

按照生产资料流通过程中是否包含物流活动，可以将对应的 O2O 模式分为包含物流活动和不包含物流活动的 O2O 模式。显然，人力资源、房地产资源以及知识、文化、技术等无形资源，其流通过程都不需要物流活动的支持；而初级农产品资源、矿产资源、农药化肥农机等的流通则需要物流服务的支持，才能完成整个流通过程。包含物流活动的 O2O 模式，由于所采用的物流模式对其流通成本、流通时间以及供应链对客户需求的响应速度等起决定作用，因此，在设计这类农村生产要素资源流通的 O2O 模式时，线下的物流模式是关键。而对于不需要物流服务支持的农村生产要素资源流通的 O2O 模式的设计，信息流模式以及 O2O 生态系统内主体关系的设计才是关键。

按照 O2O 生态系统中流通的生产要素资源种类可以分为某类生产要素资源流的单一模式和综合模式。比如：基于 O2O 的土地流转模式、基于 O2O 的农村人力资源流通模式、基于 O2O 的种苗流通模式等都属于单一模式，而对于综合平台的 O2O 模式，线上平台所销售的生产要素种类众多，甚至可能还包括生活资料与服务的流通。

以农资为例，按照 O2O 模式所依托的核心竞争力的不同，主要有以下模式：一是综合电商平台模式，比如：淘宝、京东主导的农资 O2O，二者依托的核心竞争力是其作为互联网巨头所具有超级市场优势。2015 年 7 月 14 日，淘宝上线农资频道，涵盖了从种子、农药、农机、肥料、兽药、饲料等农资产品，致力于改造农资行业多级经销商层层加价的模式；农资是京东进入农村电商的第一步，所售种子均为京东“入仓式”自营，也支持商家一起做协同仓储。对于农药和化肥，现主要通过平台入驻形式经营，如与金正大合作，构建农商 1 号农资平台，生产企业直接供货。京东还计划推出厢式、货车式移动仓进村镇模式，以线下实体赶大集的活动为载体，实现线下下单，现场提货服务。

二是垂直型农资电商平台模式，他们在组织农资生产商、供应商入驻线上平台的同时，布局基层的线下服务站点。比如：2014 年 2 月上线的“云农场”，自营与商户入驻各占半壁江山，采用村站模式，贴地面发展用户，在基层设立服务站帮助农民下单。云农场已成为集农村电商、农村物流、农技服务、农村金融、农民社交等多个领域于一体的综合性服务平台。2014 年 11 月上线的“农一网”，其服务方式为聘请“代购人员”帮助农民下单，传统经销商成为“农一网”会员后只负责配送和售后服务。

三是专注区域农村市场的电商平台，它们的核心优势在于针对农村细分客户，在用户体验及需求上把握更精准。2015年5月21日正式上线的点豆网，其平台主要整合农资输入、农村产品输出、农村物流、农村金融等农业产业链，其服务方式为设立“一村一站”，扁平化销售，商品直达农户。2014年上线的农资哈哈送，针对河南、河北、安徽、山东等地农村市场的大型农资、日用品，其发展模式是在县城设立代购店，在村级设置代购员。“好汇购”和“星润农资”则主要定位吉林省，采用O2O模式整合原有线下农资店、乡镇日用品超市进行网络销售并提供物流配送。

四是老牌农资企业依托其既有线下网络优势组建的电商O2O模式。“互联网+”对于传统农资企业而言，有着得天独厚的优势，他们在物流、营销网络，品牌口碑、服务体系以及对于消费者需求的了解等方面都具有其他竞争对手无法比拟的优势。比如2013年上线的中国购肥网，是鲁西集团为其传统渠道增加的电子渠道。电子商务渠道的产品、物流、服务都是由鲁西公司原有的经销商网络负责，传统的销售渠道并未改变。2014年7月上线的买肥网，是中化集团下属中化化肥有限公司为其现有的核心经销商提供服务的B2B电子商务交易平台。平台可以实现公司与核心经销商之间业务信息透明和数据实时共享，客户需求信息可以真实、直接、快速地反馈到工厂，并缩短购货流程，提高供应链整体效率。此外，芭田股份、司尔特、史丹利、心连心、金正大、新希望、中农控股等老牌农资企业都在加快其线上渠道建设的步伐。

五是服务导向型模式，该类模式的核心优势是为客户提供优质的售前售后服务。农资行业的特殊之处在于农资产品使用技术复杂，使用效果受环境因素、操作技术影响大，需要配套的售前售后服务。他们通过论坛形式或提供免费移动信息服务终端模式，为客户提供配套的技术、商务和平台使用等方面的服务。比如 2014 年 11 月上线的农医生，中农问科技(北京)有限公司开发的手机 *App*“农医生”就是一个免费信息服务终端。目前平台认证专家达到 10 万人，注册用户突破 500 万。平台整合农机专家、植保专家，在线免费、快速、准确解决农民种植过程中遇到的各类难题。它具有病虫草害图谱、农资产品查真伪、查找附近农资店等功能，这些功能大大提升了用户体验，增加了用户黏性。益农宝则是一个集信息整合、农机在线、庄稼医生、农资 4*S* 店于一体的多功能信息终端①。

5.2.3　基于 O2O 的农村生产要素资源流模式的特点

基于 O2O 的生产要素资源流模式，它首先是一种 O2O 模式，它必须具备 O2O 模式的基本特点：(1)它必须包括线上和线下两个部分，必须有线下和线下的互动，可以是线下触动线上，也可以是线上触动线下，二者的深度融合才能发挥 O2O 模式的价值。(2) 基于大数据的资源整合。O2O 模式相对于 B2C，其重要特点是通过基于大数据引导下的线下渠道主体的协同行动，整合线下物流、商流、信息流与资金流资源，实现各种资源线下流动的规模效应；O2O 模式相对于传统实体店模式，其重要特点是在将各种传统的线下资源虚拟化为线上资源后，再通过线上平台集中展示在消费者面前，以消除传统实体店模式所存在的时空障碍以及面对面信息传递与交易的低效率。(3) *C* 端需求驱动。O2O 相对于 B2C，另一个重要差异是 O2O 的标准在 *C* 端，B2C 的标准是在 *B* 端。B2C 模式下商家与顾客的关系是一种教化与被教化的关系，比如小米生产手机，只需要做好统一的说明书，教导顾客使用与保养即可。O2O 虽然也要生产商品或者服务，但更多是按顾客需求定制，满足顾客的个性需求。O2O 火而不旺，最大的原因

① 乐冬. 看懂农资电商 一篇就够了：农资电商的两大必杀技？

就是无法做到令 C 端满意，无法及时解决落后生产力与超前服务思维的矛盾。(4)供应链扁平化。O2O 模式下，供应链上游的企业通过线上平台与供应链下游的消费者无缝化对接。为了更有效地满足消费者的需要，供应链上游的企业会尽可能地通过线下服务来延长交易参与链，以尽量通过自身的优势获取客户，而消费者则通过线上平台提供的信息与交易机会来延长交易参与链，通过货比三家选择最优。不管是供应链上游的企业还是下游的消费者，都会尽量避开第三方，以缩减中间环节，降低流通成本，来使自身利益最大化。

基于 O2O 的生产要素资源流模式，相对于生活资料流通的 O2O 模式而言，有其自身的特点，这是由生产要素资源流动的特点决定的。比如：用于城市工业生产的初级农产品和矿产品，其流动批量比较大，物流规模效应比较容易发挥，且交易关系一旦建立就会比较稳定。针对该类产品建立的 O2O 模式，物流优化效应不是很明显，其价值主要在于通过电子平台整合供需资源，实现了供需资源的无缝化对接，减少了中间环节，加快了供需信息传递的时间，降低了信息传递的成本和交易成本，以及优化供需资源的配置。对于人力资源、房地产资源以及知识、文化、技术等无形资源，其流通过程虽不涉及物流活动，但其流通涉及专业知识以及专业服务。其 O2O 模式除了充分发挥线上平台对供需资源的整合作用外，线下服务站点(服务终端)所提供的交易前与交易后的服务是其主要特色。

5.3　基于O2O的农村生产要素资源流现状及发展难题

5.3.1　基于O2O的农村生产要素资源流现状——以农资和土地为例

1. 农资O2O，发展前景广阔

在"互联网+"国家战略的推动和国家政策的大力支持下，"互联网+农业"得到快速发展，传统农资企业纷纷插上互联网的翅膀。据估计，国内农资市场容量超过2万亿人民币，其中种子、化肥、农药、农机四类农资产品的市场空间分别约为3500亿、7500亿元、3800亿元和6000亿元，市场空间巨大但电商化率很低，农资成为名副其实的电商蓝海①。2014年以来，农资O2O快速发展。既有阿里、京东等互联网领袖类农资"外行"的高调入侵，也有云农场、上农网、农宝网、农淘网等第三方农资O2O平台抢占市场，更有金正大、诺普信、辉丰农化股份、司尔特等"内行"农资企业的全力拥抱互联网。农资企业在进军O2O电商市场的路上不甘示弱。辉丰农化股份有限公司成立农一网，化肥龙头司尔特投资2.06亿元建设O2O农资电商服务平台，国内首个面向农资行业的开放性O2O移动电商平台"微农商APP"的上线，全面推进了"互联网+农资"业务模式的升级②。农管家APP在短短6个月的时间内，就聚集起4000位专家，下载人数已经超过15万人，注册会员5万多人，这得益于农管家*APP*平台在农技

---

①　白雪. 基于*O2O*模式的农资产品电子商务平台应用研究. 财经研究,7－8.

②　陈晓雷. 市场在变,肥料行业该如何突破?. 农药市场信息, 2016 ,11(30):12－13.

服务和新产品推广方面的优势地位。因为农业技术服务是农资行业的痛点之一，农户更愿意为技术服务买单。谁能帮助农户解决农技的痛点，谁就能在农户那里获得市场。而千村植保以植保机械为入口进入农业服务，构建起“空、地、线”一体化模式，构建农业生产整体解决方案，推出了专门解决农活服务的移动共享协作平台“农活帮”。“农活帮”在线上依托“汉和云”推进 O2O 服务；在线下组建起了全国性服务组织“7S 店 + 服务队”；利用大数据，建立起海量的定制式解决方案；推出了以无人机和地面机器人为代表的智能设备[①]。

在“百度”输入“农资网”，能检索到中国农资网、中国惠农网、191 农资人网、火爆农资网、好农资招商网、农资直销网、中国农资联盟、放心农资网、家家富农资网等综合性农资平台；在“百度”输入“农资电商平台”，可看到很多农资电商平台的宣传广告，比如：“淘实惠”招募县级合伙人以及其获得 3 亿 A 轮融资的广告信息[②]；“草帽网”(caomaowang. com)宣称自己是专业的农资电商平台，能为厂家在线直销化肥、种子、农药、饲料、农机、农械等正规品牌商品，能提供农资真伪查询和安全、便捷的网上购物服务；“农淘网”(www. nongtaowang. com，农淘网 · 中国)则宣称是中国大型、开放、领先的农资产品交易电子商务服务平台；“农资大市场”则说自己是中国最大的农资交易网，致力于打破农资供求信息不对称的局面；“农商 1 号”则强调其资本实力，在醒目位置摆出“一期投资 20 亿元，注册资本 12 亿元的标语”，以期用数字让人们相信它目前是国内投资最大的农资电商平台；“点豆农业链电商服务平台”则号称是国内第一个综合性涉农电

---

① http://www. zhc365. com/hlw. html

② 杨杰. 农机 O2O 电商平台“百城万店”启动. 中国农机化导报，2016 - 05 - 31. http://www. camn. agri. gov. cn/Html/2016_05_31/2_2015_2016_05_31_29534. html.

子商务交易平台；“云农场”则突出其在农业科技方面的优势，主张自己是农业互联网高科技集成服务商，是全国网上农资交易及高科技服务平台，能提供化肥、种子、农药、农机交易及测土配肥、农技服务、农场金融、乡间物流、农产品定制化等多种增值服务；“易农优选”作为新农村电子商务服务商城，宣称自己是中国农村信息化领头羊。

综合性农资电商平台发展火热，专业性的农资电商也不甘示弱。中国种子网(www. zzpmw. cn)、种种网(zhongzhongw. com)、爱种网(mall. 51zhongzi. com)，百蔬网(www. maiseed. com)等各类种子电商争相发力。农机 360 网(www. nongji360. com)、中国农业机械网(www. sinofarm. net)、农机通(www. nongjitong. com)、农机购(www. scnjg. com)等专业农机电商通过不同模式抢滩电商市场。农一网(www. 16899. com，专做农药)、威远禾美网(www. vyhemei. com)、中国化肥网(www. fert. cn)等都是专业的农资电商。

农资电商在快速发展，农资不同于服装、食品和一般的日用品，其售后服务尤其重要。单纯建个网站就解决了所有问题的传统的 B2B，B2C 型电商模式已不能有效参与竞争。建立线上线下融合的 O2O 模式，才能有效应对传统店铺、传统电商们发起的挑战。几乎所有的农资大平台都不约而同地高调推出线上线下融合的“互联网 + ”战略。农机 360 网联合太平洋保险、信农贷，采用“农机实体店 + 电商平台 + 金融服务 + 农机保险”的 O2O 模式，启动“百城万店”战略。它与农机行业众多生产企业、经销商开展合作，通过线下线上融合互通的方式，打通企业、经销商和用户之间的壁垒，实现线下资源与互联网平台的充分融合。针对农民购机资金缺乏、融资渠道少、抗风险能力弱的情况，农机 360 网还配套了金融、保险等服务。农机 360 网总裁吴克铭说，“农机 360 网创新性地推出 O2O 电商战略，填补了我国农资电商领域内农机产品品类的空白。电子商务、金融、保险三方的结合，将使渠道商盈利模式发生转变，从以销售收入为主升级为‘销售 + 服务’的复合收入”①。

2. 农资 O2O 发展存在的主要问题

虽然现阶段我国农资 O2O 发展红红火火，但由于时间短，相关配套设施存在问题，仍存在很多影响和制约农资 O2O 发展的问题。(1)农资 O2O 平台的建设不尽规范。我国农资 O2O 还处于初级阶段，与 B2C，C2C 等电商模式及传统实体店的衔接和融合尚不完善，农资 O2O 平台的外延式服务还有待加强。(2)O2O 平台的营销方式与农民消费习惯的吻合度低。农资 O2O 作为一种新的商业模式，受文化水平、经济条件、生活环境和消费心理等多方面因素的影响，农民(特别是中老年农民)在农资产品的购买上，还没形成网购的习惯。他们对虚拟网络信息环境还抱有怀疑态度。农民有赊购的习惯，O2O 电商交易的现款现货方式增大了农民改变的难度。(3)线下销售门店配送物流成本高。农资的终端消费者在广阔的农村，居住分散，交通相对不便，农资产品所具有的体积大、数量多、品类杂的特点加大了农资配送的难度。农资消费有季节性和地域性的特点，这些特点导致农资配送存在严重的返程空载现象。(4)农资 O2O 的产品售后服务能力跟不上。不同于一般的商品，农资产品的使用需要有较强的专业指导和售后服务。大多数 O2O 平台在农作物种植、养殖、病虫害处理等方面配备的专业技术人才有限。(5)监管机制不完备。作为新型的电子商务模式，农资 O2O 的运营监管缺位。由谁监管、如何监管等问题还有待解决。从制度和机制上消除委托代理问题、防范假劣农资进入平台，流入农村，还需要以法律、法规的形式作出权威性的防范。

---

① 聚土网 CEO 田靖隆：土地流转重直营，打造服务闭环. 横走网. 2016. 2. 25. http://www.hengzou.com/wenzhang/chuang/78822.html.

3. 农村土地流转 O2O：一种具有代表性的农村生产要素流转模式

万亿级的农资市场容量，决定了农资电商平台加盟的火爆，也决定了农资 O2O 模式可视化的发展前景。农村其他生产要素资源流的电商交易，如土地流转的 O2O 模式，也被众多资本大佬看好，发展迅速。

改革开放以来，我国农村土地流转频率提高，农村土地流转成为各方普遍关注的问题。随着农村人口往城市务工人员转变的逐年增多，农村人口往城市迁移的速度加快，原来依附在土地上的农民逐渐与土地分离，农村土地流转的需求不断提高。转包、出租、转让，形式多样的土地流转形式被创造出来。

土地流转过程的复杂性决定了各方依托互联网平台参与流转的客观必然性。例如，企业要租用一块地，传统的做法是企业派几个人和村委协商，村委派人看地、量地，企业派人监督。由于企业所派的人并不熟悉土地的情况，很容易出现劣质地被给予较高价格的情况。还比如：租客想租用一块归属不同承包户的土地，传统的做法是派人挨家挨户地征求各承包户的同意。在全部承包户都签署流转协议书，并在村委会签字同意之后，这些土地才能最终被租用。显然，旧有模式不仅劳民伤财、费时费力，而且很容易半途而废。要租用土地，必须了解土地的水源、地形、光照、土壤条件等状况，土地的整体情况必须与欲开发的项目相匹配，传统模式下存在严重的信息不对称。一方面，客户无法逐一考察所有待流转土地的详细情况；另一方面，即使能逐一对所有待流转土地进行实际考察，但却难以对所有土地的真实情况有详细了解，而且信息获取效率非常低下。复杂的土地流转过程中衍生出土地市场中介。土地市场中介服务机构是指从事用地咨询、土地使用权交易经纪、地价评估等项业务活动的公司和组织。包括用地咨询机构、土地使用权交易经纪机构和土地估价机构等。传统模式下，中介市场存在着信息不透明，管理不到位的混乱状况。中介机构在农民方拼命压价，而在承租方却拼命提价，通过提高差价的方式增加利润。土地流转市场信息不透明、信息不对称的现象不仅增加了流转承包的难度，而且严重伤害了各方的利益。

传统土地流转模式中表现出的问题除土地流转过程中因信息不对称，各方利益受损，效率不高之外，还有就是土地流转过程中，政府干预太多。一些地方政府急于求成，片面追求流转规模和流转比例。通过行政命令下指标，定任务。忽略了农民作为土地流转市场主体的角色。

互联网具有解决信息不对称难题的天然优势，采用土地流转O2O的商业模式，农村土地的流转效率有了很大提高。土地流转O2O的模式，是按照线上线下的方式，将土地流转过程中涉及的一些具体环节进行分流，通过线上推广、发布、展示等手段，结合线下的手续办理、合同签订等具体事项，更好地提高土地流转效率。通过线上平台发布土地供求信息，线下区域流转中心提供陪同勘察、价值评估、法律咨询、项目策划、抵押贷款等一系列相关服务，为更好地实现土地流转提供了高效的解决方法，这对于传统的土地流转模式而言无疑有了非常大的进步。

目前，进行农村土地流转的平台有土地资源网、土易网、土超网、农村土地网、搜土地网、聚土地、土流网、聚土网。“土地资源网”提供整条土地事务代理产业链的服务，包括办证代理、规划设计、评估策划、权属认证、测绘出图、土地法律服务、用地预审报批及地块选址等。它是国内唯一的集土地信息服务及土地事务代理为一体的专业服务网站。土地资源网目前拥有4万多宗土地供应信息，共9000多万亩土地进行流转，近2500名土地经纪人。“土易网”主要提供全国各地的农业用地、工业用地、建设用地以及商业用地、综合用地的土地转让、转包和土地出租等服务，同时也提供行业新闻、土地相关法规以及资讯等服务。“土超网”旨在以土地流转为中心，服务“三农”、服务中小型的农业投资者，希望实现土地资源的流转和优化配置。“农村土地网”定位于我国首个功能齐全的土地流转综合信息服务平台，免费为用户发布土地供需信息。已促成全国各地签订独家土地（林权）流转代理协议近 80 万亩，成交了 26000 余亩。“搜土地网”是一个在网上免费发布土地流转、出租信息的土地信息平台。通过汇集农民想出租的土地，提供土地流转服务，并通过设立土地经纪人等方式，为土地流转提供专业化的服务，并收取中介费。阿里的“聚土地”，在传统土地流转的基础上，引入互联网电商因素，将线下的土地流转变为“O2O 模式”，让本属于少数参与者的“土地流转大宗交易”变为人人可参与的新型交易模式。“土流网”提供农村土地流转信息、土地出租、农家乐出租转让、耕地、林地、林地水库出租转让，还有土地转包、土地招商信息等服务。“土流网”在全国已有区域流转中心 137 家、土地挂牌面积 3. 4 亿亩。

成立于 2014 年的“聚土网”，2014 年初开始在线下试点，2015 年 4 月正式上线，8 月获得中路资本千万级天使轮融资，2016 年 3、4 月开展 A 轮融资。聚土网的模式同“互联网 + 房产”平台模式类似。创始人兼 CEO 田靖隆认为，土地流转平台的模式包括加盟及直营两种，加盟商提供的土地资源缺乏保障，直营模式能保证土地资源的真实性及服务的标准化①。湖南省首个“互联网 + 农村资源”流转交易平台，浏阳市农村资源流转交易中心 2015 年 10 月 12 日在浏阳政务中心正式挂牌成立，随即迎来包括土地承包经营权、林权、水面承包经营权流转交易在内的 7 宗农村资源流转交易成功。该中心依托浏阳农村资源流转交易

① 聚土网 CEO 田靖隆：土地流转重直营，打造服务闭环. 横走网. 2016. 2. 25. http://www.hengzou.com/wenzhang/chuang/78822.html.

网，通过整合过去林权交易、农村集体土地承包经营权流转交易、村级集体类资源交易等分散、单一平台，利用线上线下结合，打造成全市农村资源流转交易“一站式”服务的公益性综合平台。其交易范围涵盖了农村资源的全领域，既包括农村土地承包经营权（含农村集体经济组织“四荒地”），林木、林地交易权，农业机械机具（包括买卖和租赁）、小型农田水利设施（含河道）使用权，也包括水面承包经营权、水域滩涂、养殖经营权以及其他可以依法进行交易的相关资源①。

5.3.2 基于O2O的农村生产要素资源流模式发展面临的主要难题——以农资为例

传统农村生产要素的销售，存在许多问题。以农资销售为例，传统农资销售的代理、批发、零售模式，农资从厂家生产出来后，要通过区域代理商、市县、乡镇、村等多级分销商才能到达农民手中，流通环节多，效率低下。在实际发展过程中，存在很多问题：一是销售网点乱。生产企业为促进销售会与各省市经销网点建立合作关系；作为“厂家直销”点的省市级经销商又发展下家，层层发展下去，出现“直销店”越挂越多、越挂越乱的现象。二是产品名目乱。国家对农资产品名称有准确、规范的标准，而在乡村农资市场里，一物多名、一药多名现象时有所见，农民无法分辨优劣，“劣币驱逐良币现象”时有发生。三是销售价格乱。同一功能、同一品牌、同一厂家的同名同包装同计量的农资商品，因销售形式不同而销售价格差异巨大。四是市场监管乱。在一些偏远的乡镇农村，部分经营者打着服务乡亲的旗号，根本不办理营业执照，有的甚至直接在田间地头销售农资。五是

① 王文隆. 激活农村沉睡资源. 湖南日报，2015－10－12. http://news.sina.com.cn/o/2015－10－12/doc－ifxirmqz9921106.shtml.

农资宣传乱，农资广告繁多，功效夸大其词，农资科普不到位，假农资害人现象时有发生。

在“互联网+”时代，人们纷纷试水“互联网+销售”，创新农资销售模式，以避开传统农资销售中存在的诸多问题。互联网作为一种现代化的信息传递手段，打破了时空界限，缩短了供应的链条，实现了生产企业与消费者的零距离对接，降低和消除了信息的不对称，降低了交易成本，对解决以上农资销售过程中存在的许多乱象有积极意义。创业者、现有综合型电商以及传统农资企业，都认识到了农资电商的发展前景，都在努力创新农资电商模式。线上线下融合的 O2O 模式，是所有农资电商不约而同地采用的创新模式。“电商平台+县级服务中心(运营中心)+村级服务站(乡村推广员)”的 O2O 模式，是当前农资电商所采用的主流模式。这种模式在发展中，虽克服了传统“批零”模式和“淘宝”模式的诸多问题，但其发展仍面临许多问题。

1. 物流配送“最后一公里”瓶颈问题难突破

物流配送“最后一公里”问题是所有电商面临的共同问题，农资电商配送问题尤其严重。原因：一是农村物流基础设施缺乏，农村段配送速度慢、成本高；二是配送层级多，配送成本高；三是各大物流公司在农村市场的布局滞后；四是农资配送难度更大，特别是农药、化肥和农机的配送，配送效率难提高；五是农村物流体系中相关主体现代物流意识薄弱，物流时间与成本观念不强；六是农村物流配送模式有待创新，百货及服务店兼营包裹取送的单一模式有待改进。

2. 农村电商基础薄弱

2014 年以来，阿里、京东、苏宁等电商企业开始了大规模的电商进村活动，田田圈、云农场、农惠网、农商 1 号等农资电商也纷纷上线运营，一些地方农民也走进体验店去感受电商。然而，农民对电商并不像城里人那样买账。相比于城市电商的火热，农村电商可谓是“冰火两重天”。农村电商发展滞后的主要原因是农村电商基础薄弱，具体表现为：一是农村网络基础设施建设投入不够。农村网络覆盖率低，网络接口少。移动互联网的发展在一定程度上弥补了其不足，但是对于发展农村电商，单有移动互联网，肯定无法满足需要。二是网络使用门槛高。即使解决了网络入口的问题，仍面临网络使用成本高、使用技术缺乏的问题。三是农民购物习惯难改变。农民习惯通过“赶集”“村店”的方式来购物。看到实物后一手交钱一手交货的交易形式更能给他们带来安全感；他们普遍认为网上购物难以保证商品的质量和等级，他们不仅质疑退货保障的可靠性，而且对居高不下的退货时间成本和货币成本也极为不满；网银支付，很多人不仅不会操作，而且认为风险很大。所有这些问题都是阻碍农民网购习惯形成的主要原因。四是居住在农村地区的人口主要是儿童和老人，网购主力军已迁移到城市。五是农村电商快捷便利的优势在多数农村还无法实现，还需要一个完善和培育的过程。

3. 面临模式选择的难题

O2O模式有垂直模式和横向整合模式，垂直模式是以某个点作为突破口，建立从上游到下游的产业链，是一种重资产型模式；横向整合模式则是以某一个点切入后建立闭环生态链，生态系统内的各方共享信息，优势互补。垂直模式需要强大的资金实力，这对于很多行业大佬都很难做到。横向整合模式不仅需要公司具备很强的数据处理和协同管理能力，还需要整个社会的配合，需要整个生态系统内的企业协同一致行动，这相比于第一种更加难。以农资O2O为例，核心主体建立线上农资平台后，需要完善的线下推广和配送体系。对于资金实力超强且能够持续“烧钱”的公司，可以自建区域配送中心、县级服务中心、镇级服务站。这种模式虽然有助于对市场需求变化的迅速反应，有助于保障服务、提高客户体验，但其扩展速度太慢、投资成本太高、风险太大。当然，核心主体也可以选择在自建区域物流中心的基础上，与现有县、镇级传统渠道商合作，通过加盟模式实现网络的快速覆盖。但该模式存在加盟商管理难度大，公司政策执行不到位，对客户的服务难以按照公司规定的标准执行，千方百计“跳单”以绕开公司的提成等问题。O2O 是传统商业与互联网演化博弈后相互妥协的产物，它们的联姻是必然。采用何种模式融合，如何协调彼此的利益和关系才是关键。

4. 面临各项指标的平衡难题

我们常说过犹不及，这话不无道理。纯互联网时代是信息时代，“信息为王”，而 O2O 是后互联网的产物，开始体现“以人为本”。O2O 模式最大的价值是真正体现“个人需求”。它从“以人为本”这个角度出发，重新定义经济哲学。但作为一种新的模式，如何处理好各种平衡关系，是 O2O 面临的又一个难题。比如客户的订单，多长时间内一定要送到，这面临订单的响应时间和响应成本的平衡问题。还比如，客户个性化需求的满足，是体现到订单配送层次、订单制造层次还是订单设计层次。客户个性化需求满足程度越高，订单响应时间和响应成本自然也就越高。

5. 让农民积极参与的难度大

各大电商在农村正处于赔本赚吆喝，拓展市场阶段。剃头挑子一头热，很多农民朋友并不买电商的账。如何让农民“热”起来，积极参与到电商们设计的流通体系中来，是所有电商能否发展的关键，也是最大的难题。为此，识别农民的需求，掌握它们的烦恼，及时“对症下药”帮助他们解决烦恼，是所有电商们绞尽脑汁在思考的问题。显然，与农资电商密切相关的，不外乎让农民多赚钱、少花钱，能非常方便地买到所需要的东西。

先来分析与农资电商相关的让农民多赚钱的问题。多赚钱表现为农业生产能做到比以前多产出、多销售，同时还要卖个更好价钱。所以农资电商首先要思考，你提供的农资确定能让农民的农业生产产量更高吗？如果确定比他们能购买到的农资更好，那如何让他们相信？好的农资要带来好的产出，还与生产环境、生产技术、使用方式有关。在这些方面，农资电商们能有足够的实力帮助农民解决烦恼吗？显然，很多“互联网+”泡沫催生出来的农资电商，在这些方面存在严重问题。他们为了快速占领市场，通过加盟方式、招募代购员方式来实现网络的扩张。试问：农资电商的代购员对农药肥料方面的知识了解多少？加盟店员工有这方面的专业知识吗？面对呈几何级数增加的产品、快速扩张的市场和层出不穷的问题，公司的培训和适应能力能否跟上？农资销售是技术服务型销售，不同于普通商品，除了加盟好的产品外，农技人才的配备和培训无疑是关键。能让农民朋友有了好的产出，如果还能让他们有好的销路，能卖个好价钱，那想让他们“不热”都难。因此，农资电商们在千方百计把农资卖给他们，从他们的口袋里往外掏钱时，是否也可以帮助他们解决农产品卖难问题。谁能实实在在帮助他们解决多赚钱的问题，帮助他们形成一个从投入到产出的高效率闭环，谁就能稳定地从农村获得市场。眼下，农资电商一方面要充分借力政府部门，利用政策优势，着力培养电子商务专业技术人才，引导农业主体、返乡青年、大学生“村官”、转业转岗农民开展电商创业，利用电商平台组织农民进入市场，为农民提供科技、信息、资金、物资和产品销售等服务①。

再来看让农民少花钱的问题。少花钱，就必须要先搞清楚农民花了什么钱，有没有花冤枉钱。解决这个问题的关键是要了解：农民花钱购买的产品和服务所对应的整个产业链的浪费问题、效率问题。线上线下相融合的O2O模式，与单纯的线下批发

① 农村电商如何让农民“热”起来?. 山西农民报，2016-07-04. http://www.365nzw.com/news/1/show_515.html.

零售模式与单纯的电子采购模式，减少了哪些浪费，哪些方面提高了效率？如果没有搞清楚这些问题，盲目设计的 O2O 体系，相比于传统模式并不能创造价值。作为一个外来者、一个新生者，在“关系为王”的旧有商业体系中谋生存，在没有突出优势的情况下，其撤退和夭折只是时间的问题。线上、线下渠道相融合，无非是想既发挥线下体系的规模优势、服务优势、体验优势，又发挥线上渠道的信息优势、时空无约束优势、产销零距离对接优势。在构建线下渠道时，应避开传统批发零售模式的多层交易、供需信息不对称、需求响应速度慢、响应成本高等弊端；在利用线上渠道开展信息传递和电子交易时又应积极采取措施避免虚拟交易中伴随的不诚信、不真实、不可靠、订单配送的长时间与高成本以及信息泛滥所致的信息搜集成本居高不下等问题。显然，这些问题的解决都不是易事。

再来看方便购买问题。方便购买问题主要体现为购买时间、购买地点、购买产品、购买的数量金额、购买方式、购买人等方面的自由度。大家都知道：网上购物，首先需要掌握基本的网络购物技术；其次还需要具备在海量供给信息中辨别品质、真假、价格、功能、规格型号等是否符合要求的能力。缺乏第一种能力，根本无法独自完成网购；而缺乏第二种能力，就会购买到性价比低或者不符合要求的产品，就会是一次失败的网购，就会出现类似于“种子是买回来了，但不适合在当地种植”的问题。网上购物对购买人能力的要求，相比于谁都能购买的传统方式而言是不方便的。不过，网络购物无购买时间和地点的约束，随时随地，手指（鼠标）轻轻一点，就能完成购物，在时间和地点方面，网络购物显然更方便。网络购物，不需要像传统模式一样把产品摆在消费者面前，它在订单响应方面具有延迟优势，这种延迟便于商家更有效地组织产品，有利于他们更好地满足消费者的个性化需求。显然，延迟的时间越长，订单响应点就可以越往供应链上游移，商家就越能有效地保障顾客在产品选择方面的自由。因此，在产品选择方面，网购更有自由度，但是在订单响应时间方面，传统村店购买模式更自由。在购买金额、数量约束方面，网购中常常会有“购物满……免邮”的词语。如此一来，就增加了购买数量与金额的约束。如图5－1所示，网上购买在购买时间、地点、产品多样化方面更有优势，而村店购买在购买人能力、订单响应时间、购物金额、数量约束等方面更有优势。这些指标在消费者心中的重量，影响图中平衡点的走向，自然也就影响消费者购物方式的选择。比如，对于某种产品，消费者并不特别看重响应时间，只要不太长，就无所谓，那么村店购买在响应时间方面的优势就削弱，平衡点会往“网上购买”方向移，消费者选择网上购买的可能性会增加。还比如，农资电商招募村级代购员，由村级代购员代理村民在其电商平台下单，此举虽然增加了流通环节，加大了流通成本，但对弥补村民在网购技术、能力方面的不足有积极价值。此举因方便性使平衡点往左移，会增加网上购买的方便性。需要注意的是，增加方便性的同时增加了成本，这与让农民“少花钱”的宗旨相违背。

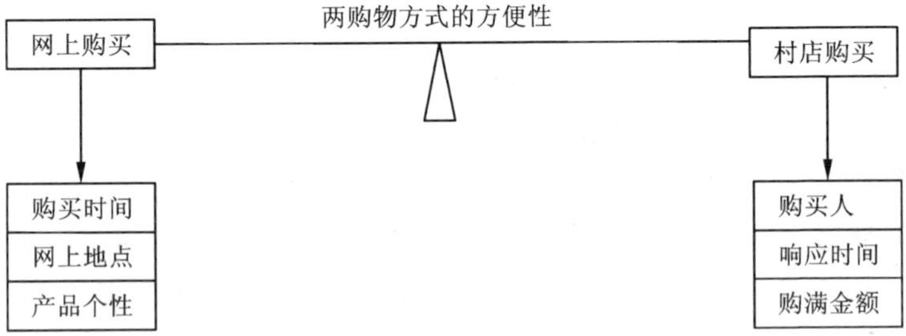

图5－1　两种购物方式的方便性权衡

6. 面临诚信、监管难题

网络售假(13.65%)、信息泄露(11.78%)、发货迟缓(8.60%)、网络诈骗(8.23%)、退换货难(6.11%)、退款难(5.90%)、订单取消(5.15%)、货不对板(5.07%)、价格欺诈(4.25%)、服务态度不好(3.98%),是2015年上半年"中国网络零售十大热点被投诉问题"。农资O2O作为网络零售的一种创新模式,无疑也会面临这些问题。加强诚信体系建设,加大监管力度,是农资O2O面临的另一难题。以种子为例,荃银高科表示:种子产业的电子商务还处于起步和探索阶段,种子网络购销的信用与监管、技术和服务等问题未得到有效解决,国内种子产业电子商务的发展相对滞后和缓慢①。此外,企业监管和法律法规监管的协调一致问题也必须考虑。仍以种子为例,根据《中华人民共和国种子法》的规定,种子经营实行许可制度。种子经营者必须先取得种子经营许可证后,方可凭种子经营许可证向工商行政管理机关申请办理或者变更营业执照。种子经营许可证的有效区域由发证机关在其管辖范围内确定。在实际操作中,种子经销商除了要遵守行政机关限定经营区域的规定,还要执行种子公司关于经营区域的划定要求。网上销售种子,如何防止广西的农户买到只适合东北的种子,如何建立跨区域经营的审核机制,这是种子电商平台必须解决的另一个难题。

5.3.3 基于O2O的农村生产要素资源流实例分析

1. "淘实惠"案例分析

淘实惠是农村电商O2O的创新实践者,是深圳智慧城电子商务有限公司的品牌,由前阿里巴巴、华强集团、顺风等多位高

① 胡军华,陈佳怡.种业第一电商平台成立前景好落实难.第一财经日报,2014-07-18. http://www.yicai.com/news/3995022.html.

层与数位资深农村电商专家共同缔造，致力于打造以淘实惠为龙头的农村电商生态系统。

（1）虚拟货架让每一个农村小店具有“沃尔玛”的供应能力。

淘实惠是一个无边界的零售和服务进入农村的一个载体。它能让更多的商品和服务，通过电子货架和手机，比较直观地进入到每一个村。传统模式下，要把所有商品和服务带到每一个村去是不现实的，而通过互联网平台，建一个虚拟的商店，虚拟的场景就有可能。因为电子货架是零库存的，不需要增加现有农村店铺的经营成本。淘实惠不只是商品买卖的场所，它还是各种服务进入农村的载体。比如说，找一份工作，挂一个号，叫一个车等等。另外，金融理财产品也可以通过淘实惠进入千家万户，改变农村现有的“一张定期存单或者一个存折”的原始理财方式。淘实惠还是一个双向交易平台，一方面把城市的生活方式或者说城市无限的商品通过淘实惠这个载体带入到农村中去；另一方面，通过淘实惠这个载体，把农村好的农产品、好的资源卖到城市去，当然，也能帮助农村的产品在农村流动。

（2）淘实惠要做县域自生态。

目前，中国有2800多个县，70多万个行政村，200多万个自然村，7.2亿的农民。如此广阔的农村市场，任何一个企业都不可能成功开发，而依靠互联网平台来团结一切可以团结的力量，就有可能做好。淘实惠要打造1000个基于县域和农村的互联网自生态，要联合1000个县域老板和10万个农民一起创业。

中国的农村和城市有非常大的差别。在农村，由于物流问题没有解决，不可能像城市一样采用淘宝模式来发展农村电商。物流成本和物流能力决定了不可能让村民通过村里的小店直接下单购买农资，然后农资厂通过快递把农资寄给农民。除了物流问题决定了农村电商模式与城市电商模式的巨大差异外，还有一些即时需求的商品，即订单响应时间很短的产品，也不可能采用下单后再从厂家快递发给消费者的方式。比如说，农民发现水稻长虫，急需一瓶农药，不可能先在网上下单，收到快递送过来的农药后再除虫。基于农村电商环境的特殊性，淘实惠提出了“去中心化的县域互联网自生态”概念。他们做的就是一个基于县域的淘宝，简单来理解就是把某一个县从中国的本土上拿下来，放到一个海洋上，它是一个孤岛，要在这个孤岛上建一个淘宝，淘实惠再在它们之间建桥梁，让所有的县域连接起来。通过一个个“县域孤岛”上的淘宝的建立，完成整个县域的信息化改造，让每一个商家都参与进来，让农村的老百姓享受到信息化、互联网化带来的福利。

淘实惠认为互联网始终只是一个工具，是一个服务于实体商业，解决县域经济或者是农民买卖难问题的工具。“淘实惠”通过招募各个县的合作伙伴(以县为单位)，辅助其搭建一个基于县域的电商服务平台，拉通县城到乡镇农村商贸、金融、政令、服务等，进而让各个县域做连接，形成覆盖全国农村的电子商务平台。淘实惠能够提升整个县域的信息化程度，不管是农产品的反向还是一些实体商家的信息化。淘实惠搭建的是一个智慧乡村，给农村提供更好的生活方式，它帮助实现政务下乡、金融下乡和商务下乡。淘实惠是一个去中心化的电商平台，它做的是帮助本地企业做电商化的改造。作为县域互联网自生态，淘实惠还能让县域政府关心的GDP、人才、数据、税收都留在本地。

淘实惠在县域自生态建设过程中坚持“四不原则”。一是不伤害县域商家，帮助本地消费者降低购买成本，通过互联网的“去中介化”减少本地商品流通环节。二是不积压县域商品，帮助本地企业实现互联网转型，为本地企业提供电商服务，孵化本地互联网品牌。三是不影响县域消费，通过缩短商品流通、刺激消费需求、提升商品价值，释放出更强劲的经济活力；四是不破坏县域经济，帮助本地商品实现线上销售，并且打通全国市场的通路。还要把本地商品、农产品卖出去，实现县域电商贸易顺差，从而增加政府财政收入。

(3)淘实惠的县域运营中心。

淘实惠在每个县有一个运营中心，它的职能主要有：第一个职能是仓储分拨。由于很多物流公司，比如顺丰、圆通，三通一达只能送到县，这就意味着县域运营中心要重构“县、镇、村”三级物流体系。淘实惠县域物流体系，是开放的。它不仅帮淘实惠的网点完成配送，也帮三通一达、顺丰等其他物流公司送货。第二个职能是地方特色商品馆。它是当地特色农产品和手工艺品的集中地。第三个职能是通过县域运营中心，淘实惠可以对当地的人才进行持续性的电商培训。

(4)淘实惠的发展。

如图 5－2 所示，按启动期、县域布局期、县域平台形成期、全国县域生态形成期的基本思路，淘实惠构建了自己的四大发展目标。

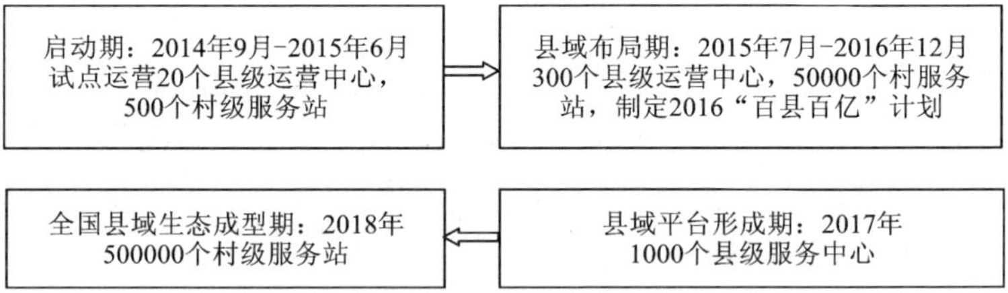

图 5－2　淘实惠的四个发展目标

2015 年 12 月底，公司完成数亿元 B 轮融资后，宣布启动“千县万亿”计划，计划 3 年内完成 1000 个县级电商服务平台，50 万个村级服务站的建设，平台交易额突破万亿。淘实惠农村电商已覆盖全国 21 个省，200 多个县，10000 多个村、近亿农民。截至

2016年3月底，淘实惠平台交易额已累计突破20亿、最高单月交易额达到6.72亿。

(5)淘实惠的核心价值。

对老百姓而言，解决买难卖难问题，助民增收，便捷农民生活;对企业而言，帮助县内传统行业进行互联网转型，把线下拉到线上，实现品牌电商化；对政府而言，将数据、人才、税收、企业、GDP留在当地，县域增收，缩小逆差。

点评分析：淘实惠是专业的农村电商服务平台，面向县域农村用户，在照顾农村原有零售业态的同时，通过一整套增值服务帮助县域培养人才、打造当地互联网品牌，构建当地电商发展环境，提供更多互联网创业服务。从总体思路来看，淘实惠具有创新性和可行性。它瞄准了农村市场最关键的问题：卖难问题、物流问题。理想是美好的，但现实是骨干的。

首先，尽可能兼顾现有商业生态，在不破坏现有零售业态的同时帮助它们转型升级。我们从城市传统零售业态转型升级过程中，老板们所发出的“不搞O2O是等死，搞O2O是找死”的感叹中，即可知传统零售的转型升级不是易事。一是因为转型升级会增加成本，比如：各级加盟费、以及系统的维护、培训等方面费用都是新增的费用；二是转型升级面临技术难题、人才难题、运营模式选择、各种关系权衡的难题；三是当所有商家都转型升级时，转型带来的是成本的增加，并没有带来核心竞争力的持续提高；四是要实现商业模式和消费者消费方式、习惯的同步转型并非易事，只有当给各方都带来实实在在看得见的好处时，他们才会在设计者指挥棒的引导下同步行动。而要给各方带来好处，唯有当新模式真正创造了价值，且在将所创造的价值进行了合理分配的基础上才能实现。

其次，它构建“县域自生态系统”，坚持“四不”原则，这也并非易事。原因有以下几点：第一，它宣称“通过互联网的‘去中介化'减少本地商品流通环节"。在县域范围内它构建的仍然是"县、镇、村"三级系统，村民在村店购买换成了在村店下单，并没有减少县域商业生态系统内的中间环节。第二，它宣称"不积压县域商品，帮助本地企业实现互联网转型"。建平台式的互联网转型，开始时都是激动人心的，但很快就会发现并非易事。产品是虚拟化了，但虚拟交易整个过程的落地实施会面临很多问题。比如：虚拟化的产品在平台上无人问津；好不容易引来的消费者在抱怨平台操作体验感差；偶尔溜达过来的消费者，无论你怎么费尽口舌，消费者对产品和服务还是没有信心……不积压县域商品的前提是县域商品的供给和需求在数量、质量、品类、价格、规格型号等很多方面都是匹配的、同步的。由此可见，减少积压是可能的，不积压几乎是不可能的。第三，它还宣称"帮助本地商品实现线上销售，打通全国市场的通路"。从公司目前的规划来看，它会在一个个县域自生态系统之间建通道，这对县域特色商品在县域之间的流通无疑会有帮助。在到处都充斥特色商品、商品严重过剩的买方时代，不搞促销推广就想取得理想业绩的可能性几乎为零。

再次，它欲着手解决县域范围内的农村物流问题。从理论上说，实施过程会非常痛苦。一是会面临资金问题。因为如果自建延伸至村、户的县域物流系统，包括物流中心、运输系统的建设和大量物流人员的配备，哪一点都要钱，而且都不是小钱。二是会面临物流技术、管理、人才配备的难题。物流作为快速发展的行业，这三点在城市都存在问题，何况是农村，问题会更严重。三是如果采用加盟模式、众包模式，解决了资金问题，但会新增协调问题。没有先进信息系统的支持，针对整个县域范围内每家每户的配送协调，效果肯定不会理想。

最后，即使淘实惠在构建县域自生态系统方面取得了创造性的成果，但它在上游供应组织以及整个供应链系统优化方面并没有多大建树。因为无论怎么寻找，都难觅其在上游供应渠道建设以及整个供应链优化方面的努力。作为一个自生态系统，如果缺乏上游渠道优势，不能供应有竞争力的产品，如果缺乏优秀的供应链系统，不能在供应品类、价格、成本、速度、服务等方面取得优势，要想走得远、走得好、走得久，几乎是不可能的。在这一点上，火爆农资网要做得好很多。

2. “火爆农资网”案例分析

“火爆农资招商网”隶属于郑州火爆网络科技有限公司，公司成立于2008年1月10日，是一家以自主开发、自主经营*B2B*商务招商网站为主要业务的网络技术服务公司[①]。火爆农资网的最大特色是在农资招商引资过程中采取“线上线下、全面开花”的战略。其线上平台“火爆农资招商网”囊括了肥料、农药、种子、农机、农膜、产品以及农业专家的访谈视频、展会等方面的信息。从农资品牌、农资企业、新闻到农资价格、展会招商等信息，还有颇具特色的“绝不收费、绝不销售，只为解决农资行业实际难题”的农资商学院和农资排行等。该网站综合考虑了农资企业和经销商的需求，是备受农资厂家和经销商青睐的农资招商网站。火爆农资招商网还开辟了全天24小时视频播放模式，以便于更生动直观地展现厂家和产品信息，此举有效克服了传统招商会时间短、费用高、全国各地差异大、走马观花、有效信息获取量小、效果差的缺点。

在线下，该公司采用“在全国巡回举办火爆农资大讲堂”的遍地开花模式。火爆农资大讲堂是由火爆农化招商网和火爆农资招商网共同主办的，依托两大网站巨大的企业和经销商资源，网站现拥有农资行业经销商80多万个，产品品牌近4万多个，传播和

---

① 火爆农资招网. ttp://baike. baidu. com/link? url = DcBXTUkK3ZTxdUaU3TeC6yhZRfoe36dzSjk8BacqeQRktmlGja7D - AdVAlPUJL1b37zQwbkPoDLyy0YmtEikPK.

影响了中国90%的农资行业渠道[1]。它迎合时下渠道下沉和扁平化的特点，把订货送到经销商家门口，让厂家和市县级终端经销商面对面交流。同时，大讲堂特邀农资行业的实战专家为经销商们授课，为中国农资行业的经销商群体搭建学习交流平台，也为农资行业的企业和经销商提供面对面的对接交流平台。除此之外，公司充分利用全国各地的农资会、报纸、杂志、手机信息、电话、宣传页等各种线上线下的宣传推广方式，进行全方位深层次的宣传。

目前，该网站有1万多家生产销售企业，60多万条农药、肥料、种子、苗圃、农机等招商信息，每天有1万多个行业内的专业人士进站点击，信息量在国内农资行业网站中首屈一指[2]。

点评：该模式的突出特点是宣传推广与交易“O2O”落地实施措施多样化且比较到位。公司所提供的很多增值服务，比如火爆商学院的免费培训、农资排行信息、展会信息、农资价格介绍、经营管理、农资市场行情、种植技术等很多免费服务都能较好地满足农资经销商们的需求。这些增值服务对留住客户，提高平台用户的黏性有积极作用。比如，在“百度口碑”的商家汇中找“火爆农资招商网”，很多用户留言说：“平台很好”，“找东西很方便”，“再也不要频繁地参加农资会了”，“里面的农资行情和政策不错，再多发些”等等。

它的不足是对农资企业和经销商的监管方面存在不足。特别是对所有参与交易的农资企业，应进行质量、价格、服务、订单响应能力、诚信、物流等方面的监督和管理，对所有农资企业和经销商的相关资质、证件进行审查和公示，特别是在平台上播出的广告，一定要验证其真实性，最好在广告页面开辟一个窗口，

---

① 火爆农资大讲堂订货会介绍. http://www.3456.tv/dajiangtang/about.html.

② http://www.3456.tv/dajiangtang/

供用户针对广告真实性问题以及使用后的效果问题留言，如果能在这些方面进行改进，将大幅度提高网站的公信力和品牌影响力。在“百度口碑”中就有用户留言说，“大公司要求太多，小公司不知道有没有证件，有证件的企业能不能给个提示”；另有用户留言说，“通过火爆农资网的广告宣传，购买艾伦卓越生物科技有限公司的农药，导致花生出现黑斑病，花生正要打果的时候出现大量死亡，火爆农资网广告宣传存在虚假欺骗”。另有客户留言：“艾伦卓越生物科技有限公司，订购他们的农药，用后农作物枯死，想退货，但联系电话号码，地址，邮箱全是假的。”

农资不同于一般的服装百货，买错了、用错了，丢掉就是。农资购买、使用一旦出现问题，带来的后果很严重，农民一年的努力就会白费。所以需要对农资生产企业的资质、使用说明、相关注意事项等方面给予更多关注，应有更多的防范措施和监管机制。火爆农资网在这个方面还存在不足，还有待改善。此外，对农资经销商和农业生产者的线下服务还有待加强。农资在物流配送和售后服务等方面的特殊性，决定了火爆农资招商网的“集中成片”推广比“遍地开花”更有价值。如果能联合各省市农资线下市场，做好集中推广和集中服务工作，效果可能会更好。

通过分析，不难发现，“火爆农资招商网”和“淘实惠”在整个供应链中各有侧重，前者在供应链中上游资源的积累和网络构建方面更有优势，而后者则在供应链中下游资源积累和网络构建方面更有优势。在网站方面，前者提供了更多的客户（经销商）所关心的免费服务，后者则更注重于对自身模式的宣传推广。显然，前者更接地气，更能吸引和留住客户。

3. 阿里“聚土地”，探究土地流转电商新模式

“聚土地”是浙江省供销社直属企业浙江兴合电子商务有限公司联合聚划算平台、绩溪县庙山果蔬专业合作社等单位在安徽省绩溪县实施的一个土地项目。

(1)聚土地运作流程。聚土地的运作流程如下：农民将土地流转至电子商务公司名下，电子商务公司将土地交予当地合作社生产管理，淘宝用户通过网上预约，对土地使用权进行认购。交易完成后，淘宝用户获得实际农作物产出；农户除获得土地租金外，参与项目生产环节还可获得工资。该项目将土地流转与电子商务结合起来，有效实现了农户、终端消费者、电商平台的共赢。2014 年 3 月，聚划算网站平台推出“老乡喊你来分地”后，短短 3 天，全国共有 3500 名用户认购了总面积为 456 亩的土地。

(2)聚土地参与各方的权责。“聚土地”项目的实际参与对象为五个，分别为作为项目运营商的浙江兴合电子商务有限公司、作为土地使用权出售方的农户、作为土地使用权认购方的终端消费者、作为土地使用权流转销售的前台电商平台、作为农产品种植委托管理方的当地合作社。项目运营商的浙江兴和电子商务公司，是整个项目的纽带。土地使用权出售方的当地农户，可以获得最多三个方面的收入。根据已实施的聚土地项目，土地租金为每年 750 元/亩；参与劳作可获得的工资约为 70 元/天(按 30 天计算，2100 元/月)；“农家乐”房租每间 30 元/日等。土地使用权认购方的终端消费者：通过互联网在电商平台上认购土地，通过网上支付认购款。根据已实施项目的情况，土地认购提供三类套餐供消费者选择，对应不同数量的果蔬及快递次数。土地使用权交易平台的电商：作为交易平台的电商，承担项目的合作推广职责；并充当土地认购协议签订平台及网上支付平台。从事土地种植管理的当地合作社：经运营方委托管理“聚土地”的土地资源，负责农作物的种植、农作物的打包运输、农户工资的支付等。

(3)聚土地实现多方共赢。根据估算当地的经济账：一亩地假设不参与流转，年净收入约 300 元；而参与流转，年净收入超过 1350 元；参与流转一亩地将增收超过 1000 元。而假设按照安徽省农业委员会对“聚土地”项目的调查，绩溪一亩地净收入为

600 元，净收入较期初增幅 1 倍；参与流转同样被证明可以让农户及农户所在村庄增收。聚土地项目除了可以带来经济效益，对于终端消费者来说，它满足了广大市民对定制新鲜健康蔬菜的物质需求、对成为“私人农产主”的心理需求，同时还拉动了聚土地所在村庄的旅游发展，其社会价值同样不可小觑。改革账：聚土地开创了土地流转的新型模式，为国家顺利、稳妥地开展土地流转探索了新思路。

(4)“聚土地”的创新之处。“聚土地”的新型土地流转模式，在传统的土地流转上引入互联网电商基因，将线下的土地流转变为 O2O 模式，让本属于少数参与者的“土地流转大宗交易”变为人人可参与的新型消费方式，预计将极大激发土地流转的活力。

其最主要的特征可以归结为以下几点：①市场化流转，政府不直接干预，电商模式呈现较为显著的去政府化运作特点。通过电商平台，农地使用权认购价格通过市场形成。电商模式的参与主体为农户、电商平台、当地合作社/农户组织、电商客户，其中，各项协议自主协商。由于未改变农地的使用用途，相对不涉及政府审批环节。②去中间环节化，通过电商平台将“农产品的最终消费者”与“农地经营权所有者”直接交易，不仅盘活了农地，还解决了农地的生产与销售匹配问题。不改变农地的用途，保证了耕地红线。③可供大众参与，引入众筹方式，将难以切分的“农地使用权属凭证”转为可实现较大程度分割的“农地产出农产品的所有权、农地生产品种的决定权及农地观光游览权等”的销售。

(5)“聚土地”模式的推广面临物流难题。物流可能是当前“聚土地”模式大面积推广面临的最大困难。聚土地的土地使用权流转交易，是以向位于全国各地的终端消费者提供琳琅满目的生鲜食品为目的。生鲜食品由于运输半径、储存及保鲜问题，难以在全国范围内做到远距离、低成本、保质限时的配送。当前聚土地运营商正试图在全国布局，通过就近配送、冷链配送来解决生鲜物流过程中存在的各种问题。

(6)与“聚土地”类似的国内外项目。“聚土地”开创了土地流转的新模式；同时，“聚土地”作为电商提供的“私人农产品定制服务”，实质上亦是开创了生鲜电商运作的新模式。比较来看，“聚土地”的运作模式与国外“Farmigo”的相似度较高，同样是依赖农户完成采摘配送。但是与之不同的是，“Farmigo”是将社区的生鲜需求打包后，再与周边的中小农户完成搭配，实现了就近配送、批量配送等，而“聚土地”的配送则个性化更强、距离更远，通过普通快递方式，使得配送成本居高不下、生鲜质量难以保证。从国外的成功经验来看，聚土地项目要在全国范围内得到成功推广、复制，不仅需要在全国布局土地项目，完成就近配送；还需建立或借助电商相对专业的生鲜冷链配送网络，保证生鲜品质①。

5.4 基于O2O的农村生产要素资源流优化——以农资为例

下面主要针对前面两个案例所介绍的基于O2O的农资流通模式进行优化分析。农资O2O的核心思想是线上平台与农资供应链主体结成利益共同体。经销商们不仅期待O2O平台能给他们带来消费者，能辅助他们与上游和下游更便利地进行交易，还期待平台能给他们提供相关行业信息、技术指导以及其他售后服务。拼资本、拼补贴以快速占领市场，以C端用户泡沫获取资本大佬的青睐几乎是所有平台早期的生存之道。C端人口红利终将

① 阿里“聚土地”探究土地流转电商新模式. 中商情报网. 2014. 8. 27. http://www.askci.com/bschool/2014/08/27/1002632bg_all.shtml.

见底，提高商家对 O2O 平台的黏性才是各 O2O 平台的长久生存之道。拼资本、拼补贴终将让位于拼服务、拼价值。如何为上游企业、中游经销商、下游消费者创造更多价值才是各平台竞争取胜的关键。

5.4.1　秉持终端消费者价值至上的理念

趋利是所有供应链主体(农资生产企业、农资渠道商、农资消费者)的基本特性。O2O 模式能够吸引生产企业、传统渠道商、消费者参与的首要条件，就是盈利能力比传统模式要好。盈利能力比传统模式更好的途径不外乎销售额比传统模式更高、成本更低或者两者同时成立。销售额更高的表现不外乎是销售量与销售价格的总乘积更大。无论是供应链中下游的渠道商还是最终的消费者，他们都是理性的经济人，支付更高销售额的原因不外乎是所购买的产品和服务能给他们带来更大价值。无论是农资生产制造企业还是各类农资渠道商，他们之所以能获得更高的销售额，是因为最终消费者支付了更高的销售额。而最终的农资消费者之所以愿意支付更高销售额，是因为上游供应商给他们提供了更高价值的产品和服务。凭借这些高价值的产品和服务，农资消费者可以获得更高农业生产收入或者支付更低的农资采购与农业生产成本。因此，农资生产企业加强产品研发和管理，提高产品质量，就是帮助农资消费者提高农业产量和农业生产收入。农资 O2O 平台提高市场控制能力，对合作的生产企业和渠道商规范管理，加强对产品质量、市场价格以及服务的管理，采取各种措施防范虚假宣传、伪劣产品、串货、乱价等消费者深恶痛绝的行为，加强下游消费者甚至是最终消费者所关心的行业发展、国家政策、产品资讯、价格信息、经营管理经验、种植及市场拓展技术等方面的增值服务。无论是规范管理还是各种增值服务，都是帮助农资消费者降低农资采购、农业生产成本的价值增值行为。无论是供应链各级渠道商还是 O2O 平台，都能秉持最终消费者价值至上的理念，都能为了让最终消费者更省心地买到好产品、放心产品而努力，都能以“为最终消费者创造价值”为商业活动的前提，杜绝一切浪费和虚情假意，这样的生态体系，才能最终赢得消费者的青睐，从而走得更好、更远。

5.4.2 不断优化产品与服务

不管是做了多少年品牌的老经销商，还是刚刚入行的新经销商，都说好产品是成功的关键。什么样的产品，才是经销商们眼中的好产品呢？我们认为，产品的质量要靠得住，产品价格得有竞争力，产品的功能要能满足农业生产者的需要，产品的价格不能高于其他同类产品，产品的数量要体现经济性，产品的外形要在眼睛看、手摸、耳朵听等方面都能有好的感觉，产品购买和使用方面的服务要能解决消费者之烦恼。这样的产品才算是好产品。

农资 O2O，在选择合作企业和渠道商时，首先应从以上几个方面对产品进行规范约束，而且要号召各级渠道商将其承诺做到的“各类规范”以文字的形式告知客户，鼓励客户的评估监督。在合作协议中，不仅要对各指标进行明确规范，而且要制定客户评价机制，通过客户评价来倒逼供应链主体改善他们的产品和服务。一款产品、一种服务，要放在明面上，供客户来监督检查了，才会不断的成长进步，才能成长为真正的金牌产品和服务。同时，这也是树立品牌形象的最佳途径。

其次，明确各级主体的反应速度。在农资的流通过程中涉及商流、物流、资金流和信息流。所有这些流程都是农资、资金、信息、单据、服务等在各级主体之间流动的集合。对于一个 O2O 平台而言，集聚了大量的商家，每天会发生大量的农资交易、货物转移、资金转移和信息转移，要提高平台在消费者心中的美誉度，必须对不同层次主体之间服务的反应速度进行明确约定。比如，必须规定平台渠道商对下游消费者订单的响应速度，包括订单货物的出库速度、订单货物交付物流公司的速度，货物送到后的安装、使用指导等方面的速度；还比如，农资不同于其他一次性用品，在反复使用的过程总会出现一些不可预见的问题，问题出现并不怕，怕的是逃避问题，不及时解决问题。

再次，做好配合。好产品是生产出来的，也是在用的过程中由各方配合出来的。技术员在线实时指导，有求必应。业务员到地头，了解用户的实际需求，将客户需求及时反馈给公司，公司根据市场反应对产品进行持续的更新换代。产品特点、功能、适合环境、使用说明、注意事项等不仅要完善、要规范，而且要以文字、视频、客服在线指导等多种途径告知用户。

服务终端不断将客户需求、产品使用情况反馈给生产制造商；制造商不断对产品进行创新，改进产品功效；O2O 平台不断改进公共服务，发挥类似于“农医生”组织大量农技专家与亿万农户对接的公共服务，对平台产品和渠道商的服务进行监督管理；农民直接与各类专家进行沟通，在专家的指导下购买农资、使用农资；渠道商做好售前与售后服务；物流公司提供快速、及时的配送服务。O2O 生态系统内的各个主体，各在其位各司其职，相互配合不断完善产品质量和服务。

5.4.3　利用好“低价”这个营销手段

农民大都属于价格敏感型消费者。只要价格足够低，除质量问题外，其他都不是问题。传统模式下，农资流通环节多、流程长，流通成本高，到消费者手上时必定是“销售价格高”。当以农资电商平台为媒介，形成了“生产厂家—农户”、“生产厂家—区域物流中心—农户”“生产厂家—区域物流中心—县域运营中心—村镇服务点—农户”的销售模式后，砍掉了很多不增值的中间环节，并让利于消费者（销售价格降低）。面对这种“天天低价”的进入方式，传统农资经销商毫无招架之力。事实上，只要O2O 平台做好准入和管理工作，产品质量一般不存在问题。只要价格有竞争力，在做实宣传工作后，消费者都会闻声而动，甚至会出现“不会网购的找人代购”的现象。

与传统渠道竞争，必须采取“天天低价”策略，一旦销售价格高于传统渠道，消费者就会转向传统模式。因为传统模式所具有的“熟人”“习惯”“即时响应”等优势无时无刻不在动摇消费者。除了相比于传统渠道的“天天低价”外，还要定期地组织大范围的促销活动，要巧立各种名目进行实实在在的全场促销，在培养农户的消费习惯的同时提高平台用户的黏性。

5.4.4 优化物流体系，降低成本

低价是必杀技。低价竞争手段，谁都知道，但并不是谁都能做到。在低价的同时，自己还能生存，还能活得很好，这才是真正的王者。要成为低价竞争的王者，低成本是唯一的出路。电商时代决定成本优势的关键是物流成本。优化物流体系，保障物流服务，降低物流成本，才能做电商时代低价竞争的王者。

1. 优化物流配送模式，降低物流成本

目前我国 90% 的行政村已实现了村村通公路，全国大多数农村的物流可达性没有问题，有的只是时间、成本的问题。对于农资电商物流来说，首先需要转换物流形态，将 *B2C* 转换为 *B2B*。通过自建和合作的方式在农村设立“村站服务网点”。电商企业负责“仓库”到“村站”的物流，剩下的最后一公里问题交给村站及农户自行解决。对于快递成本高的化肥和响应时间短的农药类产品，就可以将一包包、一箱箱的快递物流转换为一车车的规模化物流，这样可以有效降低物流成本。事实上，在一些农业发展较好的农村地区，农业大户、农业种植户、农业经纪人几乎人人

都有物流设施。从摩托车、手扶拖拉机，到小卡车、小货车，到 9.6 米的大卡车，12 米的大卡车都有。有效利用农村自有物流设施，对降低物流成本有重要作用。而对于快递成本不高、响应时间也比较长且有效期有限的特殊种子类产品，可以采取从厂家直接配送的模式，这样可以有效权衡缺货、库存成本与配送成本，做到总成本最小化。

根据订单下达后，农资的配送点可将农资的配送模式分为村级服务点配送、县级运营中心配送、区域物流中心配送和厂家直配等模式。对于农机、化肥、农药等需求量较大且比较稳定、物流配送成本较高、产品更新换代速度不快的产品，可以借鉴传统批发零售的批量流动模式，以获取物流的规模效益。该模式是在 O2O 平台的统一调度下，根据预测的需求量，将物资批量运至零售网点或县域运营中心的配送点储存，待客户订单到达后再进行配送。而对于个性化程度比较高、需求量不大且不稳定的产品，可以采用区域物流中心或厂家直配的模式。即待顾客下单后，再将产品从区域物流中心或工厂仓库拣出，交由快递公司送至县域运营中心的仓库或村级服务点的配送模式。

2. 优化县域物流网络，降低物流成本——以淘实惠为例

(1)淘实惠县域物流网络配送优化的基本思路。淘实惠提出在整合县域范围内现有零售网络的基础上，构建以县域运营中心为核心，各村服务点为终端的“县域自生态系统”的农村电商模式。该模式有助于解决传统淘宝模式下农村电商物流成本高、物流时间长的问题，但如何结合产品特点和复杂的线上、线下业务，优化整合由传统村级实体店加盟转型后所构成的物流网络，使其在满足线上、线下业务配送需求的同时降低成本、提高速度，成为该模式发展急需解决的关键问题。前面已经提到，产品特点不同，物流配送的模式也不同，有存放在村级店铺、等待顾客下单后自提的需求稳定、货物持有成本不高的一般商品，也有

需求相对稳定、货物更新换代速度不快的储存于县级运营中心仓库的商品，还有从区域配送中心或厂家直接配送的创新型或者需求量很少的直配型产品。淘实惠县域物流网络配送的商品，既包括上述三类商品，也包括电子商务平台和物流网络对外开放后，第三方入驻商家销售商品以及物流网络接受社会个人、团体订单所涉商品，如寄送的邮件、包裹等。

(2)淘实惠县域物流网络流程优化的基本思路。淘实惠物流网络具体的运作流程有：每个区域仓库定期向其所覆盖范围的县域物流中心配送一般商品，满足县域范围内村级实体店的线下销售以及线上订单的需求；如果消费者所在地区的实体店缺货，可以通过从邻村的其他实体店调货；在相邻实体店都缺货的情形下，就需要从县域运营中心仓库调货；当消费者在电子商务平台所购买的商品是由入驻平台的第三方商家提供的时候，与第三方商家处于同一地区的实体店在配送其他商品的同时，将该订单商品从第三方商家取回到实体店中；在该流程中，我们将第三方商家所售商品的配送类同于取件配送。当第三方商家所售的商品到达实体店后，分以下几种情况：第一，如果消费者在该实体店的配送范围内，即消费者和该实体店位于同一地区，实体店就可以直接将商品送达消费者手中；第二，如果消费者不在该实体店的配送范围内，但位于该实体店附近的范围，此时通过相邻的实体店之间的相互配送，将商品送达消费者手中；第三，如果消费者不在该实体店，也不在与该实体店相邻的其他实体店的配送范围，但在同一县域范围内，就由所属县域运营中心仓库在给实体店配送商品的同时，将该商品取走，配送到消费者所在地区的实体店，实体店再将商品送达消费者手中；第四，如果消费者与该实体店不在同一县域范围，则先将商品配送至县域仓库，再由区域仓库在配送商品至县域仓库的同时将该商品取回区域仓库，通过各区域仓库之间的运输，将商品送达消费者所在县域运营中心仓库，再由县域运营中心仓库将商品送达相应的实体店，实体店负责将商品送达消费者手中。随着电子商务平台向第三方商家的开放，物流网络对外开放的进程也可以通过电子化的方式来加快，即在电子商务平台上增设第三方物流业务模块。这样，客户通过访问电子商务平台，发送邮寄包裹的请求，形成一个发货订单。物流网络可以将第三方物流订单看成第三方商家的订单，按照第三方商家的商品配送流程进行配送。

第6章 基于O2O的农村生活服务资源流优化

6.1 农村生活服务资源概述

6.1.1 农村生活服务资源的概念与类别

农村生活服务资源是指满足农村地区居民生活需求的各类资源或者是满足城市居民生活需求但存在于农村地区的资源，具体包括农村本地生活服务资源和为城市居民提供生活服务的农村资源。农村本地生活服务资源是农村生活服务产品以及提供生活服务的各类要素资源的集合。要了解农村生活服务资源，必须先了解生活服务业。生活服务业是服务业的重要组成部分。国家统计局为了统计口径的一致，将服务业进行了详细界定，并指出服务业包括：批发和零售业，交通运输、仓储和邮政业，住宿和餐饮业，信息传输、软件和信息技术服务业，金融业，房地产业，租赁和商务服务业，科学研究和技术服务业，水利、环境和公共设施管理业，居民服务、修理和其他服务业，教育，卫生和社会工作，文化、体育和娱乐业，公共管理、社会保障和社会组织，国际组织，以及农、林、牧、渔业中的农、林、牧、渔服务业，采矿业中的开采辅助活动，制造业中的金属制品、机械和设备修理业[①]。上述服务行业中既有生产性服务也有生活性服务。生活服务业直接向居民提供物质和精神文化生活服务，其产品、服务用于满足居民生活中(非生产中)的各种需求。

2015年11月国务院办公厅发文要促进生活性服务业发展，文中列出了十大贴近人民群众生活、需求潜力大、带动作用强的生活性服务领域。通过对这十大服务领域的分析，可以得出生活服务产品的十个大类。(1)居民和家庭服务类，比如婴幼儿看护、护理、美容美发、洗染、家用电器与其他日用品修理以及房地产中介、房屋租赁经营、物业管理、搬家保洁、家用车辆保养维修等生活性服务；(2)健康服务类，比如健康体检、健康咨询、健康文化、健康旅游、体育健身等健康服务；(3)养老服务，比如老年人基本生活照料、康复护理、精神慰藉、文化服务、紧急救援、临终关怀等养老服务；(4)旅游服务，比如休闲度假旅游、研学旅行、自驾游、乡村旅游，集观光、度假、休闲、娱乐、海上运动于一体的滨海旅游和海岛旅游；(5)体育服务，比如健身休闲、竞赛表演、场馆服务、中介培训等体育服务业；(6)文化服务，文化服务业要积极发展具有民族特色和地方特色的传统文化艺术，要创造兼具思想性艺术性观赏性、人民群众喜闻乐见的优秀文化服务产品；(7)法律服务，包括律师、公证、司法鉴定等法律服务业；(8)批发零售服务，批发零售行业除了商贸综合服务中心、农产品批发市场、集贸市场、商品储备设施、物流(仓储)配送中心等传统流通设施外，电子商务的发展推动了快件集散中心、农村邮政物流设施、智能包裹柜、智能快件箱等物流设施的发展，以便利店、综合服务中心等为代表的社区商业得到快速发展；

① 三次产业划分规定. 国家统计局设管司发,2013－01－14 . http://www.stats.gov.cn/tjsj/tjbz/201301/t20130114_8675.html.

(9)住宿餐饮服务，包括绿色饭店、主题饭店、客栈民宿、短租公寓、长租公寓、有机餐饮、快餐团餐、特色餐饮、农家乐等满足广大人民群众消费需求的细分业态；(10)教育培训服务，包括人文艺术、科学技术、幼儿教育、养老保健、生活休闲、职业技能等方面的教育服务①。

6.1.2 农村生活服务产品资源的特点

1. 农村生活服务产品的一般特点

农村生活服务资源最重要的表现形态是农村生活服务产品。农村生活服务产品与其他工农业产品相比，具有所有服务产品所具有的一般特点。(1)无形性，即服务产品不像实物产品一样，有特定的形状，服务产品是一种绩效或行为，不是实物，它在被购买之前是看不见、尝不到、抓不着、听不到也闻不出的。(2)不可分离性，即服务产品的生产与消费是同步进行的，是不可分离的。(3)可变性，即服务产品的质量水平会受到很多因素的影响，特别容易发生变化。服务产品的质量与服务场所、服务人员、服务时间、地点和方式以及服务人员与消费者之间的交互等很多因素有关。比如：同一美容院，因美容师的技术不同，美容效果会有天壤之别；同一美容院的同一美容师，因服务时间不同，服务时的注意力、心态等也会不同，美容的效果也会有差异；此外，美容师与消费者之间的沟通也会大幅度影响消费者的美容体验感，从而影响消费者对美容质量的认知。(4)不可贮存性，又称易消失性，即服务产品无法像有形产品一样被贮藏起来以备将来使用。服务产品不是顾客可以储存保管的物品，虽然服务公

---

① 国务院办公厅关于加快发展生活性服务业促进消费结构升级的指导意见. 2015－11－19．中国政府网. http://www.gov.cn/zhengce/content/2015－11/22/content_10336.htm

司必须储存必要的场地、设备和劳动力，以备将来在顾客需要时为顾客提供服务，但这仅仅代表服务能力，而不是服务产品本身。

2. 农村生活服务产品流通的一般特点

农村生活服务产品的一般特点，决定了它们的流通具有与其他实物产品流通所不同的特点。(1)与实物产品的营销会努力增加无形成分相反，服务产品的无形性决定了服务营销的有形性，即为了提高其服务产品的流通效率，服务公司必须努力实现服务要素资源和服务产品资源的有形化。比如：照相馆会将其非常成功的作品装裱后悬挂出来；美容院会将其成功的美容案例的前后效果对比照作为宣传资料，以实现美容手术效果的有形化。服务产品的有形化营销是为了降低消费者因“看不见、摸不着”服务产品所伴随的不信赖、不安全心理。服务公司常常会通过服务场所、人员、设备、制度、服务承诺以及服务案例等能看得见、摸得着或者是听得到的与服务产品质量密切相关的有形东西来帮助消费者形成服务产品不错的感觉。(2)服务产品生产与消费的不可分离性，决定了作为服务提供者的服务人员与作为服务消费者的顾客之间的密切相关性，决定了服务人员和顾客之间的相互作用成为影响服务产品质量的重要因素，也是服务营销的重要手段。比如美发师、牙科医生在提供服务时，会利用所有可能机会，与顾客互动，即使顾客不能开口说话，也会边提供服务边介绍他所提供的服务产品的特点、优势和效果等。(3)服务产品质量的多变性导致服务产品标准化难度大。服务产品标准化难度大决定了服务产品流通具有与实物产品流通不同的特点。比如：服务产品流通过程中更注重服务人员、服务行为、服务场所、服务方式等方面的标准化；服务产品更适合线下流通模式；品牌优势、先入优势在服务产品流通中的作用更明显；服务产品的流通是先交易后生产，如果能有效提高服务要素资源的柔性，能更有效地防范市场需求不确定所带来的风险；开发新顾客与维护老顾客的成本相比更高；服务产品流通过程中不涉及物流活动，但需要支付较高的人员流动成本，人员流动决定服务产品的流通半径远低于实物产品。(4)服务产品的不可储存性，决定了储存服务要素资源的必要性。由于服务产品需求存在不确定性，因此，为了降低服务公司所面临的不确定性风险，一方面要努力平衡所储存的服务要素资源的生产能力与潜在的服务产品需求之间的关系；另一方面要努力提高服务要素资源在数量、功能等方面的弹性和柔性；此外，还要尽可能地整合服务要素资源和服务需求资源，以降低不确定性。所储存的服务要素资源所对应的生产能力与潜在的服务产品需求之间的平衡，表现为量的平衡和质的平衡。当需求与生产能力在质方面不一致时，会出现消费者因服务产品质量低于预期而失望的情况；当需求的量超过服务能力时，顾客会因等待时间过久而失望和不满；当生产能力在质和量方面高于消费者需求时，会导致服务公司所储存的服务要素资源不能得到充分利用的情况。提高服务要素资源在数量、功能等方面的弹性和柔性才能通过供应端的调整来适应需求端的变化，才能有效应对不确定的风险。

3. 农村生活服务产品经营的一般特点

农村生活服务产品的经营具有类同于所有服务产品经营的一般特点。(1)经营领域宽、范围广。农村生活服务是为满足人的生活需要而存在，它涉及人民生活的方方面面，只要有人存在的地方就有生活服务，只要有需求就存在对应的生活服务产品。它的存在没有地域限制，是经营领域最宽、服务范围最广的行业。(2)综合性经营。消费者的需要具有连带性，比如：乡村旅游，除旅游景点服务外，还需要住宿、饮食、休闲娱乐、特色购物、通信、交通、医疗等多种服务的配合。同一个地区的各专业服务相互联系、相互补充以形成综合服务能力，能有效提高服务产品的集群效应。(3)业务技术水平决定核心竞争力，服务人员的业务技术水平是服务产品的重要竞争力。(4)市场分散性。服务业需要直接为消费者服务，而消费者的居住和出行具有分散性。因此，除依赖特殊资源的服务，一般的生活服务都是分散经营的。(5)不同地区经营发展水平差异大。各地的自然条件、经济发展水平和社会条件不同，人们的生活服务需求的质量、数量都有一定差别，因此不同地区生活服务业的发展水平不同。(6)发展性。农村生活服务业会随着经济的发展而发展，会随着人们生活水平的提高而提高。

4. 农村地区生活服务业的特殊性

相比于城市地区，农村地区的生活服务发展又有其特殊性。(1)农村地区的生活服务更分散，经营规模更小；(2)农村生活服务水平更低，满足的是一些基本生活需要；(3)农村地区居民的生活更不便利，生活服务发展潜力更大；(4)农村地区生活服务基础设施落后、生活服务环境更差；(5)农村居民生活服务需求难满足，生活服务产品结构有待升级；(6)农村地区生活服务经营管理水平低，经营管理投入回报大；(7)农村生活服务线上平台发展滞后，线上线下协同发展空间大。

6.2　生活服务 O2O 的主要模式

6.2.1　按照线上平台主导者对线下服务的介入程度区分

按照 O2O 模式的平台主导者对线下服务的介入程度，可分为轻模式和重模式。

轻模式下，平台主导者专注于 O2O 电子商务平台，较少介入线下服务，线下服务主要通过加盟合作模式由其他商家来完成。

例如大众点评、布丁优惠券、美团、摇摇招车、易到用车、逛街助手、航空管家等。

该模式的优点主要有：(1)资产投入相对较少，因为省去了仓储，物流环节，所以启动成本低；(2)启动速度快；(3)易于起量。其缺点主要有：(1)竞争激烈，因为好启动，所以很多人都会采取这种方式入场，就会出现竞争对手多、竞争激烈的情况；(2)行业壁垒低，准入门槛不高，核心竞争力主要是线上运营及营销活动，对手跟进成本低；(3)对线下服务的管理难度大，线下服务标准难控制；(4)容易陷入同质化竞争。

重模式下，平台主导者对线下服务的介入程度深，有些甚至采用“市场推广 + 技术研发 + 采购 + 仓储 + 物流配送 + 售后服务”的全产业链介入模式。技术研发，仓储，采购，物流都是其关键业务模块，这些模块都需要较大投入。技术研发模块在智力、技术方面的投资较大；仓储在设施和人力成本方面的投入均高；采购非常重要，是决定品类、品质、成本、价格及线下价值创造力的关键环节；物流是决定订单响应速度、响应成本和顾客满意度的关键因素，它在技术、管理、设施、人力等方面的投入均较高，几乎是所有商品销售类 O2O 的瓶颈，也是大型 O2O 企业角力的主战场。安居客、美餐、神州租车、到家美食会、齐家网、右道车品等都是重模式的生活服务 O2O。

其优点主要有：(1)控制力强。很多环节都是自己控制，能通过管理和技术手段提高服务体验和效率；(2)行业壁垒较高。一旦全产业链都是自己建立，就可以通过后端的投入及运转将优势传达到前端，其他竞争对手想要与之竞争压力会非常大；(3)获利空间较大。比如：自己投资建线下物流系统，不仅能保障自己线上订单的快速响应，还可以接入其他公司的同城分销业务。

其劣势主要有：(1)运转成本较高，接入的环节越多，运营成本越高，并且重资产，人力投入，资金损耗巨大。如果创始团队的资金获取能力不够强，很有可能出现现金流中断问题；(2)复制成本太高，规模化难度大。每一次复制都意味着大量的人员、资金投入，意味着重新组建团队、重建物流设施。显然，重模式的复制速度慢于轻模式；(3)风险较大，由于需要投入的资金、技术、人力均比较大，一旦没有把握好投入、收益的比例，就会出现资金流中断的风险。另外，在每一个领域的投资都面临该领域的竞争。比如：自建物流，就必须与物流领域的所有第三方物流公司比成本、比速度、比服务。如果自建物流不能超过第三方物流公司，就很有可能不仅不会带来优势还会阻碍公司的发展；(4)团队构建挑战大，每进入一个领域，就要构建对应领域的专业团队，其难度可想而知。

6.2.2　按照电子商务平台的作用来区分

按照电子商务平台的作用不同，可将本地生活服务O2O划分为三种模式：广场模式，代理模式，商城模式。广场模式就是为消费者提供发现、导购、搜索、评论等信息服务，向商家收取“广告费，有事找线下商家。例如大众点评、赶集网、口碑网等。代理模式是指通过优惠券、预订等手段，把互联网上的人引导到线下去消费，收佣金分成，有事找线下商家。比如：拉手网、美团网、酒店达人、布丁优惠券等。商城模式是指通过电子商务平台整合行业资源做渠道，用户可以直接在平台上购买，电子商务平台开发者收佣金分成，有事找线上商城。比如：到家美食会、易到用车等。

6.2.3　按照线上渠道的实现方式来区分

按照线上渠道的实现方式不同，分为以下几种主要模式：模式一：借助京东、天猫等有影响力的综合性第三方平台来构建线上体系。比如：进入“探路者”官方网站下的“官方商城”，出现的是如图6-1所示的“探路者”在“天猫”的六个入口、在“京东”的四个入口和在“当当”“一号店”“苏宁”“优购”的入口。

图6-1 “探路者”借助第三方平台构建线上渠道

通过第三方平台来做线上渠道，对实体企业而言常出现第三方平台销售和实体店销售利益冲突的问题。在这一块“探路者”做得不错。该模式的线上渠道是一个综合性电商平台，本地生活服务的线上渠道一般采用这种模式。对于平台运营方而言，该模式的优点是能有效发挥参与者的专业优势，能有效整合供给资源和需求资源，容易走量，发展较快。缺点是对线下服务的监管难度大，在这方面，天猫的很多经验值得借鉴。

2013年开始，京东、天猫开始了线下渠道布局。2014年3月17日，京东O2O宣布与15余座城市的1万家便利店推动O2O合作，实现全渠道销售过程中的交易、结算、物流、售后服务等环节可视化。2014年3月30日，阿里巴巴宣布将以53.7亿元港币战略投资银泰商业，双方将整合优势资源，构造打通线上线下的未来商业基础设施体系，并对社会开放，推动实体商业与互联网经济的融合[①]。

模式二：自建网上商城。早在2009年，作为传统零售企业的苏宁就借助互联网技术，把线下的商品和服务搬到线上，上线*B2C*网购平台——“苏宁易购”，开启互联网转型之路；在线下渠道方面，苏宁已有门店1600多家，数千个售后服务网点以及下沉到四五线城市的服务站，还有布局全国的物流体系。苏宁创造性地提出了“一体两翼三云四端”的O2O模式。所谓“一体”，就是要坚守零售本质。“两翼”就是打造线上线下两大开放平台。线上苏宁云平台向全社会开放企业前后台资源；线下苏宁云店，围绕本地生活全面开放，营造集展示、体验、服务、引流、销售于一体的顾客服务场景；“三云”是建立面向供应商、消费者以及社会合作伙伴开放的物流云、数据云和金融云；“四端”就是围绕线上线下两翼平台，融合布局POS端、PC端、移动端、电视端[②]。与苏宁先有线下服务体系后建线上渠道不同，天天果园、本来生活网等生鲜O2O几乎都是线上平台、线下渠道同步建设。自建网上商城模式需要雄厚的资本实力和运营推广能力，在发展的早期很难实现运营成本与交易规模之间的有效平衡，常出现运营成本居高不下而交易量却很难上升问题。

模式三：综合渠道模式。实力比较雄厚的实体企业，为了综合利用各种线上平台的客户群体，不仅自建网上商城，而且在天猫、京东等第三方平台上开设旗舰店。比如酷漫居，不仅自建网上商城——酷漫居儿童家居网，而且在天猫、京东等第三方平台上开设“酷漫居”旗舰店。“酷漫居”巧妙融合儿童产业、动漫产

---

① 黄刚. 京东+便利店VS阿里+商业零售，两种*O2O*模式的全面分析. 虎嗅网. 2014-04-02 . http://www.huxiu.com/article/31088/1.html.

② 王文博. 苏宁云商：打造线上线下融合*O2O*模式. 经济参考报，2016-01-22. http://dz.jjckb.cn/www/pages/webpage2009/html/2016-01/22/content_14682.htm.

业、家居产业、互联网产业，打造 O2O 模式的动漫品牌运营商和电子商务企业。通过整合传统产业和文化上的多方资源，形成了自己独特的“互联网 + 体验中心”的 O2O 模式。酷漫居儿童家居网，不仅具有线上交易功能，而且还具有线上推介、为线下实体店导流的功能。进入该网站的“线下体验店”模块，可以了解其 100 家线下体验店的分布、地址与联系方式等信息[①]。该模式的好处是不仅能利用已经成熟的第三方线上平台的客户资源，快速提高线上成交量，又可以充分发挥自有平台所具备的“不受制于人、不支付佣金、自由拓展程度高、能很好地实现线上平台与线下门店的互动、能有效发挥自有平台在公司文化、增值服务等方面的推广作用”等优势；其缺点是投资大，多渠道运营管理成本高、难度大，自有平台的网上推广会被第三方平台影响。这点“H&M”做得比较好，“H&M” 在早期拒绝入驻天猫，通过各种途径加大其自有平台的推广力度，并取得了很好的效果。

模式四：微信 O2O。在移动互联网、微信快速普及后，一类是通过朋友圈、微商模式来实现线上导流，既在微信上聚集人群，引导到线下实体店铺消费，比如：点“赞”达到 50 个即可享受 5 折优惠。另一种就是实体企业引导消费者关注微信公众号，在微信公众号内设微信商城，通过微信商城的方式来建设线上渠道。针对农村移动用户是主体，玩微信在农村比较普及的现象，微信 O2O 模式将在农村有很好的发展前景。

6.2.4 按照 O2O 切入的细分行业来区分

按照行业纬度划分，餐饮、娱乐、房产、便民服务、零售医疗、旅游、票务、汽车服务、教育、美容、婚纱摄影、家具、培训等。从国外模式的发展来看，租车、旅游生活信息服务是最早实

---

① 酷漫居官网. http://www. kumanju. com/.

现O2O的传统行业，也取得了令人瞩目的发展。从中国本地生活服务O2O的成熟度来看，餐饮、汽车租赁、酒店住宿、票务及旅游也取得了很好的成绩。

6.3 农村本地生活服务O2O的发展现状

1. 农村本地生活服务O2O的现状概况

从2014年开始，农村本地生活服务O2O取得了较快发展。这得益于以下几个方面：一是农村电商政策密集出台；二是大型电商企业布局农村市场，抢夺电商市场最后一块、也是最难啃的一块骨头；三是针对农村物流短板、物流公司和电商公司加速物流渠道"下沉"。2015年5月，国务院发布《关于大力发展电子商务加快培育经济新动力的意见》，它从不同角度提出了积极发展农村电子商务的对策措施。2015年阿里和京东全面实施"农村电商"战略，阿里巴巴提出了"千县万村计划"。其基本思路是：在县城建立县级电子运营服务中心，在农村建立村级服务站，构筑"县—村"两级的农村O2O电子商务服务体系。京东不断深化渠道下沉与农村电商战略，加速在三至六线城市、区县以至乡村市场的布局[①]。京东副总裁闫小兵说，京东家电直接开镇级店，是真正的农村战略，也是一个典型的O2O项目。其理由是在供应链向下复制到农村最末端的物流、售后、安装各环节，京东已经利用京东帮的服务能力把这些问题全部解决掉了。

《2015年中国网络零售市场数据监测报告》指出，我国2015年农村网购市场规模达3530亿元，同比增长94.3%。预计到2016年全国农村网购市场规模将达到约4600亿元，成为零售电商市场新的增长点。农村电商，发展最快的是商品买卖，重点围

① 张喜才.电子商务进农村的现状、问题及对策[J].农业经济与管理,2015,06.

绕农业产业链的两端——卖生鲜农产品和买农资来做文章。各大电商公司和农资企业纷纷制定了其农村电商战略，比如：京东于2015 年开通了 500 家县级服务中心，招募乡村推广员 10 万名。阿里巴巴集团通过农村淘宝项目，推出"千县万村计划"，计划在 3 - 5 年内投资 100 亿元，建立 1000 个县级运营中心和 10 万个村级服务站。"农商 1 号"计划 3 ~ 5 年建 1000 家县级运营中心，发展 10 万个村级服务站，覆盖 1000 万名农民会员。"淘实惠"则制定了"四步走"战略：启动期(2014 年 9 月至 2015 年 6 月)试点运营 20 个县级运营中心和 500 个村级服务站；布局期(2015 年 7 月至 2016 年 12 月)计划建立 300 个县级运营中心、50000 个村级服务站，制定 2016"百县百亿"计划；县域平台形成期(2017 年)，计划建立 1000 个县级服务中心和 300000 个村级服务站；全国县域生态成形期(2018 年)，计划建立 500000 个村级服务站。田田圈要计划结盟 1000 个以上优秀经销商，覆盖 1500 个农业县，建 10 万家线下服务中心，培训 100 万个种植达人，服务 1 亿农户。截至 2015 年 4 月初，云农场已建立 300 多家县级服务中心，2 万多家村级服务站。点豆在全国推行的一乡一肥吧，一村一服务站的终端市场推进战略。所有这些，显示了农村电商市场发展迅速，竞争激烈。

在购物 O2O 如火如荼发展时，其他如金融、租车、租房、酒店、旅游、餐饮、娱乐、彩票、缴费、票务、理财、就诊等生活服务 O2O 的发展虽有起步，但严重滞后。很多网站宣称可以为农村居民提供本地生活服务，但进入其官方网站，却没有相关链接。像邮掌柜、乐村淘等有一定影响力的 O2O 公司，其生活服务仅表现为村镇体验店为村民提供缴费、快递代收、酒店、车票、机票预定、就诊等服务预约。目前搜到的能在线为农村居民提供本地服务的 O2O 网站只有宁波的"小康便民 O2O 服务站"，它是一种以本地经济圈为基础，以物联网、互联网为载体，集线上、线下为一体的社区便民服务，2015年4月28日在宁波试点推出，为浙江居民提供集彩票、缴费、票务、购物、旅游、慈善、理财等服务为一体的一站式的便民服务①。

2. 农村本地生活服务O2O面临的主要问题

农村本地生活服务O2O涉及居民生活的方方面面，存在服务标准难统一、服务实体提供的服务与消费者预期难一致、对线下服务实体的管理难度大、消费者诉求多、满意度低等很多问题。中国电子商务研究中心监测报告显示，2015年(上)中国十大被投诉生活服务电商主要是：百度糯米投诉占比达18.65%；去哪儿投诉占比为15.90%；美团投诉占比为13.74%；携程投诉占比为11.86%；阿里去啊投诉占比为9.10%；大众点评投诉占比为7.32%；同程旅游网投诉占比为5.66%；窝窝团投诉占比为3.15%；艺龙网投诉占比为2.88%；饿了么投诉占比为1.25%；租车等其他生活服务电商占比为10.49%。生活服务电商被投诉的十大热点问题主要是：高额退票费(25.90%)、霸王条款(14.11%)、虚假团购(11.32%)、退改签难(9.79%)、退款难(8.12%)、订单取消(6.21%)、账户被盗(4.53%)、售后服务(3.76%)、发票问题(3.10%)、随意冻结账号(1.23%)等②。

从以上数据可以看出，被投诉的生活服务类电商几乎囊括了所有一流的生活服务类网站，投诉问题多种多样。城市生活服务O2O已经有了几年的发展历程，仍存在这么多问题难解决，农村生活服务O2O所存在和面临的问题肯定更加严重。下面从几个常见的角度，分析农村本地生活服务O2O面临的主要问题。

(1)技术和基础设施层面的问题。物联网、大数据、云计算、

① 小康便民服务站入驻宁波. 人民网浙江频道. 2015-04-29.

② 中国电子商务研究中心. 2015年(上)中国电子商务市场数据监测报告, 2015.9.

定位技术等四项高端技术，在未来将成为决定O2O电商生死的关键技术。物联网技术让物具备互联对话的能力；大数据技术帮助O2O企业积累起另一项关键资源——数据资源，O2O模式下的数据同时驱动着线上与线下的发展；云计算技术不仅要能帮企业解决软硬件基础设施方面的问题，更重要的是要能解决弹性计算问题，要能在用户高峰和低谷之间自由切换；定位技术将全面改善用户的体验。比如：如果你在美国Curbside的手机APP上购物，不需要告诉他哪一天去取，只要你驾车往店铺方向行驶的时候，系统就会显示：你在往它的方向开了，应该备货了。当你的车进入地理围栏的时候，你的货就已经被拿到了门口的摊位上。只要你将车停到这个摊位，系统会显示你来了，会有员工将你的东西搬到车上。定位技术会涉及卫星定位、基站三角定位、*WiFi*定位，还有LTE-D的定位[①]。此外，农村生活服务O2O还涉及智能手机、手机操作系统设计与优化、搜索引擎优化技术、智能可穿戴设备和物流技术等。这些技术，将是所有O2O类电商企业竞争的热点和难点。对于农村O2O来说，在这些方面，他们不仅会面临技术难题，还会面临与之相关的资金难题。因为每一项技术的拥有和在广阔的农村市场上布局相关设施，都需要耗费巨大的资金。

(2)内部后勤方面的问题。农村生活服务O2O的内部后勤，涉及整个供应链上向农村居民提供商品和服务的千万家供应商、加盟县级运营中心和村级服务店的内部后勤以及O2O平台的客流引流。客流引流一般通过O2O平台、细分APP、搜索入口和线下引流等方式完成O2O业务的流量导入。无论哪一方面的落地实施，对刚刚发展起来的农村电商而言，都不是易事。首先，为

① 四项IT技术将决定O2O的生死. 2015-08-27. http://news.newhua.com/2015/0827/301937.shtml.

了解决供应端的快速增长问题，很多 O2O 平台在供应商准入方面控制不严，导致供应商质量参差不齐。实力弱小的供应商根本无法对其采购、质量管理、物流等后勤问题进行有效管理，产品质量、物流配送、售后服务等方面常会出现问题。消费者投诉、退货、不满常有发生。村级服务店因“先天基础薄弱”、后天管理“鞭长莫及”等原因的存在，使得其服务的种类、品质都有待提高。因 O2O 平台开发技术、经验等方面的不足，平台在客流引流、用户体验等方面的表现也差强人意。

(3)外部后勤方面的问题。农村生活服务 O2O 主要通过手机 APP 来实现。这涉及手机安全、手机浏览器、手机地图、移动社交、移动购物、应用分发平台等方面，无论哪一方面的滞后都会成为农村生活服务 O2O 的短板。此外，信用卡快捷支付、支付宝等第三方支付平台、手机安全、手机应用开发系统等也是农村生活服务 O2O 面临的难题。在农村市场，实现线上支付便捷、丰富、安全、快速，还真不是易事。因为消费者不仅对在线支付存在信任问题，而且农村居民更倾向于现金交易，大部分居民没有支付宝、信用卡、银联卡等线上支付的基本工具。

(4)网站模式简单，服务类产品缺乏。最近两年，各类农村 O2O 网站蜂拥而出。大家耳熟能详的就有：农村淘宝、京东帮、村村乐、邮掌柜、中农 *e* 家商城、乐村淘、淘实惠、农宝网、金农网、司令农品、村村通、三农商贸网、三农网、微农商、微农村等。除了“村村乐”网站建设模式和发展模式有创新性，易于在农村推广，比较接“地气”外，其他网站基本都是沿用“淘宝”模式。不同的是淘宝模式变为 O2O 模式，在建设线上平台的同时加盟线下合作，做渠道下沉，解决农村地区所存在物流、体验、支付、网购技术不足等问题。目前，还没有一家网站，能为村民提供全方面的生活服务，服务类产品有待完善。

(5)农村 O2O，推广营销和渠道建设面临巨大挑战。我国农村地域辽阔且分散，互联网的普及率和互联网的使用率都非常低。移动互联网的出现虽有效弥补了农村互联网普及率低的不足，但移动互联网又因移动 WIFI 覆盖率低而面临流量瓶颈。电商企业想要进军农村地区，在推广、营销，甚至是渠道建设上都面临巨大挑战。2014 年底，淘宝、京东、当当、58 同城等互联网品牌纷纷下乡建渠道、"刷墙"搞推广。但业内人士指出：大多数互联网企业在农村的"刷墙"行为，更多是在作秀，它们根本没做到大规模、全方位的覆盖，影响力非常有限。"村村乐"，指出了农村 O2O 推广的五大难题：终端难以选择、标准难以统一、成本难以控制、效率难以提升和效果难以维护，指出只有整合最广大农村资源的服务商才能搞定农村地区的推广营销。有过多年渠道推广经验的"村村乐"，迎合市场需求变身为"中国农村市场渠道推广专家"，致力于打造"省—市—县—镇—村"5 级立体式渠道推广网络。它通过整合省—市—县—镇—村 5 级渠道执行合作机构和乡镇兼职业务员资源，保障终端网点的快速采集和高效执行①。它以自然村为单位，在全国建立了 60 多万个论坛形式的交流社区，招募当地的村官、科技致富带头人为站长，收集发布当地的供需信息，再通过大数据的分析整理，就比较容易发现真实需求，捕捉真实商机②。在农村地区，电视是最普及的广告载体终端。受制于电视剧不能插播广告，企业在电视上投的品牌广告根本无法影响那些只看电视剧的农村用户。而其他常见渠道，譬如墙体广告、横幅广告、村委广播、村委宣传栏等，要实现散点覆盖，需要交由专业的、拥有丰富资源的渠道商花费巨大的成本才能达到立体式全覆盖。正是这个原因，农村 O2O 企业虽正以

① 村村乐网站的十大特点. 全球财经网，2015－02－05.

② 宋俊屹. 农村 O2O 时代：风吹起来了. 村村乐网站，2015－06－18. http://www.cuncunle.com/village－755558－article－1181434636358458－1.html.

雨后春笋般的速度产生，但在农村市场有广泛影响力的企业却寥寥无几。

(6)农村生活服务O2O面临供给渠道建设难题。农村生活服务，大部分要由农村服务类商家来完成。而目前整个农村服务业都存在商家规模小、个体户经营模式占主体、服务产业发展落后、行业信息化水平非常低等问题。餐饮、娱乐、休闲、美容美发、养老、家政、交通、教育培训等生活服务业在农村市场普遍发展非常落后，压根儿就没有启动信息化进程，无法实现有效的信息化对接，无法实现线下服务线上传输与交易。随着农村经济和居民生活水平的提高，农村生活服务发展空间巨大。生活服务O2O模式能有效解决供求信息分散，供求信息不能有效对接的问题。要想成功激活模式，挖掘这块巨大的蛋糕，必须首先推动生活服务业的发展，其次要提升传统服务业的信息化水平，构建好与电商平台互联互通的接口。面对现有服务商家存在的资金、技术实力弱、信息化程度低、人力资源有限等问题，平台能否有足够的实力和相关计划来帮助商家解决这些问题。如果平台能够帮助商家解决订单结算的终端铺设问题，帮助商家尽可能利用信息技术节省人力成本，帮助商家在维持传统业务的同时开拓线上业务，O2O平台将能有效缓解供应渠道建设的难题。

(7)农村O2O存在平台公信力问题。平台在线支付的模式需要用户提供真实的身份信息、银行卡信息。在线交易方式还会产生大量资金滞留在平台方，若平台没有足够的公信力，将难以取得用户及商家的信任。淘宝通过担保支付、先行赔付等多种方式解决了消费者、商家对平台的信任问题。大部分农村O2O平台在这些方面的机制和措施都比较缺乏，如何建立一套完善的机制来提升商家及消费者对平台的信任几乎是所有农村O2O面临的问题。很多平台因为发展方式粗放，供应商和用户数量在短期内剧增。平台方缺乏足够的能力和机制对剧增的供应商进行监督和管理。用户在遭遇低劣的服务后面临退款及维权难题。这些问题的存在也将严重影响平台的公信力，因此，平台还需要建立一套完善的平衡商家和消费者利益，保护优质商家和消费者正当权益的机制。

(8)农村生活物资销售类O2O面临物流难题。首先，我国农村快递发展严重滞后。电子商务需要快递来完成物流服务。虽然农村O2O在农村地区有加盟的线下服务点，但不可能平台的所有销售品都储存在线下服务点。总有部分需求不稳定的商品需要从供应链上游的厂家直接发货。销量产品从厂家直接发货，通过第三方快递公司来完成物流服务，可能是最经济有效的。而我国农村快递行业起步晚，无论是服务质量还是网点数量，都与城市有巨大差距。目前，大部分第三方快递的服务网点覆盖到了县级，少数网点进入到乡镇一级，村组基本没有营业网点。以顺丰速运为例，截至2014年年底，顺丰网点在全国县区已开通2515个，覆盖率达88%；乡镇已开通17989个，覆盖率仅为43%。其次，网点运营成本高。依据快递行业网点平均运营成本测算，设一个县级网点需要投入10万~20万元/每年；设一个乡镇网点需要投入8万~10万元/每年，每天保证50个以上的包裹，需要经营一年半才能基本维持运营；设一个村级快递点，投资3年未必能维持运营①。因此，大部分快递公司不敢轻易涉足乡镇及以下农村快递网点。再次，我国农村快递业务量小、服务对象分散，且基本都是送达服务，发送服务较少。第四，农村快递配送效率低。农村居民居住分散，地形复杂，相关道路、门牌号的指示标记缺乏，且地送货地址描述不规范，进门入户配送困难。第五，道路状况恶劣。虽然大部分省市已建设好村村通道路网络，但由

① 李荣，范玉琦. 互联网背景下农村快递发展模式研究. 经营管理者，2016.5.25:8.

于超载车辆的破坏以及维护管理的缺乏，道路状况恶劣，车辆运输损耗较大。

6.4　农村生活服务O2O优化

6.4.1　农村生活服务O2O平台构建模式优化

由于农村人口密度低、居住分散且通过互联网进行信息传递与交易的意识不强、频率不高，过于专业化的电商平台会面临营销推广成本高、业务量不大的窘境。为将分散的多样化需求整合起来，宜构建集O2O，C2C，B2C，B2B等模式于一体的综合型电商平台，平台功能涵盖综合商城、本地集贸商城、本地服务、社区论坛、便民服务等。综合商城模块是融B2C，B2B电商于一体的网上商城，B2C电商是为居民生活物资需求提供服务的类同于天猫、京东的电子购物商城，可以采取和京东、天猫合作的方式来实现，有实力的话也可以采取自营模式；B2B电商为农资企业（农资经销商）和农业生产者提供农资买卖服务；本地集贸商城实现了本地集市、村镇便利店、流动商贩的电子化；进入本地集市模块，可以提前看到本地集市商家所售商品，也可以预订赶集的本地农户所生产的特色产品，还可以线上订购由集市商家在集市结束后送货上门；进入村镇商店模块，则可以选择进入自己信任的村镇商店购物，再由商家送货上门；进入流动商贩模块，则可以预定走街串巷叫卖的小商贩供应的小商品，由小商贩统一送货上门；进入本地生活服务模块，可以预约餐饮、*KTV*、租车、美容美发、婚庆、宴席、家政、家庭教育等本地服务；社区论坛除了发挥本地社交的功能外，另一个重要功能是满足特殊需求和提供供给信息，在该模块，可以获取一手的未被满足的需求和可供销售的特色产品等供需信息。未被满足的需求信息将对综合商城和本地集贸商城完善产品供应有积极作用；而特色产品供给信息则将备受城市生鲜O2O的青睐。便民服务模块为村民提供订票、缴费、挂号等服务。如此一来，该平台是由C2C，B2C，B2B电商平台+本地O2O电商平台+本地生活服务O2O平台+区域门户平台融合而成的四合一的综合型平台。它不仅能将天猫、京东上的优质商家带过来，而且能帮助本地商家、本地商贩电商化，它能有效解决村民在农业生产、日常生活、家居建材等各方面的需求。

6.4.2 农村生活服务O2O的渠道营销优化

相比于一、二、三线城市，农村市场具有消费者居住分散，订单密度小，网络化、信息化程度低等特点，这对电子商务和生活服务O2O的普及，会带来比较大的不利影响。但市场潜力的存在驱使我们不断思考，如何才能克服农村电商市场的不足，推动农村电商市场的发展。无论是农资O2O还是生活服务O2O，都面临一个在广阔的农村市场上进行渠道建设和营销推广的难题。结合农村市场特点，以下几点无疑对促进农村生活服务O2O的渠道营销优化有积极价值。

1. 寻找传统商业中心作为流量入口

类似于城市商圈，每个乡镇、每个村也都有自己的“商圈”，它可能是一条小街或者几家路边聚集的连排小店，甚至可能是土生土长几十年的一个几平方米的“便利店”。这些都是农村区域用户流量的中心入口，充分利用这些“商圈”，可以做生活服务新媒体渠道、新商品展示和体验消费点、快递代收点、网购代理、在线教育、生活缴费、互联网金融、甚至是休闲娱乐等。除了传统“商圈”外，还可以寻找其他可用于宣传推广的媒介和流量入口，比如村大队、学校等。

2. 重视口碑传播的力量

中国社会的熟人推介和口碑传播一直是备受商家眷顾的因素。在农村这样一个相对封闭的社会，熟人、朋友、亲戚的“话”更容易被其他人信服。互联网时代的微商模式，在农村同样具有巨大潜力。保险行业在农村扎根，就是利用了农村的关系网络。在相对发达的农村地区，很多新一代的年轻人已经做起了网店、微商，卖起了化妆品、服装等等。除了利用微商模式，微信点“赞”模式在农村地区发挥熟人的口碑传播的力量外，“村村乐”所使用的在每一个村设一个“店长”的模式也值得推介。选择村中土生土长的有影响力的人做店长，来负责本村业务的推介，并根据本村业务情况予以提成。

3. 社交媒体的利用

微信在农村的使用率已经相当高了，微信红包、微信群几乎是人人共知。在农村，一个村子构成一个小“社区”，一个乡镇就是一个大“社区”，以微信为载体的生活服务平台将在农村“社区经济”中发挥重要作用①。将区域内乃至就近城里的实体经济、生活服务信息以及夫妻店逐步整合进微信生活服务平台中。这个平台有点类似于58同城+唯品会，只是这里的平台是微信平台。现在，农村的每一个村都有微信群，群主一般是村长、书记之类的领头人。村民业余时间会在群里聊天、发红包。还有一种风靡农村的麻将群，群成员都是麻将爱好者，每个群成员的手机中都安装了同一款麻将软件。任何一个人在软件上开了麻将房后，将房号发到群里，招呼群里的其他伙伴赶快进房。不出一分钟，麻将就开动了。一般以8盘为一轮，打完一轮后，输者就按照所输的点数到群里发红包，赢者就按照赢的点数到群里领红包。显

① 钱涛. 生活服务类O2O深入农村区域市场模式浅谈篇. 2016－01－25. http://www.soozhu.com/article/260957/.

然，无论是村里的社交微信群还是麻将娱乐微信群，都可以作为 O2O 平台推广的有效媒介。比如：可以在平台上设置团购模块，对于每单物流成本与每单金额比值较高或者是需要获取物流规模效应才能通过电子商务模式来销售的产品而言，可以在团购模块销售。为了获取物流的规模效应，每一个团的收货地址只能是一个。如果某村民看中了某产品，就可以发起一个团，并将团的链接发到村微信群，如果产品确实对他有吸引力，他就会鼓动微信群里的其他成员来参团。

6.4.3 农村生活服务 O2O 的物流优化

(1)整合各类农村闲置、浪费的运力资源，开展小件快运业务。随着城乡客运体系的不断完善，大部分客运车辆存在有运力浪费的现象。一是大部分城乡客运车辆只提供人员及其随身物品的运输服务，而客运车辆就是在人员满载的情况下仍有部分运力和空间可以用于捎带快递包裹；二是由于农村人口密度低，客运车辆空驶和半空驶的现象非常常见。因此，利用客运车辆开展小件快运业务具有成本低、速度快、节能环保等优势，具有很好的市场前景。相关部门要加强引导和管理，不能简单的一棒子打死。具体做法是：首先，由县城客运总站与快递公司签订合作关系，明确各方责任及权益。其次，依托密集的客运网络和数量可观的客运车辆，利用车辆空间和行李舱室，开展近乎“零成本”的增值服务[①]。最后，信息中心将包裹所在线路、班次、发车时间以及联系电话等信息发送给乡村服务站点，乡村服务站点派人联系司机取货。相比于传统的去乡镇服务网点，大大节省了时间和出行费用。除了整合客运资源外，农村还有一类庞大的运力资源可

① 钱涛. 生活服务类 O2O 深入农村区域市场模式浅谈篇. 2016 - 01 - 25. http://www.soozhu.com/article/260957/.

供整合——摩托车。几乎每一个村，都有几十辆摩托。村民依靠数量庞大的摩托车队伍，实现日常出行和货物运载。整合农村摩托车资源，开展“镇—村”包裹配送业务，既有助于平台业务在农村的宣传推广，又有助于缩短订单响应时间、降低配送成本。类似于滴滴打车模式，可以在平台上设置乡村租车、捎货等模块，借助摩托车主的手机定位功能，不仅可以开展快递包裹的精准捎运，而且可以开展农村租车、拼车业务。除了摩托车外，农村面的车、私家小车的数量也在飙升。整合这些车辆，开展包裹捎带和租车、拼车业务，也将有很好的发展前景。

(2)与乡村商店合作，设置乡村服务点。随着农村居民收入的逐年增加，农村超市、批发零售店、合作社等各种商业形态不断发展，并逐步演化成村级“商圈”，村民的购物、娱乐、休闲几乎都在商圈内的这些店铺中进行。通过与村民网购的日常生活用品，可以通过城镇的物流与分拨中心配送到超市。线上平台与农村“商圈”中的店铺合作，设置线下乡村服务点。网购货物送至服务点后，再通知村民上门取货。这些乡村服务点，不仅具有终端物流功能，而且可以代购，可以进一步发展成加盟便利店后再进行统一采购、统一配送。另外，还可以选择部分交通便利的代理点，发展成农村特色产品电商业务的转运点、集货点。

(3)整合小批量订单，实现物流规模化。按照传统模式，在农村地区开展生活类产品的电商业务，会因物流层级多、物流时间长、物流成本高等原因而举步维艰。通过各种措施，整合小批量订单，实现物流的规模效应，是推动农村电商落地生根、发展的关键。整合有多个维度，一是基于不同产品或数量的整合，比如：选择某一个性价比高的刚需产品 A，采取“套装”销售的模式，规定“买三样(份)才能买产品 A”；或者是按照传统商业中常用的“买得越多折扣越多”的“多买优惠”思路，比如“买二送一”“买两件八折”。二是基于时间维度的整合，传统商业中延长发货间隔时间就体现了该理念。对于生鲜而言，可以利用“十号才自然成熟”“10号宰杀”“10号加工好”等借口，对于其他产品，则可以用“10号才到货”“10号才有货”“新品，10号投入市场”等借口。三是基于不同消费者订单的整合，拼团模式就是典型应用，而且可以通过“同一个村(收货地址)一个团”“同一个镇一个团”的思路来实施。四是基于不同商家的整合，比如平台上的多个商家集中发力做推广，多个商家联合起来与物流公司谈合作。五是基于不同地域订单的整合，比如：一个县设一个运营中心，县下按镇设点、镇下再按村设点，就是基于地域整合的一个应用；集中开发某地市场，待该市场成熟后再转战下一个市场也发挥了地域整合的优势。六是基于不同商业模式的整合，本文在“平台构建模式优化”中介绍的构建集O2O，C2C，B2C、B2B等模式于一体的综合型电商平台就是该思想的应用。七是不同平台订单的整合，比如：同一个平台复制后变成多个子平台，每一个区域一个子平台或者是每一个加盟推广商一个子平台。此外，同一个区域内不同电商平台都将其物流服务委托给同一家物流公司也是平台整合理念的应用。无论哪一种维度的整合，都能有效实现小批量订单的整合，订单的整合对降低物流成本有积极意义。

第 7 章　基于 *O2O* 的农产品流通模式分析

7.1　按照 O2O 模式的核心主导者不同来分析

7.1.1　农产品生产、加工企业主导的 O2O 模式分析

O2O 在涉农领域的运用虽没有工业、商业领域的广而深，但也取得了不错的成绩。农产品生产、加工企业在建设和维护其传统渠道的同时，积极建设自己的网站、网店，积极利用政府的涉农网站、微博、微信、贴吧、论坛、QQ 等各种平台开展多样化的营销活动，努力通过阿里巴巴、淘宝网、中华粮网、期货市场网络交易平台、专业性涉农批发交易网站、实体农产品交易市场网上交易平台以及各类零售网站销售其产品和服务。以平谷大桃为例，旗舰店、专卖店、网上商城、线下市场和超市等都能看到平谷大桃的身影，各种形式的网络广告、促销活动，足以反应平谷大桃供应链的“线上线下两手抓”战略，足以体现平谷大桃生产者们利用“线上线下”两种资源、“两个市场”，建立“二元”流通体系的决心和信心。

如图 7－1 所示，平谷大桃种植基地主导的基于 O2O 的农产品供应链流程主要包括以下几部分（由三条虚线隔断），第一部分是供应商组织实施的供应流程，主要包括新技术、新果品、肥料农药等的供应流程。第二部分是由供应链核心主体——平谷大桃

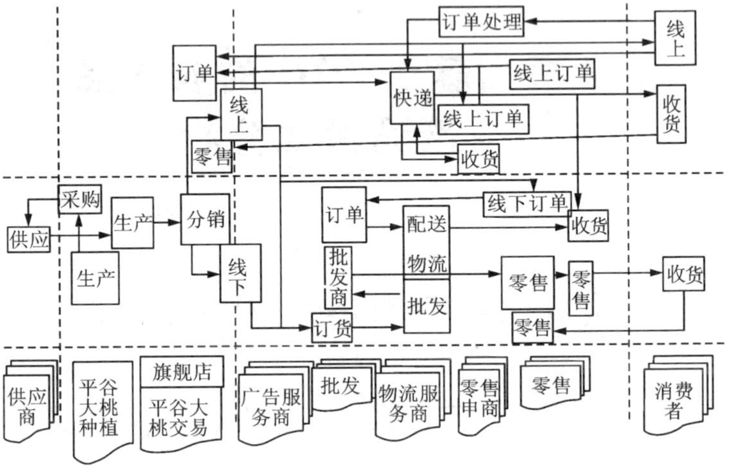

图 7-1 平谷大桃种植基地主导的 O2O 型农产品供应链流程

种植基地组织实施的流程，主要包括制定生产计划、采购、生产加工、分销计划、线上宣传、线上交易、线下宣传、线下批发等作业。平谷大桃进行线上宣传的途径主要有两种：一是自建网站、网店、微信平台、微博、贴吧、论坛等；二是与专业的网络公司、信息服务公司等线上广告经销商建立合作关系，通过契约由专业的广告公司提供宣传推广服务。平谷大桃的线上交易体系特别发达，不仅有自建的交易网站，还与天猫、京东、一号店、地理标志产品网上商城、中粮我买网等各种网上商城建立合作关系，以覆盖尽可能多的网上客户群体。平谷大桃的网上客户群体广，批发商、零售商、团购客户、普通消费者都可以通过其发达的网上交易系统购买到所需品种、所需数量的平谷大桃。第三部分是由广告服务商、物流服务商、批发商、零售商以及电商等各种形式的分销服务商组织实施的分销流程。图中根据农产品流通的几种模式绘制了农产品分销流程：一是电商模式下，线上宣传、线上订货后由第三方快递公司按单送货上门。前面已经指出平谷大桃的线上交易网络特别发达，因此线上销售平谷大桃的电商种类也多，包括平谷大桃生产者自建网站型电商、旗舰店型电商，小型“买菜网”型电商、网上商城直营店型电商以及专卖店型电商。二是传统的批发零售渠道。即线上线下宣传后，经过批发商订货、产地至销地的批发物流、销地批发、销地零售商主导的零售物流、零售等流程后，产品进入最终消费者手中。三是销地批发商整合老客户、大客户的线下订单，开展统一物流配送服务，将货物送至指定交货地点。第四部分是由农产品消费者主导的订货、收货流程。第五部分是指交易完成后的售后服务，具体包括提供消费前加工包装服务、退货、信息反馈等。

农产品生产、加工企业将 O2O 理念运用于能给其带来直接利益，能为其产品的生产加工提供直接服务的采购、销售服务等环节，运用于其产品及公司品牌塑造与市场推广等领域。显然，其受益对象是生产加工企业本身和企业的上游供应商与下游一级客户。由于我国大多数生产加工企业缺乏对整个供应链（包括线上与线下）的集成管理以及综合协调能力，它们缺乏将整个供应链的线上线下宣传推广、线上线下交易、线上线下信息流有效整合起来的能力，在实践中，O2O 模式对生产加工企业主导的供应链流程的优化效果有限。图 7 - 1 显示，平谷大桃供应链物流表现出分散、断裂、高成本的特点。平谷大桃的线上交易需要支付高昂的快递物流费，有时甚至需要经过多次快递物流才能完成大桃从产地至最终消费者的整个物流过程。众所周知，快递物流按公斤收费，起价为 10 元/公斤，超过一公斤的部分按 5 元/公斤计费（中通收费标准）。线上渠道所需支付的高昂快递物流费是平谷大桃开展线上小批量交易的瓶颈，也是其他生产加工企业向最终消费者开展小批量电子交易难以逾越的障碍。对于信息流而言，平谷大桃的O2O模式能有效地帮助生产者全面而立体地向消费者宣传展示其产品和服务。但将线上、线下宣传有效结合起来，为整个供应链的线上、线下交易开展集中统一宣传方面存在不足。而且线上宣传准入门槛低，信息泛滥是所有企业面临的共同问题，单个企业的线上宣传存在投入资金少、对消费者影响有限的问题。此外，线上模式有助于生产者获取线上顾客的需求信息，但在及时了解线下消费者需求情况方面存在不足，因而其采购、生产、销售以及物流计划仍然存在很大的盲目性。对于商流而言，平谷大桃生产者主导的线上交易和线下交易是分离的，线上线下交易难以有效融合起来，难以实现线上线下商流关系与地位的合理转化。

7.1.2 农产品批发市场主导的O2O模式分析

面对线上交易的众多优势，农产品批发市场也不甘落后。自北京新发地农产品批发市场于2010年12月30日启动首个第三方服务平台——北京新发地农产品电子交易中心以来[①]，全国各地批发市场经营者纷纷自建电子交易平台，这预示着O2O商业模式的价值也得到了农产品批发市场经营管理者的认同。北京新发地电子交易中心依托新发地农产品批发市场强大的现货基础，“立足现货、服务现货、发展现货”是它区别于其他农产品交易网站的亮点。北京新发地电子交易中心目前已成为集现货挂牌交易、现货竞价交易、在线产品交易、节日礼品卡、网络商城等多种交易模式于一体的综合交易平台[②]。除自建电子交易中心外，

① 张艳妮. 北京最大农产品批发市场首建“农超对接”第三方服务平台. 新华网北京频道，2010. 12. 30. http://www.bj.xinhuanet.com/bjfs/2010-12/30/content_21757475.htm.

② 北京新发地农产品电子交易中心简介. http://www.fuwug.com/html/05934614.html.

北京新发地批发市场还与京东结成战略伙伴关系，在京东开设新发地官方旗舰店。如图7－2所示，北京新发地农产品股份有限公司(简称北京新发地)主导的融线上线下于一体的农产品供应链流程非常复杂。图7－2列举了该供应链的三类流程(用水平虚线隔开)，第一类流程是以北京新发地电子交易中心为核心的现货挂牌交易流程。其具体流程为：挂牌交易双方先注册成为电子交易中心的会员；卖方挂牌并缴纳与交易货物价值相当的交易保证金、手续费和指定交收仓库出具的存货仓单；摘牌方(买方)缴纳交易保证金、手续费；如果摘牌方认可挂牌价格，可摘牌成交；如果摘牌方不认可挂牌价格可还价，待挂牌方同意并确认后，摘牌成功，否则摘牌不成功；摘牌成功后，交易中心冻结双方保证金，并自动生成交易合同；交易双方按现货挂牌交易合同约定进行交收；交易中心释放卖方保证金，收取手续费①。需要说明的是，挂牌者也可以是买方挂牌，其流程体现的基本思想与卖方挂牌相似。此外，交易中心的现货交易流程也类似于现货挂牌交易流程，这里不再详述。图7－2显示的第二类流程是以京东新发地旗舰店为核心的流程。其主要流程为：京东新发地旗舰店向新发地批发市场的一级批发商或生产商采购商品，并通过批发商(生产商)主导的批发物流补充入库，当然也可通过电子交易中心的现货交易补充库存；旗舰店进行店铺陈列，向消费者传递交易信息；消费者浏览店铺，在线订购商品；新发地旗舰店处理订单，并将订单信息传递至仓库；仓库按单备货；第三方快递公司送货上门；消费者收货；交易资金划拨至新发地旗舰店；旗舰店为客户提供售后服务。第三类流程是以新发地批发市场为核心的供应链流程。新发地批发市场的产品一般要经过多级批发环节

① 北京新发地农产品电子交易中心现货挂牌交易管理办法. http://www.xinfadi.net.cn/jygz/show.php? itemid =28.

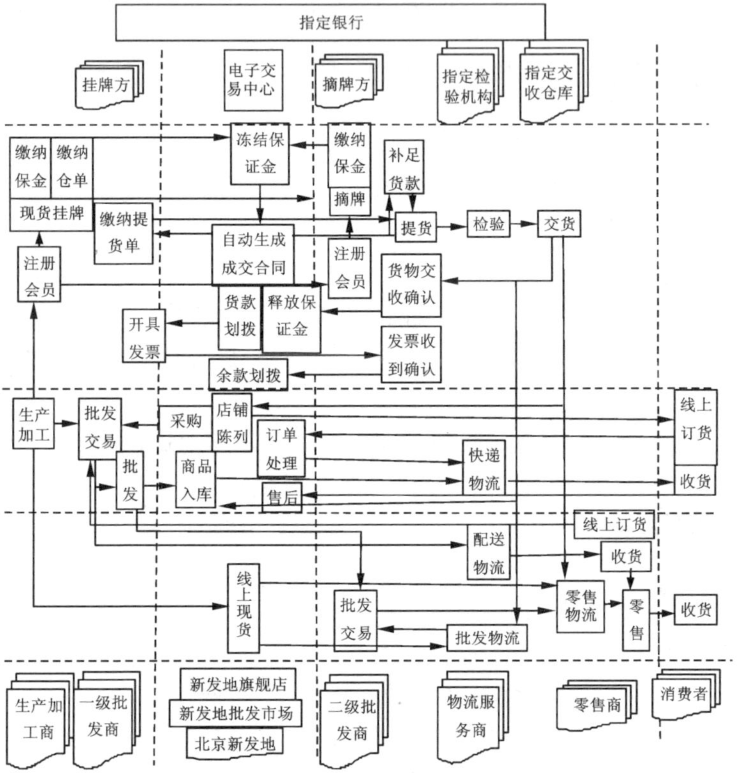

图 7 -2　北京新发地主导的基于 *O2O* 的农产品供应链流程

才能经零售商至最终消费者。因此，图 7 -2 列举了一级批发商主导的批发交易、批发物流，二级批发商主导的批发交易和批发物流。此外，图 7 -2 的第三部分还显示了零售商线下订货，批发商集中配送上门以及批发商和零售商通过线上现货交易的方式获取货物后再进行后续作业的流程。图中三部分流程之间的连接线充分体现了，以北京新发地批发市场为核心的线下流程、以北京新发地电子交易中心为核心的线上流程和以京东新发地旗舰店为核心的线上流程这三部分流程融合在了一起。由此可见，北京新发地构建了一条融线上交易和线下交易于一体的复杂的农产品供应链。

批发市场为了构建自己主导的融线上线下服务于一体的农产品供应链，一方面会建立自己管理的线下批发市场，会通过传统渠道开展以树立批发市场品牌形象、吸引批发商和零售商为目的的线下宣传推广活动，会通过各种途径积累自己的批发商资源；另一方面会自建其线上交易中心（平台），会利用“无孔不入”的互联网宣传其“线上线下双线”交易模式；为配合批发市场的“双线”战略，批发商们也会在传统批发业务的基础上，积极通过批发市场的电子交易中心，与零售商和批量消费者“零距离”接触，以增加其线上线下交易额。

农产品批发市场将 O2O 理念运用于其供应商选择、农产品供应、批发业务推广、农产品批发零售交易等环节，有助于实现农产品批发交易的电子化，有助于构建融线上线下宣传、线上线下交易于一体的新型农产品批发零售体系。O2O 批发模式的成功不仅可以给批发市场的组织管理者带来巨大收益，而且可以为农产品生产者、零售者以及物流服务者带来时间的节约、成本的降低、交易的便利、市场机会的增加等众多收益。目前，该模式的推广受诸多现实因素的限制，在实践中发挥的作用非常有限。一是现有批发市场门面属私人所有，批发市场管理方仅承担物业管理的责任和权力。分散独立批发模式下，很难将现有线下批发市场转化为线上交易提供展览展示、物流配送、批发交易以及售后服务于一体的综合服务中心。二是批发市场管理方建立线上交易体系大多为局部的、短期利益所驱动，难以真正做到“线上”服务于“线下”。通过对新发地电子交易中心的分析可知，向“线上”交易的双方收取手续费是新发地电子交易中心交易流程的重要环节；三是新发地“线上”交易、“线下”批发分散独立运营，线上交易主体与线下交易主体更多体现互补性而非可替换性，线上交易与线下交易融合程度差是新发地线上线下模式存在的主要问题。通过图7－2的分析可知，正是因为缺乏线下服务的保证，新发地线上交易流程特别复杂，复杂的线上交易流程不仅加大了线上交易的成本，而且将众多潜在交易者排斥在线上交易的大门之外。在农产品生产者和终端零售者可以轻松对接的O2O模式下，批发市场如果不能快速实现“线上”“线下”良性协同发展，不能及时实现“线上”“线下”角色地位的转换，其存在的价值将逐步弱化。三是电子交易中心一般强调线上交易，忽视与之配套的物流和信息流环节。如新发地电子交易中心为保证交易货物的可靠性，强调物品必须储存于指定存货仓库，但对于储存之前的运输环节和储存交易之后的配送环节缺乏统一协调和管理，独立分散的运输配送无疑会存在运输配送规模小、运输配送资源浪费的现象。众所周知，传统批发市场所开展的线下批发交易，都因批发物流、零售物流以及批发市场内部物流独立运作而存在物流秩序混乱、物流成本高、浪费严重等问题。因此“线上”“线下”批发交易前、中、后三阶段物流统一协调问题也是批发市场发展O2O模式的瓶颈所在。对于信息流而言，批发市场能有效统计的信息主要是批发环节的批发供给与需求信息，向上它无法追溯到生产环节，无法统计可靠的生产信息，向下无法涉及零售环节，无法提供最终顾客的需求信息。

7.1.3 农产品电商企业主导的O2O模式分析

(1)随着电子商务的快速发展，电商领域产生了各种类别的农产品电商。数量最多的是依托淘宝、京东等交易平台开展电商业务的电商。由于进入门槛低，这类电商的数量及总交易最近几年都呈倍数增长。阿里研究中心的《农产品电子商务白皮书》指出，2013 年农产品网店数量有望在 2012 年 26.06 万的基础上突破 100 万家，2013 年通过阿里平台完成的农产品交易额将在 2012 年 196 亿元的基础上达到 500 亿元，2014 年更有望突破 1000 亿元[①]。这类电商中有生产加工企业、合作社，它们既有自己主导的线下生产及流通体系，又有线上旗舰店，能真正做到融线上线下于一体，其流程在前面已有介绍。其他都属于传统的交易型电商，他们一般专注于其网店的经营和电商交易，而与交易相关联的产品生产、物流、信息流、资金流等都交由第三方完成。

（2）自建平台型电商主导的 O2O 模式。最近几年，各大中城市都产生了形式多样的自建交易平台的电商。早在 2008 年，广州就有数十家网上菜市。遗憾的是，他们几乎均难逃“短命”的厄运。究其原因，离不开需求不稳定所致进货难、配送成本高[②]。面对巨大的城市需求，各类交易网的经营者们在总结早期网上菜市失败经验的基础上，创新了经营模式，建立了形式多样、各具特色的“买菜网”“送菜网”。这些交易网的经销商们在用心维护其交易网络的同时，一方面与供应链上游的批发商、农产品生产基地、农产品加工企业等建立合作关系，另一方面优先选择高端社区、居民集聚区建立自己的线下配送体系。下面以“七天买菜网”主导的供应链为例介绍小型自建买菜网型电商主导的供应链流程。

“七天买菜网”成立于 2013 年，主要为上海长宁区的普通终端消费者提供农产品电子交易及送货上门服务。由于经营者资金实力有限，网站客户群体及每天的订菜量较少，网站所售产品主要来源于上海市的几大批发市场。其供应链上游的农产品生产、

---

① 阿里研究中心. 农产品电子商务白皮书. 2012：16 - 18.

② 焦晨采. 网上买菜要歇菜？配送成最大瓶颈. 时代商报，2013 - 1 - 22. http://www.56888.net/news/2013122/2124102884.html.

批发物流等流程是由生产商、批发商推动的流程，供应链下游的按单配送流程是由最终消费者需求拉动的流程。中间环节的宣传推广、采购、订单处理、物流配送等作业都由“七天买菜网”完成。为了弥补传统电商模式下“先付款后送货”给客户心理带来的不良影响，“七天买菜网”的消费者可以选择货到后付款。

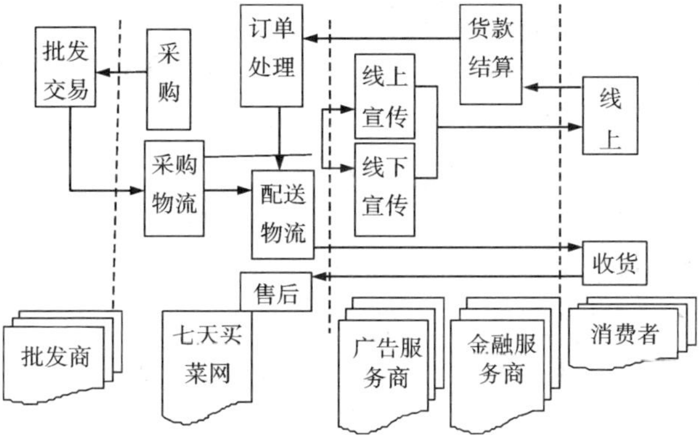

图7－3 “七天买菜网”主导的供应链流程

自建交易网型电商为了破解其在线交易所面临的采购、物流及售后服务等困境而自建线下生产、采购及服务系统，为客户提供一体化的线上交易与线下服务。显然，该模式有助于帮助农产品电商摆脱其采购、物流及售后困境，提高其服务能力和市场竞争力，有助于为消费者提供一体化服务，解决困扰传统网购的物流配送时间长、费用高、服务质量难保证、售后难等诸多问题。前面分析了三类自建交易网型电商所主导的供应链流程，以“七天买菜网”为核心的第一类供应链受制于经营主体在资金、技术及管理等方面的问题，表现出市场需求规模小而不稳定、采购量小且采购渠道有限、物流批量小而成本高、线下网点少且线下服务体系不健全、供求信息分析处理能力差等诸多问题。由此可见，物流、信息流、商流的规模化问题、高成本问题以及对消费者需求的及时响应问题是阻碍该类电商进一步发展的瓶颈。

(3)综合“网上商城”型电商主导的O2O模式。面对农产品电子商务的巨大市场和小型电商所面临资金实力不足、宣传推广力度有限、进货量太小、配送规模有限、进货配送成本高等诸多困境，各地产生了规模更大、更有特色的融线上线下于一体的“农产品网上商城”。这些网上商城的投资主体实力雄厚、投资量大，线下产品供给体系、配送体系发达，信息分析处理能力强。其电商运营模式主要有B2C，B2B2C两种模式。

中粮我买网是食品类B2C电子商务网站的典型代表，其电子商务网站的经营者——中粮集团作为独立的经销商，直接向消费者提供服务。该网站早期销售的商品主要是“中粮生产”类商品，其物流服务主要采用第三方快递物流方式。运营结果显示，过窄的商品供应难以有效满足用户的多样化需求，第三方快递物流存在物流成本高、物流时间长、物流服务质量低、客户满意度差等问题。为解决这些问题，中粮我买网从多方面改变了其运营模式。一是将为集团旗下供应商提供服务的封闭平台转变成为各优质食品供应商提供服务的开放平台，平台销售产品不仅包括“中粮生产”类商品，更多的是“中粮精选”类商品。二是加强采购管理、食品质量管理和物流服务管理。三是积极推行“本地化客户战略”和“集中物流战略”，以降低物流成本。当区域订单数大于500后，即启动线下自营物流配送系统的建设，通过自营物流降低物流成本、缩减物流时间、提高用户满意度。四是拓宽营销推广方式，将广告投放、活动组织、社会化媒体营销等推广方式有机整合起来。五是拓宽收入渠道，除了传统的商品销售收入外，中粮我买网还努力增加其广告收入、代理销售收入[①]。由此可见，中粮集团以中粮我买网为中心，构建了一条包括我买网用户、食品供应商、第三方物流、自营物流配送体系、广告主等供应链主体在内的食品供应链。供应链中各主体关系及相关物流、信息流、资金流如图 7－4 所示。

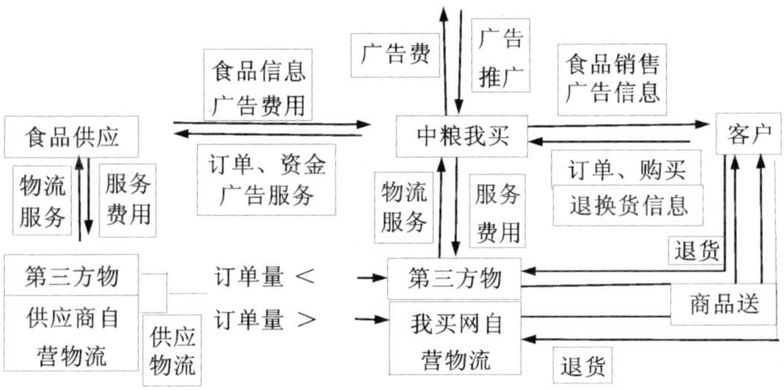

图 7－4 中粮我买网供应链主体关系及相关流程

通过对中粮集团我买网供应链主体关系及相关流程图的分析可知，整个供应链流程包括以下几个模块：一是供应商内部流程，包括计划、采购、生产加工、按单备货发货、退换货、货款回收等；二是供应商与中粮我买网之间的流程，主要包括两者之间销售合作关系的建立与维护，与产品供应有关的供应物流，与货款结算有关的资金流，与订单及产品供给有关的信息流等；三是中粮我买网内部流程，主要包括中粮我买网平台设计维护，自营物流配送体系的建立与管理，客户管理，采购、营销推广、订单处理、物流配送、资金结算等流程；四是中粮我买网与目标客

① 中粮我买网. http://www.zuozuo365.com/case/index.php? doc－view－244.

户——食品消费者之间的流程，包括我买网品牌推广信息、产品服务信息、客户信息、订货信息等信息流，商品交易所致商流、资金流及售后服务等；五是客户进行在线交易所包含的登录/注册、选购商品、填写订单、支付货款等流程；六是我买网与第三方物流服务商之间的流程，包括物流服务供应商的选择及关系维护，物流服务供需信息流、服务费用结算引起的资金流；七是第三物流服务商的按单配送流程；八是我买网与广告供应商之间的流程及广告商内部流程；九是食品供应商将食品运至我买网仓库的供应物流，包括与之相关的信息流、物流、资金流等。

以我买网为中心的融线上线下服务于一体的供应链，因核心主体实力强，能结合最终消费群体的需求建立规模化的线下储存、交易、配送及服务体系，能较好地满足最终消费者的需求，有效整合海量消费者的多品种、小批量需求，实现多品种、大批量采购、储存与配送，从而有效破解传统电商所面临的采购、物流及服务困境。无疑，该模式不仅能给运营主体带来巨额收益，也能给消费者和农产品生产者带来价值。在实践中，该模式的发展受到很多现实因素的局限。B2C模式下，我买网不仅要自建交易平台，要运营交易平台，要构建其供应商网络，要组建线下物流配送网络，要处理海量订单信息、配送信息、供应信息，要为客户提供一体化的售后服务。作为一个快速成长起来集线上交易和线下服务于一体的电商，其供应商规模、客户规模、物流网络在不断扩张，其产品供应能力、平台交易能力、订单处理能力、物流配送能力、客户服务能力需不断提高，其供应链流程无疑也必须相应地进行调整。消费者对我买网服务的评价，足以反应我买网供应链流程所存在的问题，反映了我买网要不断调整优化其供应链流程的必要性。

消费者“疯兮兮”：“我买的产品很难一站式采购全面”，这说明我买网供应商选择、产品供应流程有待改善，“我买网原来所拥有的价格优势慢慢地消失了，运费以及包邮额度也越来越高，尤其是饮品之类的产品，运费高得吓人，还不如超市采购划算”。由此可推，我买网供应链流程存在成本高的问题，或者是我买网改变了将“价值让渡于顾客”的竞争策略；消费者“消失”的评价：“总共下单三样东西，明明都有货的，结果查询订单显示有一个货延迟，之后再查另外两样东西已经售完，每次都要打客服电话才能知道情况，才能修改”，“五天了眼见着订单上的东西标注成已经售完”，“每一次都没有任何提醒!!”由此说明，我买网订单处理流程有待优化，订单处理流程与客户服务流程无缝连接方面存在问题。消费者“ulovesunny”留言：“26号晚上6点多下单买了两瓶蜂王浆，查询订单发现26号晚上10点到北京分拣中心。可29号还没收到货，产品要求冷藏保存，在分拣中心常温存放三天蜂王浆早就变质了。”由此说明，我买网在针对不同产品特点设计差异化流程方面存在不足，其最后一公里配送流程存在响应速度慢的问题。消费者“幸运无比”：“我每次都标明要发票，但他们在发货单上却总写着：不要发票。我向中粮网反映了这个情况但无人理睬。”由此可见，中粮我买网的客户服务流程有待优化。由此可见，面对快速增长的市场和服务要求不断提高的消费者，能否不断提高其采购供应、物流配送、订单处理及售后服务能力，能否根据市场的变化不断调整优化其采购供应、订单处理、物流配送、客户服务及售后等流程是我买网O2O模式发展的瓶颈。

B2B2C模式的典型代表是中国地理标志产品商城。该商城是国内首家销售国家认证（注册审定的）地理标志产品的网上商城。商城面向地理标志产品生产经营者和终端消费者，提供线上销售服务。该商城经营者——北京地大物博电子商务有限公司（简称“地大物博”）先后打造了中国地理标志产品商城（www.cndlbz.com）、中国地理标志文化博物馆、中国地理标志产品县域级示范园、中国地理标志总部基地等多个核心项目，构建起了面向中国地理标志产品的产业集群和综合服务交易平台[①]。2014年，公司将规划建设位于北京大兴区70万平方米的中国地理标志产业园，建设遍布全国的50座农业生产基地，在北京市开设100家高档社区专卖店，扩大PC平台与移动端商城建设等等[②]。地大物博构建了一条以中国地理标志产品商城为核心，融地理标志产品生产商(供应商)、自营生产基地(园区)、第三方物流服务商、自营线下终端服务店、广告服务商、中国地理标志文化博物馆、客户(消费者)等于一体的农产品供应链。其供应链主体关系及相关流程如图7-5所示。

显然，同是融线上线下于一体的综合型电商主导的供应链，地大物博电子商务有限公司主导的以中国地理标志产品商城为核心的供应链流程与中粮集团主导的以我买网为核心的供应链流程有很多相同之处。比如它们都存在有相同的采购、平台设计维护、供应商管理、客户管理、订单处理等流程。但由于两者运营模式不同，其供应链流程也有许多不同之处。比如：因中国地理标志产品商城采用商家直销模式，所以中国地理标志产品商城增加了商家开店流程、商家认证流程、商家服务流程以及商家店铺管理流程。由于商城店铺有两类，一类是地大物博直营店，另一类是地理标志产品生产商家的旗舰店。无疑，这两类店铺所售商品的物流过程不同。第一类店铺所售商品的物流过程是各供应商收到地大物博采购订单后，商品由供应商送至地大物博配送中心，地大物博直营店收到消费者的线上订单后，货物从地大物博公司的配送中心发出，而旗舰店所售商品则从产地由第三方物流

① 中国地理标志产品商城简介. http://www.cndlbz.com/index.php? act = article&article_id = 77.

② 北京地大物博电子商务有限公司介绍. http://www.yjbys.com/company/5672307.html. “三亿农”网启动 打造O2O全新农产品电商模式. 2013.08.28.

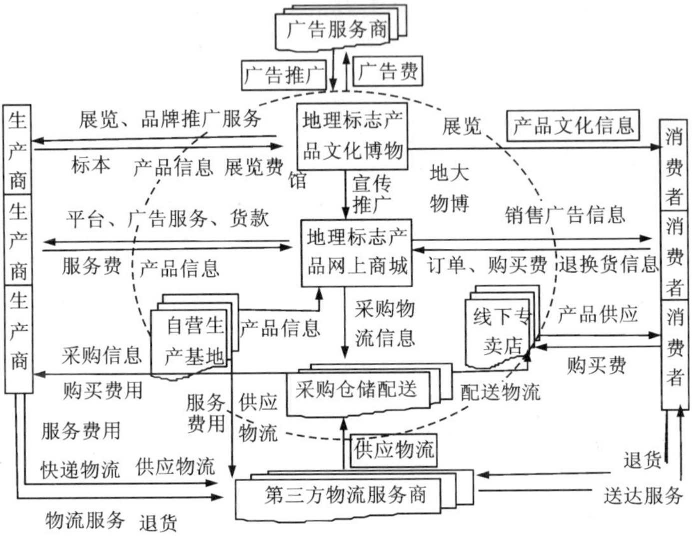

图7-5 地大物博主导的供应链主体关系及流程

快递至消费者。此外，两者的退换货流程也会有所不同。我买网的退换货流程与地大物博直营店的退换货流程基本相同，但与旗舰店的退换货流程有所不同。因为旗舰店的售后服务由各旗舰店组织实施，退换货所引起的逆向物流全部由第三方快递公司提供，而我买网的逆向物流虽退回产地，由生产者负责售后的情况，但更多的是退回我买网仓库，由我买网负责售后；同时，我买网的资金流与地理标志产品商城的资金流也有所不同，因为地理标志产品商城的服务模式类似于淘宝，为保护消费者利益，地理标志产品商城会对资金流和交易情况进行集中统一监管，确保交易成功后，资金才会进入卖方账户。

地大物博主导的中国地理标志产品网上商城，采用*B2B2C*模式，各地理标志产品的生产者、经营者可在商城开店。该模式大幅度降低了地理标志产品信息传递的成本，从而有效降低了地理标志产品生产者和消费者的交易成本，实现了产品的可追溯、产品供求信息在供应链上的快速传递，能有效整合众多地理标志产品生产者，提供多样化的产品供给，满足消费者多样化的需求。通过以上分析可知，中国地理标志产品网上商城不仅能给地大物博公司带来可观的直接销售收益、广告收益，还能节省供应链交易成本和信息传递成本，让利于地理标志产品生产者和消费者。中国地理标志产品网上商城的直营店铺——地大物博直营店，不仅通过线上方式集成供给地理标志产品，而且在北京居民集聚区开设线下连锁交易店，集中进行线下宣传、线下交易，以有效整合区域需求，整合线下交易与线上交易的物流需求，降低最后一公里物流成本，加快对消费者需求的响应速度。对于地大物博直营店而言，其发展受制于各供应商分散进行的高供应物流成本、地大物博配送中心的配送处理能力以及销地市场的配送速度和配送成本。类同于我买网，能否根据市场的变化快速调整其供应网络、物流网络、线下交易与服务网络，调整优化其供应链流程也是地大物博直营店 O2O 模式发展的瓶颈所在。中国地理标志产品网上商城旗舰店的开设者——地理标志产品生产者，其 O2O 模式的发展瓶颈类同于生产者主导的 O2O 模式，高昂的快递物流成本、较长的响应时间以及滞后的鞭长莫及的售后服务等是阻碍旗舰店发展的瓶颈所在。对于整个地理标志产品网上商城而言，其价值来源于直营店和旗舰店为消费者创造的价值，因此，不断发展和完善线下物流、产品供应、终端服务网络及线上产品展示、供需信息传递方式，不断整合店铺的需求与供应，为消费者提供低成本、高响应、一体化的物流、商流、信息流服务是中国地理标志产品网上商城进一步发展的关键。

7.2 按照主要竞争优势的不同来分析农产品流通的 O2O 模式

7.2.1 拥有流量入口优势的 O2O 模式分析——综合型电商平台主导

在生鲜电商巨大市场前景的吸引下，天猫、京东等综合型电商平台也开始涉足生鲜 O2O 领域。相比其他生鲜电商而言，综合型电商平台主导的生鲜 O2O 具有非常明显的流量入口优势。天猫、京东等少数几个一流平台的成交量占据整个中国电商市场近 80% 的份额，这种强大的流量优势是其他生鲜 O2O 在短期内难以超越的。这也是为什么很多生产制造企业与连锁企业在发展 O2O 业务时，都会不约而同的选择天猫、京东等平台作为线上渠道伙伴的主要原因。一流综合型电商平台所拥有的流量入口优势来源于他们所具有的其他优势：一是它们长期以来培养的用户习惯。很多用户习惯性地利用闲暇时间到天猫、京东等平台上溜达，只要看到心仪的产品就会下单购买，生鲜产品也不例外。二是在多种保障机制下形成的用户信任。对于网络购物来说，信任是非常关键的影响因素。很多人愿意选择天猫、京东等平台，而不愿意选择刚刚起步的生鲜平台，主要原因是在这些大平台上购物更有保障、更安心、更省心。三是这些平台打造的便捷、安全的支付系统给消费者带来的安心。对于网络购物来说，完善的、安全的、便捷的线上支付系统对用户来说是非常重要的。而对于其他小平台来说，消费者即使是注册提交身份信息和银行卡信息时，都会担心信息泄露，会犹豫是否注册。四是一流综合型平台所具有的品牌优势，它们拥有众多忠诚的用户，这也是其他生鲜电商可望而不可求的。

一流综合电商型平台主导的 O2O 模式，虽具有众多优势，但也有很多不足。一是面临商品标准难统一的问题。该模式下，主导者专做平台，而且不是单纯的生鲜平台，生鲜产品的供应、销售则由入驻平台的生鲜电商来做。不同的商家所销售的生鲜产品在质量、价格等方面没有统一的标准。商家们基于自我利益的考虑可能会隐瞒关键信息，有些商家甚至会因短期利益而故意欺瞒消费者。这无形中增加了消费者甄选产品、甄选商家维护自身利益的成本。而有些专做生鲜的平台，它们为了让顾客买到质优、放心的产品，会派买手到同类产品的产地进行多方考察和比对，比如：中央 7 台在“赢在未来——农产品电商崛起”系列节目第二集“产品的故事”中，跟踪采访了本来生活网的买手——郑铎，是如何历经艰辛找到一款好的产品——黄河壶口瀑布边的宜川苹果。本来生活网通过买手们的感受，既讲出生产者的故事，又带出食物的故事。更重要的是，它能够真正带着消费者走进产地，通过食物体会到当地的风土人情。在北京很多出租车副驾驶背后，总会有本来生活网的杂志，介绍应季的生鲜产品，3 月是草莓、7 月是荔枝、10 月是褚橙……再配上产地的传说与买手的小故事。显然，综合型平台上的生鲜电商，它们不可能像专业的生鲜 O2O 一样，精挑细选能让消费者喜爱的每一款产品，不可能像它们一样通过讲故事来卖产品。二是综合型电商平台上的农产品销售者，很难对销售的生鲜产品质量进行严格把控，而生鲜产品不同于其他产品，一旦出现食品安全问题，对整个平台来说是毁灭性的灾难。三是很多商家选择的物流公司在送货时间、全程冷链上没有保证，这对于生鲜产品的保鲜来说是个非常严峻的问题。另外，生鲜产品对于物流的要求较高，包装和冷链要求更严格，所以它的单价自然也更高。因此，采用这种模式来做生鲜电商，存在很大的问题，也存在很多改进的空间。

7.2.2 拥有物流优势的生鲜 O2O 模式分析——第三方物流企业主导

说到第三方物流企业主导的生鲜 O2O 模式，顺丰优选、顺丰嘿客是我们再熟悉不过的典型代表。农业是电子商务唯一没有完全电商化的行业，顺丰选择从快递跨界到生鲜电商，是因为顺丰的决策者们认为，顺丰做生鲜电商有着其他任何平台所不具备的优势。一是顺丰拥有国内最庞大的快递大军和最快、最好、最受用户认可的快递服务。生鲜电商对物流服务的要求非常高，而这正是顺丰的优势之一。二是生鲜电商对仓储条件的要求也十分高，顺丰物流在全国各地拥有大量一流的仓储中心。三是顺丰快递与顺丰嘿店、顺丰家、顺丰优选很好地结合起来，做线上线下融合的 O2O，无疑很有优势。至 2015 年 5 月，顺丰在全国已拥有 3000 多家“顺丰家”，这个对于顺丰优选做社区 O2O 来说是个非常有利的优势。顺丰跨界做生鲜 O2O，自然也面临不小的挑战。挑战一：前期的推广成本高，这也是顺丰优选虽然在生鲜电商领域占有很高的市场份额，却仍然不盈利的主要原因。挑战二：第三方物流跨界做生鲜电商，在供应链建设方面无疑会面临挑战。实时供应新鲜、上好的生鲜产品，需要与全国各地的农场、水果蔬菜批发市场达成紧密的合作关系，这对第三方物流公司来说自然不是易事。“赢在未来——农产品电商崛起”系列节目“产品的故事”中介绍了顺丰优选如何在生鲜采购环节严格质检。与本来生活网派买手到处采买优质产品不同，顺丰优选是通过严格质检来把关。严格质检把关产品质量，是一种传统的采购质量管理理念。现代供应链管理的理念是从源头选择优质产品、优质供应商，通过各种利益共享机制与惩罚机制促进供应商进行自我管理。进货时的质检，控制的主要是产品的外表。对于内在成分比外表更重要的农产品而言，生产源头选择、产品内在品质把控才是关键。农产品供应链建设与管理，几乎是所有生鲜电商面临的挑战。

7.2.3 拥有产品供应优势的生鲜O2O模式分析——食品供应商主导

中粮我买网、光明菜管家是传统食品企业进军生鲜电商的典型代表。我买网是中粮集团一手打造的，而菜管家则是光明食品集团收购的。食品供应企业做生鲜电商，无疑具有产品供应的优势。首先，我买网和菜管家在食品供应链上的优势是其他生鲜O2O难以以拟的。很多生鲜O2O之所以以失败而告终，很大一部分原因就是在供应链建设与管理方面出了问题。其次，由于供应的优势，很容易形成价格竞争优势。此外，大型食品供应商在资金实力、仓储能力等方面也有优势。当然，他们也存在劣势，比如，物流方面就没有顺丰有优势，流量入口方面就不如天猫、京东。

7.2.4 拥有流程一体化优势的生鲜O2O模式分析——垂直电商主导

垂直电商是在某一个行业或细分市场深化运营的自己既建平台又做交易的电子商务模式。垂直电商主导的O2O模式是不仅自建电商平台、自己做交易，而且自营线下配送体系，或者是自己建线下门店的电商模式。它的核心优势是纵向物流、商流、资金流、信息流的一体化。因为一体化，所以能更专注和专业，能更好地满足某一领域用户的特定习惯，因而更容易取得用户信任，形成独特的品牌价值。莆田网、优菜网、本来生活网等垂直生鲜电商可谓是生鲜电商的发起者。正因为他们的崛起，才让其他电商平台觉醒。目前大部分的生鲜O2O基本上都是垂直电商主导。该模式下，垂直电商既要建线上平台、要寻找货源、要花精力进行产品的设计、推广、包装，而且还要自己建线下渠道，自己配送。该模式也有一些不足，比如：投资大，风险高；难获得规模化发展；在上游供应链和下游供应链建设方面会面临挑战；前期获取用户信赖、获得订单的难度大、成本高；冷链仓储、配送方面存在经验不足、投入资金缺乏、利用率不高等问题。

7.2.5 拥有品控优势的农场直销型 O2O 模式分析——农场主主导

农场直销模式的代表有多利农庄、沱沱工社，他们在自有农场的基础上打造生鲜电商[①]。他们最大的优势来源于自营农场所拥有的产品品控优势。他们努力打造“绿色”“有机”“新鲜”的品牌形象，努力培养消费者的食品安全信心。由于是自产自销，所以他们不用担心产品的供应会出现问题。此外，他们一般会选择在市场附近建基地、建农场，因此有近距离供应的优势。而且因为现采现销，果蔬的新鲜度会更高，近距离配送也降低配送成本。当然，该模式也有一定的不足，比如：由于是自产自销，在产品的广度上存在不足，对消费者某些多样化的需求可能无法满足；还有就是自营农场，无疑要承担因季节、雨水、技术等原因导致的风险。

7.2.6 拥有线下市场优势的生鲜 O2O 模式分析——大型连锁超市主导

大型连锁超市，在其所辐射的商圈内，拥有忠实的客户群体。面对生鲜 O2O 市场的巨大前景，他们也不甘落后，建立自己的线上平台，涉足 O2O 业务，当然也包括生鲜 O2O。从华润万家、永辉超市到麦德龙等生鲜平台的相继关闭，可以看出线下连

① 刘旷. 生鲜电商的七种模式分析：谁能脱颖而出?. 钛媒体，2015－03－31.

锁超市涉足生鲜O2O并非易事。虽然大型连锁超市在线下客户群体、近距离配送、冷链仓储、供应链管理等方面有较为明显的优势，但由于生鲜O2O的运营模式不同于传统超市，如果不能成功拓展线上新客户，而线下既有客户群体移到线上交易后还会增加包装、加工、配送等物流成本。更重要的是，无论在哪个平台购物，对于消费者而言没有距离差异，他们从一个平台跳到另一个平台，是简单而又轻松的事。如此一来，连锁超市将线下客户引至线上交易后，还会面临很大的客户转移风险。大型连锁超市搭建的生鲜平台很容易陷入入不敷出的困境。

7.2.7　拥有社区服务优势的"社区+生鲜"的O2O模式分析

"社区+生鲜"的O2O模式，简称为社区生鲜O2O，它是一种线上生鲜平台+社区服务店的模式。由于生鲜物流以及消费群体的特殊性，社区门店既能有效满足老年用户群体的需求，又能辅助线上平台进行线下推广、产品展示、物流配送、售后服务等原因，社区生鲜O2O几乎被所有生鲜电商所青睐。无论是淘宝、京东，还是顺丰优选以及其他垂直电商等都有涉及。京东商城生鲜频道、1号店、顺丰优选+嘿客、青年菜君、社区001、爱鲜蜂、15分绿色生活、鲜码头等都是该模式的典型代表。他们在社区服务点方面的建设情况如下：京东的自提点就是依托于"大社区"概念设立的社区服务点，一般采用社区便利店、校园营业厅、城市自提点、移动自提车和城市自提柜等形式。1号店则依托社区便利店为用户提供全家自提、自营自提两种提货模式。顺丰优选依托其物流优势发力社区生鲜配送，整合嘿客店、顺丰家为顾客打造购物一站式体验。至2015年5月，顺丰家的数量已超过3000多家。至2015年3月，青年菜君在北京昌平区、朝阳区和通州区的7个商圈设有40余个自提点。通过地铁、社区自提模式，青年菜君将半成品净菜配送到上班族的家里。据亿欧网消息，截至 2015 年 3 月，社区 001 已在全国 12 个主要城市布局近百个线下实体网点。爱鲜蜂专注于生鲜最后一公里配送，主打闪电配送。它以盘活社区小店资源为出发点，目前在北京市区已拥有 2000 多个社区配送点，在北京核心地域实现了 30～120 分钟快速配送。15 分绿色生活采用“网上商城 + 社区体验店”的模式，主要服务于中高端社区顾客和企业团体。至 2015 年初，已在广州开设近 100 家线下体验店和冷链配送服务站，覆盖了 300 多个高端社区，发展了 7 万个家庭用户。鲜码头是一家 O2O 模式的海鲜购物平台，该平台在很多社区配有自提配送点，其自取配送网点已覆盖了北京五环内大部分社区[①]。

① 刘欢. 盘点：13 家社区 *O2O* 生鲜电商. http://www.siilu.com/20150328/129270.shtml,2015－03－28.

第8章　生鲜O2O发展现状及问题分析

8.1　生鲜O2O的发展现状分析

8.1.1　生鲜电商发展概况

至今为止，中国生鲜电商的发展，大致可以概括为四个阶段。第一阶段，2005至2009年，生鲜电商的探索期。2005年6月，专业从事有机农产品生产销售的多利农庄成立；2005年10月，专业从事精品水果销售的网络平台易果网成立；2008年7月，“1号店”正式上线，开创了中国电子商务行业“网上超市”的先河。在这一阶段，大家都在探索生鲜电商的具体运作模式，其中诞生了很多自营配送的小型生鲜电商，不过大都不到两年就从人们的视野中消失了。第二阶段，2009至2012年，市场启动期。在这一阶段，生鲜电商虽然发展艰难，但仍然有很多创业者在巨大发展前景的诱惑下，前仆后继地走入生鲜电商这个风险异常的市场。这期间，涌现了大批以失败而告终的小型送菜网，也诞生了一些在生鲜电商界至今仍有很大影响力的融线上线下服务于一体的生鲜电商平台。比如：2009年4月，专业从事水果销售的天天果园Fruitday成立；2009年8月，中粮集团投资创办的食品类B2C电子商务网站我买网上线，两年后中粮我买网生鲜频道上线；2010年4月，九城集团推出新鲜食品网上超市——沱沱工社。第三阶段，2012至2013年，生鲜电商转折期。被称中国生鲜电商元年的2012年，生鲜电商领域大事不断。2012年5月31日，“顺丰优选”正式宣布上线，定位于中高端食品B2C；6月，亚马逊中国的食品分类中，多出了海鲜这个新品种，提供者是一家刚刚崭露头角的海鲜电商“鲜码头”；6月13日，淘宝生态农业频道agri. taobao. com上线；7月17日，本来生活网在未做任何推广的情况下悄然上线；7月18日，京东商城官方对外宣布，京东商城正式推出生鲜食品频道。2012年底，成立不到一年的“本来生活”凭“褚橙进京”一炮走红，随后又在2013年春挑起了“京城荔枝大战”。在这期间，社会化媒体及移动互联网的发展推动了生鲜电商模式的变革，垂直的线上线下结合的O2O模式引起了人们的关注。物流界、电商界大佬纷纷布局生鲜电商，生鲜电商领域资本云集。第四阶段，2013年至今，生鲜电商快速发展期。从2013年开始，生鲜电商引起了各界人士的关注。各路资本迅速涌入，以顺丰优选、可溯生活、一号生鲜、本来生活、沱沱工社、美味七七、甫田、菜管家、15分绿色生活等为代表的商家都获得了强大的资金注入。在这期间，B2C，C2C，O2O等各种模式都被演绎得淋漓尽致，普及率越来越高的移动互联网、微信商城为各商家建设线上渠道提供了更多选择。生鲜电商们纷纷从开始的小而美转变为大而全。消费者网购生鲜的习惯逐步养成，市场交易逐年增加。据中国电子商务研究中心监测数据显示，2013年全国生鲜电商交易额为130亿元，2014年达到260亿元，同比整整增长100%。《中国生鲜电商市场年度盘点报告2016》显示，2015年国内生鲜电商交易规模达到542亿元，增幅为87%，预计2016年中国生鲜电商交易规模将达到913.9亿元，2017年将会接近1500亿元①。

① 中国生鲜电商年度盘点报告2016. 中国电子商务研究中心. 2016-3-15. http://b2b. toocle. com/detail--6318404. html.

8.1.2　生鲜 O2O 发展迅速，还未能形成少数几家独大的局面

生鲜电商，一个拥有万亿潜在市场的大蛋糕，是国内电商领域为数不多的处女地，也是备受创业者们和资本大佬青睐之地。生鲜 O2O 的热度从 2013 年开始便有增无减。电商巨头争先恐后布局生鲜 O2O 业务，垂直型生鲜 O2O 平台有如雨后春笋般涌现。目前已云集了包括阿里巴巴的“喵鲜生”、京东生鲜频道、1 号店生鲜、沃尔玛生鲜、苏宁云商（苏宁易购）、乐视农业等大型平台电商，还聚集了顺丰优选、中粮我买网、优菜网、沱沱工社、本地生活、中国地理标志产品商城、豆果网、菜管家、鲜品会、美味七七、订菜网、大茶网、厨易时代、订菜网、本来生活、15 分绿色生活、小农女送菜、青年菜君、调果师、我厨、五百家、果果哒、每日优鲜、Dmall、天天果园、缤果、一亩田、农商 1 号、云农场、链农、美菜、中农网等在内的数千家生鲜 O2O 电商。全国涉农电子商务平台已逾 3 万家，其中生鲜 O2O 约 4000 家。不像销售日常生活用品的 B2C、C2C 电商领域，已形成淘宝、天猫、京东等几家独大的局面，生鲜 O2O 领域仍然处于百花齐放、百家争鸣的阶段。生鲜电商被称为电商领域的新“蓝海”，目前已形成“两超—多强—小众”的格局。所谓“两超”就是阿里系、京东系农产品电商，“多强”是指具有较强竞争力的农产品电商，“小众”是指众多具有成长性的特色农产品电商。

据统计，2010 年至今，阿里平台农产品销售额的年均增速为 112.15%，农产品销售额从 2010 年的 37 亿元左右，预计到 2014 年突破 800 亿元。2013 年，淘宝网生鲜产品（包括水产、肉类和水果）的增速高达 194.58%，在所有品类中排名首位。2013 年全国生鲜电商交易规模 130 亿元，同比增长 221%，预计 2014 年全国将达到 260 亿元，增长 100%。2014 年京东向下发展，向外

发展，抢占农村市场和海外市场。京东集团在2014年加大了渠道下沉步伐，重点发展农村市场。

沱沱工社2014年日交易超过1万单；我买网、本来生活生鲜农产品交易额双双超过3亿元；顺丰优选采取O2O模式，建了2000家“嘿客”店；菜管家在食品质量管控、供应链一体化建设、智能冷链配送等方面摸索5年取得了优异成绩；中国地理标志产品商城探索特色农产品网站；龙宝溯源商城打造中国第一安全食品网站。长春市农产品电子商务交易平台2014年正式上线运营，打造与“汽车城”“电影城”相并列“白金城”（长春松花江大米）。

区域性的小众电商在2014年也有了出色表现。淘常州平台通过一车（即“小黄蜂”物流）、三网（即互联网、移动至联网、广电网）、五屏（即电脑屏、手机屏、PAD屏、电视屏、触摸屏）的融合，为消费者提供农产品买卖的网上超市等平台服务。长沙沁坤大宗农产品现货电子交易市场采取了“5+1+1”交易集成创新模式，“5”是指5个方面的建设，包括沁坤商城（B2C平台）建设、沁坤订单网（B2B平台）建设、沁坤大宗网（竞价平台）建设、区域服务基站平台建设、电商产业园平台建设。第一个“1”是计划在全国建设1000个服务基站。第二个“1”是2014年沁坤商城社区样板1号店已经建成。2014年，全年交易额达10.5亿元（含大宗商品交易额）。深圳农产品股份有限公司布局多层次电商平台。2014年公司通过“中农网”布局大宗农产品的B2B平台与B2C自营业务，通过海吉星商城推广B2C平台业务，同时积极布局包括高端宅配、移动售卖车在内的下游物流与服务终端，以公司线下的农批市场资源为其电商业务的开展提供了有力的支持。此外，青年菜君、小农女等在面向深圳居民、餐馆的净菜电商业务方面取得了较为理想的成绩[①]。

8.1.3　生鲜 O2O 普遍亏损，资本大佬投资热度却不减

全国 4000 家生鲜 O2O 中，只有 1% 在盈利，4% 持平，95% 都在亏，其中 7% 是巨亏[②]。通过对生鲜 O2O 融资情况的分析发现：面对生鲜电商普遍亏损的现实，狂热资本的投资热情并没有因此而受影响。2015 至 2016 年 6 月，国内多家富有特色的生鲜 O2O 企业收获 A 轮、天使轮融资，如表 8－1 所示。

表中的各个企业都有自己的特色和细分定位，比如："五百家"的特色是打造互联网蔬菜合作社，召集 500 个家庭，一起开垦一个自己的生态菜园，"五百家"担当召集人、菜园管理、一揽子服务者的角色；每日优鲜的优势是生鲜供应链，它与全球 100 多家供应商合作，为用户精选全球顶级食材，原产地直采直供，并且从原产地到用户手上全程专业冷链配送，最大程度地保障了产品的优质与新鲜，其微信下单方式也极具亲和力[③]；菜篮网(www.cailanwang.cn)是第一家河南本土生鲜电商平台，是国内第一个提出做"无邮费选项"、第一个提出无理由退换货、第一个提出将"解决农产品滞销问题"作为行动目标的 O2O 电商平台；缤果水果，是全国最早基于微信的 O2O 水果垂直电商。表 8－1 上半部分是 2015 年融资的企业，下半部分是 2016 年 1 月至 6 月融资的企业。结合融资企业的成立时间可以看出，很多企业成立不到一年就获得融资。2015 年成立的"五百家""每日优鲜"，在

① 洪涛. 2014—2015 年中国农产品电子商务发展报告. 中国商论，2015，(Z1)：12－13.

② 生鲜电商为什么 95% 亏损？第一财经日报，2016－05－26.

③ 每日优鲜入驻深圳带来全新消费体验. 大众网，2015－08－07.

2015年即获得两轮融资。同时2015年1月成立的“宋小菜”，则在2016年获得A轮、A+轮，分别为1.04亿人民币和8515万人民币。

表8-1 2015—2016年6月国内生鲜O2O企业获天使轮和A轮融资情况

企业名称	五百家	每日优鲜	菜篮网	缤果	大嘴鱼	壹家美食荟	链农	白果园	小农女	妙生活
上线时间	2015年1月	2015年1月	2014年7月	2013年11月	2014年10月	2013年7月	2014年6月	2002年	2013年5月	2014年9月
融资轮次	天使+A轮	A轮+B轮	A轮	Pre-A轮	天使轮	A轮	A+B轮	A轮	A轮	A轮
金额	3000万人民币	2亿多人民币	数千万人民币	数千万人民币	数千万人民币	5100万人民币	3800万美元	4亿人民币	8000万人民币	500万美元
企业名称	俺的农场	花样菜场	宋小菜	农家兄弟	华采找鱼	盒马鲜生	两鲜网	鲜动生活	鲜菜来了	饭心
上线时间	2013年4月	2014年3月	2015年1月	2015年2月	2015年9月	2016年1月	2013年11月	2000年12月	2015年10月	2015年3月
融资轮次	A轮	天使轮	A、A+轮	A轮	天使轮	A轮	A轮	A+轮	天使轮	A轮
金额	未透露	300万人民币	1.04亿+8515万人民币	1000万人民币	450万人民币	1.5亿美元	2000万美元	千万人民币	100万人民币	千万人民币

表8-2 获C轮融资的生鲜*O2O*企业融资历程对比

企业名称	上线时间	*A*轮		*B*轮		*C*轮	
		时间	金额	时间	金额	时间	金额
中粮我买网	2009年8月	2013年7月	数千万美元	2014年8月	1亿美元	2015年10月	2.2亿美元
爱鲜蜂		2014年10月	2000万美元	2015年3月	2000万美元	2015.年9月	7000万美元
天天果园	2009年4月	2013年1月	数百万美元	2014年3月	数千万美元	2015年5月	7000万美元
食行生鲜		2014年3月	4500万人民币	2015年5月	1.8亿人民币	2016年4月	2.49亿人民币
易果生鲜	2005年10月	2013年8月	数千万美元	2014年3月	/	2016年3月	2.4亿~2.8亿美元
本来生活	2012年7月	2014年1月	数千万美元	2015年1月	数千万美元	2016年5月	1.17亿美元
美菜网		2014年11月	数百万美元	2015年2月	数千万美元	2015年8月	数千万美元

对比中粮我买网、爱鲜蜂、天天果园、食行生鲜、本来生活、美菜网等已获C轮融资企业的融资历程可以发现，中粮我买网、

天天果园、食行生鲜、本来生活的融资周期都是一年左右，而且融资数额在不断增长，资方对这些企业充满了信心。爱鲜蜂、美菜网在2015年完成了B轮和C轮融资，且相隔时间仅半年。表中的6个企业，有两个已获D轮融资：天天果园于2016年年初获得京东领投的D轮融资，金额为1亿美元，8月8日新获1亿元人民币D+轮融资。2016年6月，美菜网完成2亿美元D轮融资，估值近20亿美元。从这些企业的融资历程可以看出：生鲜O2O发展迅猛，不断跑马圈地资金缺口大，激烈的市场竞争、恶性价格战以及培养用户消费习惯等都需要钱，唯有不断融资才能满足市场扩张所带来的资金缺口。在生鲜O2O普遍亏损的大环境下，融资是维持企业生存和发展的关键。有了融资，企业可以进一步投资于供应链建设、冷链物流体系建设以及继续推出优惠措施以留住顾客，而没有融资，企业就会陷入断粮、倒闭危机。比如：2015年融资9000万美元的爱鲜蜂，一向以独到的O2O商业模式、流畅的顾客体验而备受资本大佬和顾客的青睐。2015年8月，创始人张赢曾自豪地向外宣布，爱鲜蜂的用户量已超过500万，日订单超过10万单，合作小店在全国16个城市已超过12000家[①]。按照这样的客群规模、日订单量以及如此巨大的网点支撑，爱鲜蜂应该能摆脱对“烧钱补贴”模式的依赖，能以自身的造血机来实现良性循环。然而时过半年，它就陷入裁员风波、离职潮、拖欠供应商货款等负面新闻中。在持续发酵的“厄运效应”下，进一步吸纳风投注资会十分困难。接踵而至的自然是顾客疏离、供应商退避乃至经营团队人员的离职。有业内人士猜测：*D*轮融资迟迟不到位的话，爱鲜蜂恐难逃与美味77同样的悲壮命运。

---

① 一年融资9000万的爱鲜蜂 要挂了?. *O2O*商学院，2016－07－29. http://finance.eastmoney.com/news/1373,20160729651452766.html

8.2 生鲜 O2O 发展中面临的主要问题分析

8.2.1 生鲜品类方面的问题分析

生鲜品类问题是生鲜 O2O 企业面临的重要问题，也是难解决的问题之一。该问题之所以难，第一个源于生鲜产品本身的特点：一是生鲜商品的非标准性，所见与所得难一致，易导致较高的退货率，如爱鲜蜂投诉排名第一的是“实物与图片不符”。对于非标品类，爱鲜蜂常面临“顾客收到的实物与图片不同”而要求退换的问题。

二是生鲜产品保质期短，再加上某些易忽视的细微的受损问题在经过多轮运输、配送、装卸等作业后，容易腐烂霉变。在各大社交平台上，常有顾客晒出在某生鲜平台所购的发霉、腐烂水果的照片。这些腐烂变质问题，很大部分是细微损伤在物流过程中进一步恶化造成的。对信誉、形象、信任重于一切的生鲜电商平台而言，没有哪家平台会把已经变质的产品交给顾客，以影响自己在顾客心中的形象。生鲜产品保质期短，再加上生鲜产品物流条件苛刻，它们无法像衣服、鞋子一样由第三方快递公司配送上门。线上线下融合的 O2O 模式是几乎所有生鲜电商不得不走的一条路，这是一条投资巨大且很难找到平衡点的两难路。比如：为了实现“1 小时的订单响应时间”目标，爱鲜蜂不得不在各市场快速布局线下门店，而快速扩张门店数量的有效途径是松散加盟。线下门店数量增加，顾客订单的响应时间减少，顾客体验会提高，但又必须面临松散加盟后，门店管理难度加大，门店“以次充好”“偷换商品”等很多问题。这些问题对顾客体验的负面影响可能远高于订单响应时间缩短给顾客带来的好感。

为了克服加盟社区店所带来的系列问题，天天果园采取自建线下体验店的模式，此举虽能有效控制线下服务，但会面临投入资金过大，投入产比过高以及货物频繁进出库所伴随的问题。2015 年 7 月，天天果园宣称：已在北上广深开设了近 60 家 O2O 门店，到 2015 年底，将达到 100 家。他们期待通过将水果集中配送到线下门店，以解决“最后一公里”物流问题。但经过一段时间的运营后发现，“门店 + 前置仓”的模式会带来运营成本过高以及货物频繁进出影响用户体验的问题。2016 年初，天天果园开始关闭线下社区门店，将“天天到家”的配送模式改为“闪电送”模式。2016 年 7 月，天天果园被曝：除在核心城市依然布局着大量定位“两小时送达”服务的仓点外，布局在其他城市的线下门店已几乎全部关闭。保留市场交易量大的核心城市的线下门店，而关闭市场不是很成熟的二线城市的线下门店，天天果园此举不失为平衡门店投入与门店收益的好办法。

三是生鲜产品质量安全难把控 。生鲜产品质量安全难把控的原因主要有：其一是生鲜产品的保质期短，易腐烂变质。其二是生鲜物流作业要求苛刻，比如要求物流配送时间短，要求全程冷链，要求轻拿轻放，要求多层包装、防震、防霉、防水包装，要求减少装卸搬运进出库次数。这么苛刻的要求，在实际物流过程中，很难做到。其三是生鲜产品的质量很难通过外表来辨别，简单的眼看、手摸、耳听、嘴尝、鼻闻的方式并不能科学地判断产品质量，有时还需要借助物理的、化学的检验手段。由此可见，生鲜产品的质量安全问题太难了。于是，有些生鲜电商玩起了“溯源”“有机认证”“政府部门颁发的流通许可证”等手段，希望通过这些措施来降低生鲜产品的质量安全风险。

生鲜品类问题之所以难解决，原因之二是生鲜产品定位难。垂直型生鲜 O2O 企业在进行品类定位时，必须要思考：自己的客户群体是谁？是高端客户、中端客户、低端客户还是兼顾某几类客户？自己提供的服务水平与客户定位是否一致？产品品质与客户定位是否一致？资金实力是否与定位一致。显然，这些问题要得到科学的答案，很难。最重要的是，在实际运营过程中，面对各方资本大佬的干预和自身利益，能做到坚持初心的寥寥无几。

生鲜品类问题之所以难解决，原因之三是高端生鲜产品寻源、供应难。目前，为了应对中低端生鲜订单客单价过低，无法与高物流成本平衡的问题，大部分生鲜O2O企业都定位在中高端客户群体。中高端定位、中高端的定价，自然要配中高端的产品。于是，“绿色”“有机”“原生态”成为几乎所有生鲜O2O企业炒作的概念。然而，对于今天的中国农产品市场而言：一是真正“绿色”“有机”“原生态”的产品少之又少；二是抓住消费者、商家的这种心理，很多与“绿色”“有机”“原生态”根本不靠边的产品也被堂而皇之地冠上了这些诱人的称号。“劣币驱逐良币”在生鲜市场反复上演。面对这种情况，消费者、商家和相关管理部门几乎都是无可奈何。在这种大环境下，真正想做“绿色”“有机”“原生态”产品的生鲜O2O企业，其高端生鲜产品的寻源问题，是可想而知的难上加难。为了应对高端产品寻源难问题、产品品质难保障问题，沱沱工社、农田坊、五百家等生鲜电商就炒起了“自建农场”的概念。刚成立不久的农田坊，是集合B2B+F2C+O2O+C2C于一体的垂直生鲜电商平台，他们宣称：要打造“可以让消费者做虚拟农场主的农田坊”，“要做控制源头的垂直型生鲜电商”。

生鲜品类问题之所以难解决，原因之四是生鲜产品品类太多、太复杂。消费者多样化、个性化需求太复杂，而且不同时间、不同地域生产的同一类产品差异又太大。要满足尽可能多的消费者的尽可能多的需求，才能拥有订单数量优势，才能实现终端配送的规模效应。这要求企业必须尽可能的备齐所有品类，这对任何企业而言，都太难了。一是因为企业资金实力都有限；二是因为产品品类太多，寻源难度更大；三是因为任何企业的运营能力都有限。一般来说，要想留住顾客，生鲜电商平台销售的产品种类必须是以百为单位，比如：我买网销售 4 万种来自全球 30 多个国家和地区的商品[①]。试想一下，如果一个生鲜电商平台销售的产品品类为 300 个，那么它必须对应有 300 条供应链，每一个市场的仓储中心必须存放 300 种产品的库存，每一个工作人员必须熟悉 300 种产品的储存、运输条件及产品特点。无论哪一个方面出现问题，都会引来顾客的抱怨、投诉甚至是退货。

创立“番茄社区”品牌的荆超曾说：创业起初的设想是做低端大众蔬菜，并且包含全品类的生鲜产品。想做成一个小型农贸市场，并且结合 O2O 的概念，货架上只摆放较少的货品，然后通过手机预订的形式，以减少库存和损耗。这个模式看上去很合理，但实施过程却很难。在开业的时候，蔬菜品类大概有 30 种，调味品、饮料的品类有 100 多种。来购物的消费者觉得品类太少，无法实现一站式购物。后来陆续增加了米、油、面、鸡鸭鱼肉等上百个品类，可依旧会出现消费者买不到的品类，而且进销存的压力越来越大，进货的现金流支出也越来越大，导致陷入了一个死局[②]。

前面多次提到的“小农女”，也曾因品类定位、市场定位问题而多次变更经营方向。2013 年，小农女定位于通过微信为白领办公族提供净菜服务。但经过 6 个月的运营，发现 *B2C* 的半成品生鲜电商客单价低而配送成本高，单价 30 元需配送成本 10 元左右，因而停止项目的运营。2014 年 9 月，发现为中小餐馆做食材配送是个不错的生意后，小农女团队又重新上路。通过“Farmlink（链农）+ 线下生鲜店”B2C 零售自提的模式，既为中小餐厅进行

---

① 商务部 2013—2014 年度电子商务示范企业案例集. http://dzsws.mofcom.gov.cn/anli/index.html.

② 荆超. 社区生鲜 O2O 创业感悟：优化线下供应链是关键. 创业邦，2015－06－08. http://www.cyzone.cn/a/20150608/275965.html.

配送，同时也通过线下生鲜店来对周边社区用户提供服务。在最开始的时候，为了不分散采购能力，“小农女”每天仅提供8个菜。但在运营过程中发现，用户做饭的差异化挺大，8个菜根本无法满足用户需求，于是就增加到了60~70个菜品供用户选择[①]。

生鲜品类问题之所以难解决，原因之五是生鲜品牌难建立。生鲜品牌的建立，一是需要优秀的品牌推广团队持之以恒的品牌推广行动，且需要生鲜生产者的配合，显然，这方面的人才和经验都非常缺乏；二是需要持续进行产品品质的改进，至少要能保持高品质，在当今分散的小农生产模式，也很难做到。因为农产品的品质不仅与种子、农药、肥料、生产技术、生产流程等有关，还与气候、土壤、温度、湿度、风力、阳光等有关，显然其中存在太多的不可控因素，这些不可控因素会导致不同时间、不同地点、不同人、不同种苗培育出来的产品品质有很大差异。除了这些不可控因素会影响产品品质外，可控因素也会因生产过程中存在太多随意性而导致产品品质千差万别。比如：施肥的量，播种的量，往往都是凭感觉确定，太多、太少是常发生的事。显然，随意凭感觉生产出来的产品品质，肯定会因时、因人、因地而不同。我们的农民，他们无法像肯德基炸薯条、鸡腿一样，按照严格的流程、标准来操作。自然无法像他们一样，无论在世界的哪个国家、哪个地点、哪个时间，所生产出来的薯条、鸡腿始终保持同一品质。三是生鲜产品品质容易被改变。生鲜产品经过生产、流通，最后到消费者手中，其中经过的环节多，每个环节的人为了自身利益，可能会对产品进行简单的化学加工，这些加工，会对产品品质造成严重影响。比如：橘子，本应该是酸酸甜甜，但某些不法商人，偏偏要加点甜蜜素，让它很甜。大家都熟

① raina梦雨. 从腾讯离职到微信卖菜的3个月里，“小农女送菜”学到了什么?. 2013-10-16. http://36kr.com/p/206938.html.

知的“石门蜜橘”，应该算是一个有名的品牌了。但前年，石门蜜橘也沦陷了，也不是过去人们所熟知的那种“甜中带点酸”的味道，而变得“甜腻”了。

此外，中国生鲜品牌难建设，还表现在品牌树立后的维护难。因为中国生鲜产品可追溯技术滞后，对于品牌产品，我们无法溯源。再加上品牌保护工作滞后，只要某一个品牌深得人心后，市场上就会到处充斥这个品牌的产品。无论是不是，反正都说是。比如：刚才说的石门蜜橘，在长沙市场上，几乎看不到其他品牌的蜜橘。几乎每个蜜橘销售点前，都会树块牌子，上面写着：石门蜜橘。只要搞块牌子，上面写上“石门蜜橘”，写上了就会吸引眼球，而且不会被追责。显然，这样的好事，谁都会去做。

8.2.2　供应链方面的问题分析

我买网的 CEO 赵平原说：未来，生鲜电商主要拼什么？“表面上看似乎就是卖不同品类的东西，但幕后从上游的供货、产品质量把控、买手的选品到物流、营销、运营、管理等，整个链条非常复杂。用户群既追逐品质又对价格敏感，货品需要不断变换满足其口味[①]。”赵平原的这段话，反映了生鲜 O2O 供应链建设与管理问题难解决。借助思维导图软件，理一理生鲜电商供应链构建与管理的主要维度，如图 8 - 1 所示 。

供应链问题是生鲜 O2O 公司面临的一个大难题，它直接关乎用户体验。如果没有构造合理、管理完善的供应链，用户的信任、口碑和回头率等重要指标将难以达到支撑生鲜 O2O 良性发展的水平。供应链问题难解决，主要难在生鲜采购供应难、上游网络和下游渠道建设难、供应链物流配送难、库存决策难、供应

① 胡祥宝. 资本追捧生鲜电商：市场规模近万亿. 腾讯科技. 2014 - 08 - 05. http://tech. qq. com/a/20140805/008543. htm

链关系处理与维护难以及营销推广也是一大难题。

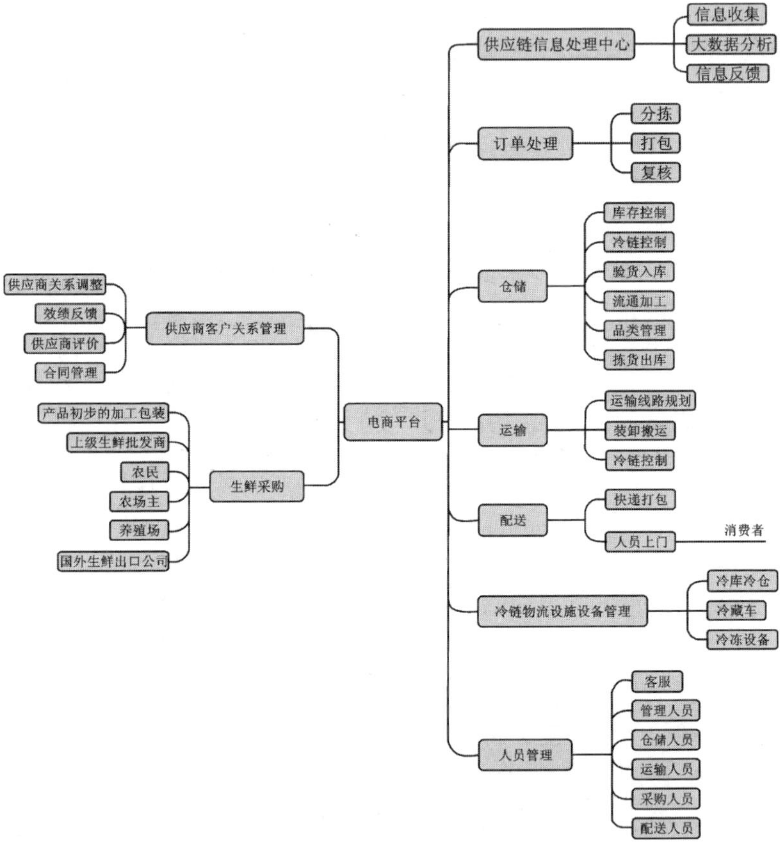

图 8－1　生鲜电商供应链构建与管理的主要维度

1. 生鲜 O2O 面临供应链采购问题

生鲜 O2O 有垂直型生鲜 O2O 和平台型生鲜 O2O 两类。大部分垂直型生鲜 O2O 面临采购难题。如表 8－3 所示，垂直型生鲜

O2O 面临采购难题：一是因为采购模式决策难，各种采购模式都有其利弊，难平衡、难取舍。二是因为供应商的选择比较难。同一产品的生产供应商有很多，他们的地域跨度大，且不同生产者生产的产品品质、价格差异大。为了找到一款好的产品，可能要跑遍大半个中国。三是采购品类定位难。生鲜品类多，同一品类产品又因产地、生产者、生产时间、消费者偏好等而有所不同。而且，采购品类定位涉及价格、成本、客户需求、供应、物流、市场竞争等多个方面的因素，是一个需要综合平衡的问题。当决定引进一个品种时，采购员和公司决策者都必须要想清楚：这个产品卖到哪里，卖给谁，有多大的需求量。这需要采购员慧眼识珠，找到消费者真正需要、真正喜欢的产品，并正确决定采购量、供应频次、单次供应量等，以确保采购供应量能在预定的时间内销售完。四是采购执行难。采购涉及寻源、品质鉴定比较、采购谈判、采购数量确定、供应商关系处理、包装、运输等很多方面，再加上农产品品质标准不统一，不同地区、不同商家、不同时间生产的同类产品品质、价格差异大，而且农产品的生产具有季节性，要持续不断地保证高性价比的产品供应并非易事。更重要的是不同地区的不同消费者偏好不一样，同一产品，有人说很好，有人会说不好。要采购所有消费者都说好的产品，更是难上加难。五是采购供应难。产品采购好后，不可能一次就供应给最终客户。它涉及供应方式、供应批次、供应时间、供应频次、供应物流及供应商管理等很多方面，任何一方面出现问题的结果都是产品供应出现问题。产品供应必须与需求相匹配，必须综合考虑物流条件、储存成本、产品特点以及产地与销地市场的远近等众多因素，不是拍拍脑袋就能决定好的。提供有机蔬菜的生鲜 O2O 公司——“天鲜配”，它的倒闭很大一部分原因就是产品供应出现问题。“天鲜配”是一家高端生鲜 O2O 公司。因为其货源难保证，常无法满足用户的需求，不得已从不同地方调配蔬菜，继而出现蔬菜品质不能保证的问题。常有消费者投诉“天鲜配”的蔬菜并非有机蔬菜，而是普通的农贸市场的菜。长此以往，必定会丧失好不容易培养的消费者的信心和信任。产品供应有问题的生鲜O2O，最后必定难逃倒闭的厄运。

表 8-3 生鲜 O2O 采购难的主要表现及原因

生鲜 O2O 采购难的主要表现	原因
采购模式决策难	各种采购模式都有其利弊，难取舍
采购供应商比较选择难	同一产品有多个供应商，供应品质、价格差异大，难比较
采购品类定位难	采购品类定位涉及价格、成本、客户需求、供应、物流、市场竞争等多个方面，是一个需要综合平衡的问题
采购执行难	采购涉及寻源、品质鉴定比较、采购谈判、采购数量确定、供应商关系处理、包装、运输等很多方面，再加上农产品品质标准不统一，不同地区、不同商家、不同时间生产的同类产品品质、价格差异大，而且农产品的生产具有季节性，要持续不断地保证高性价比的产品供应并非易事。更重要的是不同地区的不同消费者偏好不一样，同一产品，有人说很好，有人会说不好。要采购所有消费者都说好的产品，更是难上加难

续表 8 -3

生鲜 O2O 采购难的主要表现	原因
采购供应难	产品供应，涉及供应方式、供应批次、供应时间、供应频次、供应物流及供应商管理等很多方面，任何一方面出现问题的结果都是产品供应出现问题

垂直型生鲜 O2O 的采购供应，主要有以下几种模式：一是采购员去批发市场采购；二是采购员去产地直采；三是与国外生鲜进出口公司合作；四是由批发商送货上门；五是由生产者送货上门。显然，不同的采购模式，有不同的利弊。先比较去批发市场采购和去产地采购的利弊，如表 8 -4 所示。

表 8 -4　批发市场采购与产地采购的利弊比较

	去批发市场采购	去产地采购
利	供应链响应时间短； 采购品类多，可进行一揽子采购； 分摊到单品类的采购成本低； 单品采购量与市场需求量更易一致，呆滞库存较低； 采购人力少，采购周期短； 采购过程可操作性强，复杂度低	可寻找与企业定位一致的特色产品； 原产地直供，产品品质和供应链流程可控； 有产品优势，更易吸引消费者眼球； 产品流通过程中闲置等待时间短，产品更新鲜； 易与战略供应商建立战略伙伴关系，批量大时采购成本更低； 通过供应商管理来进行产品品质管理更有效

续表8-4

	去批发市场采购	去产地采购
弊	采购到的产品缺乏特色； 产品质量难把控，不可溯源； 与传统渠道相比没有产品优势； 产品新鲜度难控制； 缺乏上游供应链建设，当供应紧缺时会面临短缺问题和价格过高的问题； 通过眼看、手摸、嘴尝的方式选择产品，容易出现产品品质差的问题	供应链响应时间长； 一个地方，一个特色品牌。采购品种单一； 每一个产品的采购都需要耗费较高的采购费； 单个品种的采购量较大，订单不多时会有较高库存； 产地布点和采购人力储备多，为寻找一个中意产品耗费的时间和成本高； 需要更复杂、更专业的人才，采购管理难度大

我们来具体分析产地采购和批发市场采购的成本差异。从田头到批发市场的环节，一般是大卡车，一次运输约20吨。货物加价平均下来不到50%，包括了产地代办费、运输费、装卸费、包装费(约25%～30%)，再加上产品分级、损耗、仓储、尾货处理、坏账甚至是批发商的利润。以1000块运输费的分摊来比较，产地到批发市场，因为整合了整个城市的需求，一次的运输量可以是20吨，分摊到每一斤的运费为1000/40000＝0.025元。而如果是产地直采，假设该电商在某市场平均每天的订单数为1000个，平均每个订单订购该产品的量为1斤，那么该电商每天能消耗该产品1000斤，假设该产品能储存三天，该电商每三天订一次货，每次订货量为3000斤。平均分摊到每一斤上的运费为1000/3000＝0.333元，是批发模式的13.2倍。小农女的*CEO*杨威，为了说明批发环节的存在价值，以“小农女”向餐饮店提供净菜为例进行了分析。他说：基地一个单品每天单车出货量大概20吨，为

餐饮店提供服务需要 200 多种蔬菜 SKU 的丰富度。全部实现产地直采，每天需要 4000 吨的吞吐量。中小餐馆平均一天约需要 70 斤蔬菜，支撑 4000 吨需要约 12 万家餐馆，这是现在的交易平台短期内无法达到的①。

基地直采，不仅需要在一些蔬菜大省（比如山东、云南、海南、广西等地）布点，一些非重点省市也不能放弃，因为那里也有特色产品。建采购点，不仅要花钱，更重要的是每个点都要配备精兵强将，即专业的采购团队。他们不仅要对产地分布了如指掌，还要对采购谈判、品质把控、合同签订、包装分拣、运输等方面的内容了如指掌。这才能保障既选到好货，又能拿到低价格。要做产地直采，就相当于在这方面与那些做了二三十年果蔬生意的批发商去媲美。显然，生鲜电商的采购员在短期内很难超越他们。即生鲜电商产地直采的拿货价格，与那些有丰富经验的批发商们的拿货价格相比，并不一定有优势。一不小心，还会高很多。

批发市场采购，虽有好处，但其最大的问题是产品没有特色，且大部分是低端产品。而且传统的超市、社区菜店也都是走的批发渠道。消费者随便走几步路去超市，去社区店就可以买到的产品，他们为什么要通过预订的方式，到电商平台去购买呢？而且他们一直以来都是这么购买生鲜的，他们早就习惯了。更重要的是，普通消费者都是价格敏感型，他们选择商家的指标排序是：价格 > 新鲜 > 安全 > 便捷。如果没有价格优势的话，将很难改变普通消费者的消费习惯。在没有大型超市采购批量与库存能力的情况下，能做到的优惠程度是有限的，价格最多低于农贸市场 10%。这个优惠力度很难引诱消费者使用预购的形式来平台消费。没有差异化的商品供应，没有明显的成本与价格优势，采

① 杨威. 城市农产品流通，是颠覆还是整合？. 小农女送菜. 201 - 08 - 16 .

用预订的形式开展生鲜电商业务是很难生存发展的。这应该是“番茄社区”类，通过批发市场采购，定位于低端群体的生鲜电商，最终消失在人们视野的主要原因吧。这也是几乎所有生存发展较快的生鲜 O2O，几乎都是采用产地直采模式，有些甚至是自建农场的主要原因。

2. 生鲜 O2O 面临供应链建设方面的问题

生鲜 O2O 的供应链建设包括上游的供应体系建设、中游的流通渠道建设以及供应链末端的客户群体建设。无论是平台型生鲜 O2O 还是垂直型生鲜 O2O，都会面临供应链建设方面的问题，只是垂直型生鲜 O2O 在供应链建设方面的问题会比平台型生鲜 O2O 更多、更棘手。不管是哪类平台，它的核心价值是整合上游的供应端、下游的客户端，简化中游的流通渠道，提高流通效率。

(1)供应端整合难度大，加大了供应体系建设的难度

首先，分散的、小规模生产，加大了供应端整合的难度。中国的家庭联产承包责任制，使得土地归家庭承包使用。分散化经营模式下，难以实现大规模的机械化生产。目前，中国政府虽通过各种措施，推动土地的流转。但由于土地对农民的保障意义以及现代化农业生产资金、技术、经验缺乏以及农产品销售难等诸多问题的存在，使得土地流转进程很慢。中国农业离规模化、现代化、规范化还很远。小规模、分散生产，具随意性和多样性，这使得中国生鲜产品的非标准化问题突出。由于土地整合的道路漫长，中国生鲜产品的非标准化问题会长期存在，由非标产品到标准化产品也将是一个漫长的过程。土地整合难，农业生产的规模化、机械化难，农产品的标准化难，这一系列难题加大生鲜 O2O 整合供应端、建设供应体系的难度。

其次，供应端的委托代理问题难解决。生鲜产品的主要生产者是社会最底层的农民，其主要诉求是生存。在此诉求下，任何能增加收入的方式其都会被尝试，包括为了获得短期利益，而以

各种理由违反合约条款。所以，期待通过与农户的合作，解决产品供应问题，面临很大的委托代理风险。农户虽承诺提供“绿色、纯天然、有机”的产品，但你不能太相信。一旦虫害来临，他们依然会使用农药。他们虽与你签订了全部产品的供应合同，但只要竞争对手给的价格更高，他们立刻会以产量剧减为由将一部分产品卖给你的竞争对手。总之，与农户的合作，必须花很大精力去防范供应端的道德风险问题，防范一个供应商容易，而要防范成千上万的供应商，其难度可想而知。

再次，互联网化农业生产主体和农业生产环节的难度太大。生鲜 O2O，期待通过将农产品搬到互联网上，从而砍掉传统的层层批发环节，实现农产品生产者与消费者的对接。这需要生产者有能力将农产品的生产环节和农产品搬到互联网上。如果生产者能将农产品搬到互联网上，就能实现农产品销售的互联网化。如果生产者能将农产品的生产过程搬到互联网上，消费者、生鲜 O2O 电商就能对农产品的生产过程有可视化的了解。双方就更容易建立信任，交易就更加透明。农业生产主体和农业生产互联网化的拦路虎主要有：农村互联网的普及率低，基于移动互联网的电子商务和可视化追踪业务还有待在市场普及率和技术支持等方面进行改善；农业生产者的电子商务观念、知识和技术等有待提高。很多农民对下载安装第三方电商平台的手机 APP，始终存在疑虑：他们不相信安装了这个 APP 后，就能通过它把产品卖掉。现在农民对待“通过移动电子商务平台卖产品”的态度，就跟 15 年前大家不敢在网上买衣服一样。他们依然习惯找经纪人，习惯一手交钱一手交货。此外，尽管国家政策鼓励发展农业电商，要积极推动农业的互联网改造，但地方政府在帮助农民、农产品、农业生产的互联网化方面，没有投入太多的热情，没有太多实际举措。

下面以一亩田为例，来了解它是怎么帮助农民实现农产品的互联网化。成立于2011年的一亩田到2014年、2015年终于火了，究其原因是：它让农民伯伯学会了手机上网，学会了网上卖货。如果说零售电商改造了下游批发环节，那么一亩田改造的是批发环节。一亩田从2011年开始尝试了六个方向：第一，是帮农民团购饲料；第二，是鼓励农民在网站上填写养殖档案；第三，是帮农民卖东西给贩子；第四，是找大学生村官合作，每个村搞一个网站，让村官来编辑内容，做农村社区；第五，是帮批发商把农产品卖给饭店的后厨；第六，是农产品交易信息的“去哪儿”模式。前五个都失败了，只有第六个方向是赚钱的，每个月能带来10万元的会员费和广告费①。他们总结出失败的最主要原因是：农民和买家像平行的轨道，碰不到一起。到2013年底时，他们发现：每天访问一亩田的用户里有三成是通过手机登录的。这意味着农民可以通过手机登录一亩田了，这样就可以撮合农民和买家进行交易了。到2014年6月，公司正式实施“线上+线下”的交易模式。为了解决农民上网存在的问题，一亩田公司3000名员工中线下团队就占了2500名，他们每天的工作就是下到田间地头，教育农民、合作社的理事长和种植大户去使用互联网，教他们通过一亩田跟全国各地的买家聊天和交易。

(2)线下渠道建设成本太高、难度太大

生鲜O2O是融线上生鲜交易平台与线下流通渠道于一体的生鲜电商模式。由于采用传统的快递模式来完成生鲜的线下配送，具有响应时间太长、物流配送成本太高以及腐烂变质率太大等问题。线下渠道是所有生鲜电商不得不花巨资打造的。在实践中，线上平台建设线下渠道的模式多种多样：有自建模式，有收购模式，有加盟模式。比如：易果生鲜入股果醋；甫田网被大润

① 邓锦宏．一亩田创始人邓锦宏：当农民在田里也能用手机上网，事情就成了．南方周末，2015－07－24．

发母公司收购；1 号店被沃尔玛收购；顺丰优选铺设嘿店；百果园启动 O2O 计划①；爱鲜蜂与社区夫妻店合作；天天果园自建社区门店。

生鲜 O2O 是片蓝海，可是至今百度、阿里、腾讯等互联网巨头都不敢放开手脚、全力以赴地进入，肯定是有原因的。所有意欲全力以赴的生鲜电商创业者们，必须先好好思考这个原因。因为电商巨头们绝对不会把很容易啃的一块大蛋糕留给毫无经验的创业者们。生鲜电商，是有别于其他电商的。不管你线上产品做得再好，营销策划做得再足，钱烧的再猛，总归要回归线下的流通渠道建设。因为，由快递小哥带着预订的生鲜包裹由产地飞奔至消费者，是不现实的。假设平均每个家庭每天的生鲜需求为 30 元钱，每天的生鲜需求品类为 6 个，可能涉及山东、广西、海南、云南等地的供应商。采用快递模式，就要多个快递小哥合作才能帮你完成 30 元钱的生鲜送货上门服务。这样的话，我们出门碰到的将不再是下楼买菜的邻居大婶，而是一批又一批给我们送生鲜的快递小哥。大婶们下楼买菜的时间，大部分是闲暇时间，是没有什么成本的，有时还能给他们带来愉悦感、满足感。而快递小哥送货上门，是需要支付费用的。

生鲜电商的快递小哥模式行不通。于是就催生了社区生鲜 O2O 模式，即“社区门店 + 生鲜 O2O”。最后一公里采用“送货上门 + 社区门店自提”的综合模式。该模式的线下渠道包括“区域冷藏物流中心 + 冷链运输与配送体系 + 社区门店体系”。线下渠道的任何一部分建设，都需要巨额资金投入。在巨额风险资本的推动下，各大生鲜 O2O 公司开始斥巨资建线下渠道。在风险资本的帮助下，虽建起了线下系统，但高昂的运营成本使得很多公司仍面临现金流问题。2016 年，一年融资 9000 万美元的“爱鲜

① 2015 中国生鲜电商大数据分析报告. 信息与电脑, 2016,(5).

蜂"陷入"裁员""拖欠工资""拖欠货款"等丑闻中难以自拔。已获 D+轮融资，融资数亿美元的天天果园，因其关闭线下门店的举措，而成为媒体舆论风口。与传统批发零售模式相比，渠道建设投入的资金更多，运营成本更高。由于运营成本高，产品销售单价自然低不了。没有价格优势，消费者根本就不会改变早已习惯的现货交易模式为网上预订模式。为了吸引消费者，为了走量，为了将其美好前景展现在投资者面前以吸引风投。于是，疯狂的烧钱补贴，"羊毛出在狗身上，猪买单"的有趣现象在生鲜电商市场反复上演了。不能通过线上线下渠道的融合创造价值，依靠烧钱补贴的生鲜 O2O，怎能长久。

线下渠道的建设不仅成本高，而且决策难。每一个物流中心、社区门店的建设和每一辆冷藏车辆的添置，都涉及成本、收益问题，涉及是否可行的问题。比如：有生鲜 O2O 打出了"1 小时内送达"的口号，为了 1 小时送达，他们必须加快跑马圈地的速度，加快门店体系的建设速度。如果自己建门店，他们必须全面解决以下问题：消费者集中在哪里？就近的社区门店应该建在哪里？门店 1 小时辐射圈内，有多少客户？有多少采购量？收益能否冲抵社区门店租赁成本、人力成本和库存积压成本？客户一般会在什么时候订货？必须配备多少送货员才能实现订货高峰期的 1 小时送达承诺？如果要切实保证 1 小时送到，收益与成本支出能平衡吗？如果不能履行承诺，客户会怎么反应？进一步发展的后果是什么？实践证明，很多生鲜 O2O 公司，就是因为类似问题没有有效解决，导致供应链运营与配送混乱，无法履行当初的承诺而丧失用户的信任。

自营社区门店所伴随的问题难解决，加盟模式呢？是否没问题。事实证明加盟模式建社区门店体系也不是易事，一不小心也会给企业带来灭顶之灾。大家熟知的爱鲜蜂，是通过松散加盟模式来建社区门店体系。"爱鲜蜂"用不到 2 年的时间，即拓展线下门店 12000 家，很多都是在当地经营多年的夫妻店。合作的社区店大约有 20% ~30% 的商品来自于爱鲜蜂的统一配送，门店从这不到 30% 的配送服务中获取少量提成。由于与爱鲜蜂的合作收益仅占其总收益的很小一部分，加盟社区店对爱鲜蜂客户业务的支持度以及爱鲜蜂对加盟门店的约束力，是可想而知的了。有报道：无论是品控、服务还是信息化，爱鲜蜂都没有对终端门店给出清晰的标准。对于因门店服务质量或者是产品质量被顾客投诉时，门店根本无须为此承担太多责任，客服的常见处理模式是“打太极”。

爱鲜蜂直配的商品以直采水果、海产鲜食、特色卤味等高端易变质产品为主，这些产品的标准化程度非常低，门店的服务弹性大。这些非标品无疑成了顾客投诉的主要对象。松散型加盟关系，是爱鲜蜂排列生鲜 O2O 投诉榜首的主要原因，为其后面的发展埋下了巨大的隐患。爱鲜蜂用不足 2 年的时间，快速进入了北京、上海、广州、天津、苏州、杭州、南京、无锡、成都、西安、三河、廊坊等 14 个大中型城市，而其供应链与物流配送布局并没有跟上，导致众多门店并没有真正纳入“爱鲜蜂”直配服务的范围。即使物流与供应链系统已覆盖相应区域，也因仓储分拣和冷链配送能力没能与门店的发展速度相匹配而出现物流配送问题①。

(3)客户的开发、留住成本高

在这几年生鲜 O2O 的各种事件营销、促销推广的影响下，北上广深等一线城市的消费者已基本接受了生鲜网络预订模式，但生鲜电商企业仍面临客户开发成本和留住成本高的窘境。一是市场定位问题使得目标客户群体太少，唯有开发所有客户才能支撑其发展，然而所有客户的开发绝非短期可以做到。比如：多家生

① 一年融资 9000 万的爱鲜蜂要挂了?. O2O 商学院,2016 - 07 - 29. http://finance.eastmoney.com/news/1373,20160729651452766.html.

鲜电商将目标人群定位在工作繁忙又想自己下厨的城市白领身上，寄希望于通过提供代买菜、搭配每日食谱和半成品菜品的选购服务来打开市场，殊不知真正有意愿做菜而又没时间买菜的城市白领数量特别少，很难支撑起蜂拥而至的众多生鲜O2O企业。

二是整个生鲜电商市场仍不成熟，用户习惯仍需要时间来培养。面对生鲜O2O服务，用户既感觉新鲜又觉得忧虑，有小心试验者也有旁观者。他们既关注价格又忧虑质量，既关心配送又担忧安全。他们在网站久久浏览，又迟迟不肯下单。为了打消他们的疑虑，生鲜电商们不得不以更优质的服务、更优惠的价格、更优质的产品来打消用户疑虑、提升用户满意度。没有足够的资本实力，恐难渡过客户开发难关。目前，我国的电商在生鲜食品市场的渗透率还不到1%。2015年，生鲜电商的“死亡名单”上又新增了13家企业。

三是在价格、品质、便利等影响消费的因素中，大部分消费者首选的仍是价格。可生鲜电商偏偏因高昂的线下运营成本而没有价格优势，于是几乎所有生鲜O2O都将目光锁定城市的高收入群体。可高收入群体毕竟是少数，且对于生鲜而言，每个人的日均消费量相差不大，不会因为你有高收入，你就能一顿吃1头牛。由此一来，众多生鲜电商，都挤在一个市场需求量并没有预期那么大的市场。每个电商都在通过补贴促销模式争抢那为数不多的客户。再加上电子商务模式下，客户从一个供应商迁移至另一个供应商的成本非常低。只要鼠标轻轻一点就到了另一个电商平台。很多年轻消费者乐于在不同平台之间切换，以获取“烧钱”模式所带来的意外收获。在这种大环境下，所有生鲜电商都必须面对因顾客黏性低而必须不断促销以留住顾客的无奈局面。

(4)产品质量难保证，供应链问题成行业隐疾

生鲜食品的保质期短、易腐烂等特点时刻考验着生鲜供应链。供应链的好坏不仅关系到货源好坏、品质优劣等方面，也直

接决定消费者的信任、口碑与回头率。为了顺应用户对生鲜食品的高品质期待，生鲜电商都为自家产品贴上“有机”“绿色”的标签。然而现实却只能通过降低品质的手段来保证货源供应。降低品质、不实宣传的最终结果就是最终丧失消费者的信任。供应链难保证，物流配送难以满足用户快速送达的需求，用户在线购买生鲜食品的消费习惯尚未养成，这一系列问题无不使得生鲜电商发展举步维艰①。

(5)过重的供应链，压得生鲜电商创业者们喘不过气来

与便利店的商品大部分具有长期保存能力，连锁便利公司可通过建大型仓储，大批进货与存货，每天定期分拨至各家门店。生鲜产品，需要每日采购，每日筛选、每日分拨，而且为了把控食品质量，整个过程常常又要由自己来完成，这无疑需要一个庞大的供应链体系来支撑。生鲜供应链的特殊性，决定了生鲜供应链无论是在采购、仓储、运输配送以及门店服务等每一个环节都非常重，无论是人力、物力、资金的投资以及日常的管理，都会令生鲜电商创业者们感到不堪重负。

8.2.3　供应链物流问题令所有生鲜 O2O 为之头痛

所有垂直型生鲜 O2O 都不得不直面供应链物流难题，很多生鲜 O2O 倒在物流难题面前而不能自救。表 8－5 列出了供应链物流问题之所以难的主要表现及原因。生鲜电商供应链有自己的特殊性，比如：要求供应链的每个环节能无缝化衔接，要求对产品质量和整个过程进行可视化管理和追踪，生鲜冷链物流设施设备的投入大，仓储、运输以及供应链运营成本居高不下等。垂直型生鲜 O2O 的物流网络非常复杂，每个品种、每个市场对应一条

---

① 郑小涵. 供应链成生鲜 O2O 死穴 3000 家涉农电商盈利遥遥无期. 环球网，2016－07－25. http://finance.huanqiu.com/roll/2016－07/9222097.html.

供应链，每个供应地必须布局供应网络，每个市场必须布局物流配送网络、营销网络，为保证供应链的良性运转，还必须配备与供应链物流网络高度融合的信息网络。所有这些，都是导致供应链物流问题的原因。

表8－5　生鲜*O2O*供应链物流难题的主要表现及原因

物流难题的主要表现	原因
供应链物流体系建设难	冷链物流设施、人才缺乏，重新建设投入大、决策难，决策失误极有可能将企业推入万劫不复的深渊
供应链物流网络布局难	供应链物流网络非常复杂，每个品种、每个市场对应一条供应链，每个供应地必须布局供应网络，每个市场必须布局物流配送网络、营销网络，还有与供应链物流网络融合在一起的信息网络
降低单位物流成本难	生鲜冷链物流总成本高，订单量不足和客单价不高，导致单位物流成本居高不下，物流过程中生鲜的损耗率高进一步推高了单位物流成本
供应链库存决策难	市场需求与供应都不稳定，且不同产品的储存保质期千差万别，既满足需求又不产生呆滞库存的难度太大。
提供让客户满意的物流服务难	客户对物流服务的时间、地点、质量的要求都非常高，且订单数量波动大，企业物流服务能力有限

供应链物流总成本居高不下，其中最明显的是包装成本和冷链成本。易损坏的生鲜食品一般用独特的气泡膜包裹，为了防止商品在物流过程中相互碰撞还会夹带防护层，类别不一样的商品还需另外配备不同的箱子。生鲜食品大多需要冷链配送，成本是普通常温配送的 130%。此外，因订单量不足和客单价不高，导致分摊到单位订单、单位产品、单位金额的物流成本都非常高。居高不下的物流成本成为阻碍生鲜电商发展的巨大绊脚石。据顺丰计算，单在北京市六环内平均每单的冷链配送成本在 40 元以上，客单价必须超过 100 元才能保证不亏。提高订单量必须降低产品价格，而提高每个订单的最低订货金额又会将一部分消费者拦在交易的大门之外。如此一来，提高订单量和每单金额成为生鲜 O2O 为之头痛的背反问题。此外，生鲜的易腐性以及物流过程中更易损耗的特点加剧了生鲜 O2O 降低单位物流成本的难度。

2015 年 7 月，“六六”开撕“京东”的帖子漫天飞舞。一个女作家买到腐烂山竹的事件，引起了生鲜电商和消费者两方的普遍关注。从“天天果园”的公开道歉信和其他生鲜电商对“天天果园”的力挺以及网友借吐槽自身类似经历以支持“六六”，折射出生鲜电商和消费者双方都不容易。“天天果园”不会有意将腐烂的山竹卖给“六六”，事情出来后管理层到冷库排查了同批次山竹，发现同批次的其他山竹并没有腐坏。但“六六”在“京东”的“天天果园”旗舰店里买到的山竹确实开始腐烂，这是不争的事实。这折射出生鲜电商在果蔬产品物流过程中的保鲜难、保鲜成本高问题上的无奈和挣扎。

每一个生鲜 O2O 都会面临库存决策难题。因为生鲜电商市场不成熟，处于怀疑、犹豫状态下的消费者，需要商家的推动才会行动。而商家的促销推动，改变的将是市场需求曲线，带来的是需求量的起伏波动。市场需求不稳定状态下，商家的订货时间、订货量以及库存水平等都将是难解之题。与需求波动大相对应的还有供应周期性、供应不稳定问题，供应端的不稳定进一步加大了生鲜电商采购库存问题的难度。更麻烦的是，每个生鲜面对的是几乎所有品类的生鲜产品，且不同产品的储存保质期千差万别，垂直型生鲜电商们想既满足需求又不产生呆滞库存的难度太大。为了避免缺货情况的发生，很多生鲜电商都会按峰值储备库存。比如：平均订单数为200～300，那么电商们的订货量一般为300，但当市场需求为200的情况发生了，那么剩下的100就会成为商品损耗，因为大部分生鲜的保质期仅为1～2天，这些损耗可能会让一天的利润变为0，甚至负数。所以控制库存、控制损耗是生鲜电商决策的重中之重。

想为客户提供满意的服务，是所有生鲜电商共同的心愿。然“理想很丰满，现实却很骨感”。一是因为客户对物流服务的时间、地点、质量等的要求都非常高，而且在商家们相互竞争的推动下会不断提高。二是每个生鲜O2O都必须面临订单数量波动大所带来的系列问题，其中一个问题就是配送资源、配送能力的储备问题。如果按订单峰值水平储备配送能力，服务水平是保证了，但是居高不下的物流配送成本，谁来买单；如果不按峰值水平储备配送能力，必然会出现因不能及时配送而产生的顾客不满意问题。三是大部分生鲜电商都是最近两年发展起来的，其物流服务能力都有待沉淀、有待积累。

8.2.4 生鲜O2O陷入“烧钱”营销困境

在热门的O2O创业领域，例如餐饮（外卖）、打车，由专业团队和资本巨鳄打造的公司往往能够成为行业巨头。而另一个有趣的现象是一旦行业巨头诞生，其他小公司就难以生存。这背后的逻辑很简单，那就是O2O产品，必须同时连接消费者、服务提供者。创业公司需要将平台上的消费者、服务提供者按一定的比例稳定下来，并逐步提高其数量（用户量）。在这种背景下，烧钱和补贴大战必不可少。在这种靠“烧钱”扩大用户数量的竞争中，小公司纷纷倒下。大家熟知的打车 O2O，“滴滴”和“优步”垄断了大部分市场，大部分类似的公司销声匿迹后，滴滴和优步的合作提到了议事日程。生鲜 O2O 会不会像其他服务 O2O 一样，在经历“烧钱”大战，挤垮了其他竞争对手后，行业大佬们再走到一起来谈合作。显然，只有大佬们最后都选择了合作，“烧钱”大战才能真正停止。生鲜农产品保鲜期限短、品类多样化、用户需求差异化影响了生鲜 O2O 营销区域范围的极限，决定了短期内生鲜 O2O 很难像其他 O2O 一样快速整合。生鲜 O2O 的“烧钱”困境还会继续。下面简单介绍三个生鲜 O2O 的炒作案例，来感受生鲜 O2O 的“烧钱”困境。

中粮“我买网”炒作声量不断。2012 年 6 月 1 日，中粮我买网联手腾讯 QQ，推出经营型游戏“中粮我买网超市”。2014 年 1 月12 日，我买网家纺隆重上线，推出了系列抽奖活动；2014 年 3 月份推出“我买网放心进口奶”和“中粮我买网西湖龙井茶产地直送开始预售了”等转发有奖活动；2014 年 8 月，举行“我买网 5 周年”系列活动。2014 年 12 月推出“购浓醇金帝，赢我买网礼包”转发有奖活动，使推动声量达到最高峰。中粮我买网依靠国字号品牌“中粮”集团，致力于打造中国最大、最安全的食品 O2O 平台。2015 年 1 月 13 日，中粮我买网联手阿拉善 *SEE* 生态协会，进行“任小米”的营销。2015 年 4 月，中粮我买网的吃货节进行到第三轮，美食买一赠一。2015 年 8 月，部分商品低至 1. 8 折；2015 年 12 月中粮我买网生鲜跨年盛宴买 1 送 1，还可叠加使用“299 - 100”的券。互联网上关于我买网促销活动、我买网优惠券、我买网吃货密码等关键词成为网民搜索的热点。

“爱鲜蜂”的促销力度也不小。成立仅一年的爱鲜蜂从 2015 年 3 月初发力，日活跃用户数量(DAU)呈火箭式增长，甚至超过了中粮我买网。原因是爱鲜蜂从 3 月份开始不间断的烧钱大促和地域扩张。数据显示，爱鲜蜂在 2015 年 8 月至 2015 年 10 月的

DAU 为 115000，与本来生活网的 108000 接近，但远低于活动不断的中粮我买网的 567000 。2015 年 7 月，爱鲜蜂推出了“全城秒杀季”和“9 元享爱鲜蜂 39 元代金券”活动。2015 年 7 月 21 日至 8 月 20 日，爱鲜蜂联合可口可乐进行促销，活动产品平均售价低于 15 元。这是继“鲜果盛宴”后爱鲜蜂祭出的让利优惠组合拳。

本来生活网“烧钱”促销的力度与我买网和爱鲜蜂相比要小很多。2014 年 7 月进行了难得的促销活动，推出 717 两周年店庆“回家吃饭节——掀锅盖”抽奖活动。我买网擅长事件营销，这是它的一个优点。2012 年本来生活网策划褚橙进京，褚橙一炮而红。2013 年本来生活继续网络独家销售褚橙，通过“80 后致敬”“80 后活动”扩大褚橙在年轻群体的影响面。仅 50 天左右的时间内卖出了近 1500 吨褚橙。从 2012 年的“褚橙进京”到“潘苹果”，本来生活网创造了一次又一次成功的事件营销。2015 年 4 月，本来生活网斥资 5000 万，上线“1 元购”频道，利用优惠政策培养用户，以期未来用户习惯培养出来后会出现一个爆发点。

通过“补贴”“烧钱”做起的单量，用户忠诚度一般会有问题。一位超市经营者做了一个实验。他的超市推出了 *APP*，用于顾客线上下单店主送货上门。该经营者同时在两个城市推广，一个城市采取补贴策略，另外一个城市没有补贴。结果是采取补贴的城市开始阶段发展更快，但停止补贴后顾客流失也多，最终没有补贴的城市顾客留存更多，因为他们使用 *APP* 的原因是真有需求，而不是因为补贴。

生鲜电商目前就是处于这样的窘境。生鲜电商领域玩家太多，补贴太多，惯坏了消费者。褪去补贴之后，他们将面临客户流失的窘境。几乎所有生鲜电商都已经陷入补贴的怪圈，越是补贴，越是亏损。因为亏损，就想争更多的流量和会员，就不得不继续用补贴作为噱头吸引消费者①。

---

① 杜非. 生鲜 O2O 创业的痛点. 亿欧网，2015－09－24.

第 9 章　生鲜 O2O 供应链物流优化

9.1　生鲜 O2O 供应链物流难题的基本应对之策

在第 8 章，分析了生鲜 O2O 供应链物流的几大难题：一是供应链物流体系建设难，原因是冷链物流设施、人才缺乏，重新建设投入大、决策难，决策失误极有可能将企业推入万劫不复的深渊。二是供应链物流网络布局难，原因是供应链物流网络非常复杂，每个品种、每个市场对应一条供应链，每个供应地必须布局供应网络，每个市场必须布局物流配送网络、营销网络，还有与供应链物流网络融合在一起的信息网络。三是降低单位物流成本难，原因是生鲜冷链物流总成本高，订单量不足和客单价不高，导致单位物流成本居高不下，物流过程中生鲜的高损耗率进一步推高了单位物流成本。四是提供让客户满意的物流服务难，原因是客户对物流服务的时间、地点、质量的要求都非常高，且订单数量波动大，企业物流服务能力有限。

针对以上问题，本书简单介绍一些基本的应对之策。

9.1.1　生鲜 O2O 供应链物流体系建设难的基本应对之策

供应链物流设施的建设要综合平衡成本与收益。供应链物流设施包括产地集货中心、区域仓储中心、销地配送中心、社区服务站等。无论是哪一层级、哪一类的生鲜供应链设施，都必须配置冷链设施，这是生鲜供应链物流设施的基本特点。这一特点决定了自建生鲜物流设施的成本高、投入大。在决定自建物流设施时，首先必须考虑自建物流设施需要投资多少，包括一次性的投资和运营支出，能节约哪些费用；然后再思考、再调查，能给客户带来多大价值，包括响应时间缩短所带来的价值、多样化需求满足的价值和新鲜度提升的价值；最后要结合企业的战略目标，分析设施的建设能给企业带来的回报，包括短期的收益增加和长期的因形象提升、战略目标实现所带来的收益增加。生鲜 O2O 在进行供应链设施规划时，常常会夸大战略目标方面、品牌形象方面的收益，总认为有了这个设施，战略目标就能实现，没有就不能。殊不知，如果该设施的建设，导致企业现金流出现问题，眼下生存都存在问题的话怎么还能实现战略目标。对于实力较弱的新创业企业来说，物流设施的建设能增加收益才是关键；当然，对于那些拥有资本大佬雄厚资金实力支持的企业来说，物流设施的投资，除了能带来订单增加的收益、成本节约的收益外，还有一项不容忽视的地产投资收益。没有雄厚风投资本支持的生鲜 O2O，对于不能创收的设施，宜通过货物直送、租赁公共设施与加盟社区生鲜店等方法来解决。

爱鲜蜂采用的“社区店加盟”的大思路是不错的，关键是对加盟店的激励、约束问题以及加盟店生鲜直配问题，没能有效解决。关于激励约束问题，关键是能让他们从加盟中获得好处。门店销售的 20%~30% 的产品由爱鲜蜂直配，这样做不利于激励门店以及对门店进行管理。首先是门店仍然必须自己去采购，每天凌晨仍然要从热被窝中爬起来去进货。这项很大的进货成本支出，爱鲜蜂没有帮加盟店节约。其次，自有货物和爱鲜蜂的货物，混在一起，肯定不利于管理。再次，门店从与爱鲜蜂的合作中，所获收益非常有限，有限的收益不能激励门店将消费者从线下引到线上，不能有效发挥加盟店在平台推广和消费者网购习惯培养方面的作用。至于约束方面，由于爱鲜蜂给加盟店带来的收益有限，自然无法对其实施太多约束。就是制定有完善的约束制度，也难实施。

对于生鲜直配问题，应该采用多样化的配送方式。首先，应该整合所有加盟的社区生鲜店，为他们提供统一配送。这样才能既实现采购、运输、配送的规模化，又节约门店的采购成本。其次，应将所有生鲜按需求波动度、储存成本、在家庭生活中的重要性等指标，分为门店持有、区域物流中心持有、产地持有等几类。对于一般的每个家庭都需要的米、面、猪肉、鱼、常见蔬菜等大众需求产品，它们的需求相对比较稳定且持有一天的成本不高(主要是腐烂变质成本)，这类产品宜采用社区门店持有模式。每天凌晨由销地配送中心统一配送至各门店，可以通过一天两次的配送模式，减少各门店的库存持有量和损耗。对于这类产品，可以承诺顾客下单 1 小时内送货上门。其次，对于特色的、消耗量较大、单价比较贵的土鸡、土鸭、常见海鲜等则由销地配送中心配送，消费者先天下单，第二天清早由销地配送中心配送至社区门店后，再由门店配送上门或者是消费者到社区门店自提。最后，对于那些每天的订货量小、订货具有独立性，且快递成本不高的产品，可以采用产地持有，产地直配的模式。

9.1.2　生鲜 O2O 供应链物流网络布局难的基本应对之策

生鲜 O2O 的每个品种都对应一条供应链，每个供应地必须布局供应网络，每个市场必须布局物流配送网络、营销网络，还有与供应链物流网络融合在一起的信息网络。所有这些网络，如果都是自建、自营，其建设成本、运营成本之高可想而知。成本高还只是一个方面，关键是企业还有可能因此陷入“食之无味，弃之可惜”的窘境。生鲜产品的产出具有季节性，除了在山东、广西、海南、云南等集中供应地建固定采购点外，其他供应频率不高的产地宜建合作性的或者是临时性的采购点。比如：与当地批发市场富有经验的批发商合作，与当地政府、农业生产合作社合作，可发展临时性的供应中介、经纪人等。而对于销地配送网络而言，早期，可通过加盟方式、租赁方式，随着订单量的增加，再逐步在业务集中区自建物流设施、物流配送网络。此外，还有一点就是供应网络、客户需求网络、物流配送网络要能在量和质这两方面实现同步增长，任何一个方面增长过快都会给企业的良性发展带来障碍。

9.1.3 生鲜 O2O 降低单位物流成本的主要措施

生鲜 O2O 的物流成本之所以高，原因主要有：冷链物流推高了物流成本；快递方式的包装成本太高；订单数太少，物流资源不能充分利用等；生鲜损耗率太高，包括自然损耗和订货量太多带来的损耗；市场需求波动大、物流配送体系建设不科学，导致物流资源浪费严重。针对以上原因，笔者认为，可以通过以下措施降低单位物流成本。

首先尽可能采用直配模式，即结合市场需求，分批次采摘生鲜，采摘后立即配送至门店，以减少生鲜在物流配送中的等待时间。大部分生鲜，如果从产地直配至门店，一般控制在 12 个小时内，就是没有冷链设施，也能基本保持新鲜。如此一来，可节约冷链物流成本和损耗成本。但必须尽可能从品类、时间、产地、销地、线上线下等几个维度进行整合，以发挥运输的规模效应，降低运输成本。比如葡萄、梨子上线的季节，可沿某一运输线路，集中开发几个葡萄、梨子品类，便于整合多个品类后集中配送至销地市场。其次，在销地市场，加大向顾客的推广力度，并约定每 3 天采送一批次，保证现采现送，如此一来，就可以实现时间维度、销地市场需求维度的整合。再次，整合线上订单和线下传统市场需求，比如加盟店线下的进店消费。如果还不能实现运输的规模效应，还可以结合批发业务、其他线下零售业务的需求。

对于快递方式的包装成本太高问题，可以考虑集中配送至门店方式，到门店后再进行基本包装，从而节约包装成本。对于订单数太少，物流资源不能充分利用的问题，在早期可以考虑整合传统零售业务，为他们提供集中采购、集中配送服务。或者是将物流服务外包，通过第三方物流来整合社会物流需求。对于生鲜损耗率太高问题，除减少生鲜在物流途中的等待时间外，对于价值比较高的产品还是有必要考虑冷链和较完善的包装保护措施，此外就是要加大市场需求预测，特别是促销活动的预测，以制定更合理的采购计划。对于不能及时销售的产品，建议设立储存时间临界点和折扣店，一旦到达零界点，即由折扣店来通过打折的方式销售。对于市场需求波动大的产品，则采用从配送中心配送或者是产地配送的方式。当然，余下还有就是合理规划设施、加强物流管理，合理调度产品和车辆，这些在下面几个模块中会有较详细的分析。通过多种方式的齐抓共管，对降低单位物流成本应该能有积极的作用。

9.1.4　对于提高客户满意度问题，要综合考虑成本与收益

客户对物流服务时间、地点、质量等方面的要求，有些是正当的，有些则是被商家娇惯出来的。生鲜质量问题，是基本要求，是不能因为成本收益问题而打折扣的。而对于时间问题，则是可以商量的。无论约定的是 1 个小时内送达、6 小时内送达、12 小时内送达、24 小时内送达还是一个星期内送达，只要承诺了就必须做到。此外，对于某些特殊服务，要确定是否是客户真

正需要的。检验的方式是要求客户支付少量的费用。比如说：设有社区门店的市场，可采用社区门店自提和送货上门两种终端物流方式。对于送货上门方式，可要求顾客支付 1 ~ 5 元不等的上门费。对于大力度促销活动形成的订单，可通过设置集中收货点由顾客上收货点提货的方式来减少终端配送压力。对于特殊的从产地配送的产品，可以考虑支付少量快递费的模式以检验该产品是否是顾客真正需要的产品。

9.2 生鲜 O2O 供应链产品集成调度优化

9.2.1 生鲜 O2O 供应链产品集成调度问题描述

1. 生鲜 O2O 集成化供应链运作模式

供应链集成是有效整合“散、弱、独”的生鲜农产品生产主体、“散、异、小”的生鲜农产品消费主体、各类异质农产品分销商、以及社会物流服务商的有效手段，是实现农产品流通一体化，解决我国农产品流通高成本、高损耗问题的重要途径。基于 O2O 的线上加线下的农产品供应链集成模式是随着电子商务的快速发展而诞生的融传统销售和电子销售优势于一体的新型模式。该模式是在供应链核心主体——供应链服务集成商的主导下进行。一是组建生鲜农产品生产供给网，建立生产者直销式电子商务平台。二是在目标市场以直营或加盟的方式布局线下营销、配送等终端服务网，依靠这种“无孔不入”的终端服务网有效实现“最后一公里”“四流”的整合。在供应链服务集成商的主导下，各生产者协同开展线上营销，各终端服务站点协同开展线下营销，实现“多主体协同营销 + 多主体多渠道订购 + 订单整合 + 配送上门”的融线上线下于一体的集成化生鲜农产品流通模式。三是充分整合社会物流服务资源，构建“农村个体运输 + 城乡干线

货运公司 + 产销两地集散货中心 + 城市配送终端”的供应链物流服务网。各物流主体协同开展供应链物流服务活动，特别是基于海量订单驱动的农产品运输与配送活动。四是通过电子商务平台和现代信息技术的有效融合，编织农产品供应链信息网，实现农产品供给信息、需求信息及其他服务信息的同步传输和高效共享。五是通过城乡金融、保险等机构的加盟，构建金融服务网，以根据供应链协同契约开展供应链价值的实时分配与流通。多样化的生产者组成的农产品供给网、无孔不入的终端服务网、社会化的物流服务网，现代化的信息网以及资金流通的网络，这些网络的同步化、协同化运营，是该模式取得成功的关键。该模式的成功运作，一方面可有效克服我国传统农产品流通模式所存在的交易环节多、交易不确定性大、交易双方信息不对称、交易成本高，以及从农田到餐桌的流通时间长、流通损耗大、流通效率低等诸多问题；另一方可有效克服现有电子流通模式所存在的集成化、组织化程度低，单次流通批量小、流通价值低、单次物流成本高等所致的物流成本与商流价值比例失衡，以及订货周期长、消费者权益保障机制缺乏等系列问题。

2. 生鲜 O2O 产品集成调度问题的产生流程描述

成功运营基于“O2O”的农产品供应链所面临的一个重要问题是农产品集成调度问题，该调度问题是由海量订单驱动的。其具体产生流程为(图 9－1)：第一，基于“O2O”的集成化农产品供应链网建立后，供应链生产主体将其产品名称、价格、质量、数量、性状等相关内容发布在生鲜 O2O 平台上；第二，最终消费者通过平台、电话、线下服务站点等多渠道了解所需产品信息，有必要时甚至可在终端服务站点查看样品；第三，消费者通过线上(电子商务平台)、电话、线下(服务站点)等多渠道下达订单；第四，供应链服务集成商通过信息系统分析整合订单信息，并发送给生产、供给主体、物流主体；第五，供应链调度系统根据供需信息和可供使用的物流资源分析得出农产品调度方案；第六，供应链生产主体按照调度系统指示的时间、加工等要求进行货物采摘、清洗、分类、称重、贴标、打包等作业；第七，通过供应链服务集成商的集成调度，指示各物流主体按调度方案开展农产品的协同运输与配送服务。

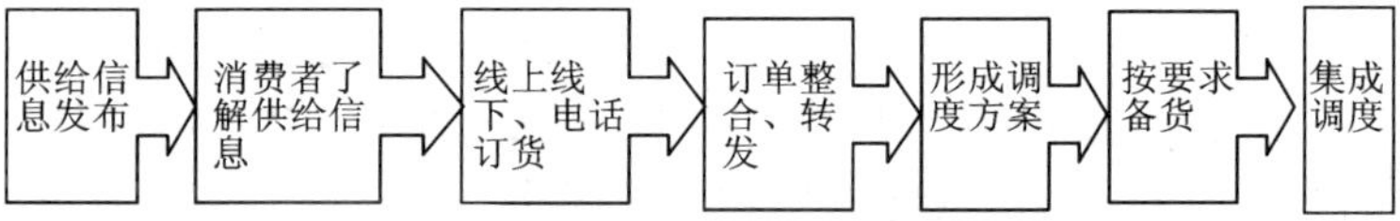

图9-1 基于O2O的农产品集成调度问题的产生流程

3. 生鲜O2O产品集成调度问题的复杂性及意义描述

通过上面对该供应链运作模式及调度问题产生流程的分析可知，该供应链产品调度问题涉及海量的分布在广阔农村地区（本文以湖南省为例）的动态农产品生产（供给）主体，海量的集中在某一个或某几个目标市场（本文以长沙市场为例）的动态消费主体，海量动态的定时、定产品、定量、定初始发货点、定最终收货点、多供应主体、多品种小批量的订单。因此，该供应链产品调度问题是一个非常复杂的多发货点、多收货点、多品种、多运输主体、小批量、运到时间及运量等已确定的动态确定型运输问题。在该供应链运营初期，农产品供给主体、消费主体及订单数量均有限，物流规模效应有限，单位物流成本较高。此时，整合社会物流供给资源与社会物流需求资源，发挥供应链系统内外物流供求资源整合的集成效应，有助于降低单位物流成本。随着供应链的快速发展，供应链产品调度问题所面对的初始发货点、最终收货点以及订单数将呈几何级数增长。此外，为迎合消费者不断增长的个性化需求，整个供应链必须不断增加个性化的产品供给和服务，由此带来的订单差异化、产品差异化、服务差异化将使整个供应链的产品调度工作更加复杂。因此，在供应链运营初期就建立智能化的产品调度系统，并整合社会物流供给与社会物流需求资源，协同开展供应链内部以及外部产品的物流（快递）工作，以有效降低单位产品的物流成本，实现供应链物流、商流、资金流及信息流的良性循环，对生鲜 O2O 的集成化供应链的健康有序发展将发挥决定性的作用。也就是说，能否有效整合社会物流资源，能否设计科学的供应链调度系统，能否高效进行供应链产品的集成调度，决定生鲜 O2O 的生存和发展能力。

4. 生鲜 O2O 产品集成调度问题的组成部分描述

通过以上分析，可得出生鲜 O2O 产品集成调度问题由海量消费订单驱动，且各组成部分具有以下特点：（1）农村地区的发货客户和目标城市的收货客户分处于不同地域，所以该调度问题属于先取货、后送货的取送结合的产品调度问题。（2）考虑客户性质、规模的多样化，以及生产类供给客户的最初发货量和最终收货客户收货量的巨大差异性，将农产品供给客户分成供给大户和小户两类，对超过一定量的供给大户采取产地直发模式，而供给小户则采取产地集货点集中发货模式；对城市最终收货客户也按其订货量分成订货大户与小户，对订货量较大的食堂、酒店等订货大户采取直送模式，而对城市居民则采取由终端服务站点代收模式。因此，该供应链调度问题涉及的发货客户有产地自发的大户、代发的集货类客户，收货客户有代收的终端服务站点和自收的订货大户。假定客户的每一次发货或收货都会产生交接成本，且与交接货量无关。（3）初始发货点、初始发货量、初始发货品种、最终收货点、最终收货量、最终收货品种等已确定。（4）根据问题的实际情况，确定各最终收货点的最早收货时间、最迟收货时间。（5）可选车辆多样化，可包括自有车和各地不同公司的社会车辆，车辆载重、适载产品、车速等均以给定，不考虑车辆的发车点，不考虑车辆的返回，按照单位重载里程确定车辆使用费用。(6)可选中间集散点、转运点及集散货成本和转运成本已确定。(7)各节点间的可选道路及道路里程给定。(8)该问题是在满足上述约束的条件下，设计科学的生鲜O2O供应链产品调度成本最低的调度方案，以确定供应链产品从最初发货点到最终收货点的最优流动路径及作业车辆。

9.2.2 生鲜O2O产品调度优化思路

1. 分区调度以整合海量分散客户

首先，供给网络分区以快速整合海量生产类客户——以湖南省为例。

供给网络分区是快速整合分散的海量供给主体的第一步。供给网络分区是按供给主体所在地理位置、行政区域和主要交通运输干线的不同而对供应链的供给网络进行区域划分。分区的目的是为了设计合理的多层次集货点，更有效地进行产地集货，开展集货运输或接驳运输。下面以长沙为目标市场将湖南省内的供给网进行多层分区，介绍供给网分区的基本思路。

将湖南省内与长沙市场相连的高速公路进行左右摆动扫描，两边δ车程内的区域作为供应网的第一层分区。比如：与长沙相连的京港澳高速(G4)、京港澳+泉南高速(G4+G72)、沪昆高速(G60)、长沙绕城高速(G0401)、杭瑞高速(G56)、二广高速(G55)、二广高速长张联络线(G5513)等交通干线为射线，将射线进行左右摆动扫描，射线两边δ车程内的区域可初步确定为第一层的沪昆高速西区、沪昆高速东区、京港澳高速北区、京港澳高速南区、杭瑞高速西区、杭瑞高速东区等，如图9-2所示。图中实线表示已建好的高速公路，虚线表示沿高速公路进行的初步分区。

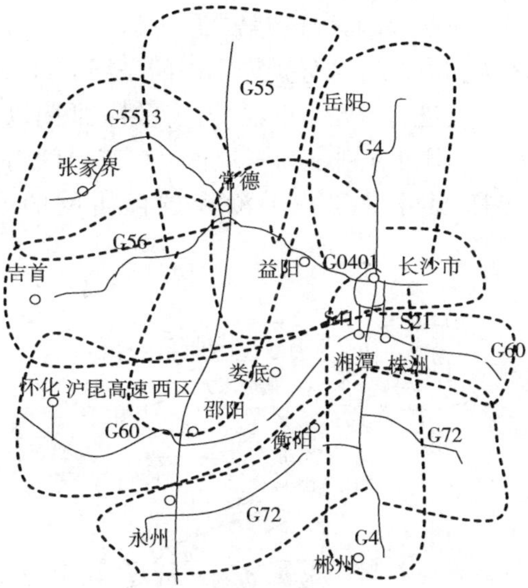

图 9－2　基于长沙市场的湖南农产品供给网络分区

δ 值的大小依高速公路所辐射的范围、内部通道设置、潜在集货点位置、供应商密度和订货量大小等的不同而不同。(1)辐射范围是指通过该高速公路开展物流人流的区域范围，一条高速公路具体辐射范围与将该高速公路左右旋转扫描所覆盖区域内部的通道网(其他与之相连的国道、省道、市道、镇道、乡道和村道等)有着密切的关系；(2)潜在集货点位置则通过影响农产品从产地至集货点的路程及时间而影响 δ 的取值；(3)供应商密度及销售量大小则通过影响集货效益而影响 δ 的值，特别是两条或多条高速均能辐射的临界区域内的客户，有多个潜在集货点供选择时，选择集货效益高的集货点进行集货能有效缓解因供应商密度低、销售量小所带来的单位调运成本高的问题。

在第一层分区的基础上，再结合车程、农产品供给主体密度以及供应链响应速度等因素进行第二层分区。如：可沿上瑞高速的邵阳以东区域和以西区域分别作不同的二层分区，在二层区内还可按行政市、县进行三层、四层分区，如：邵阳以东区内的湘潭市、娄底市、邵阳市分别设为三层区，在三层区内再按县进行四层分区，这样就可得到一个湖南省供给网的多层分区图(图 9.3)。

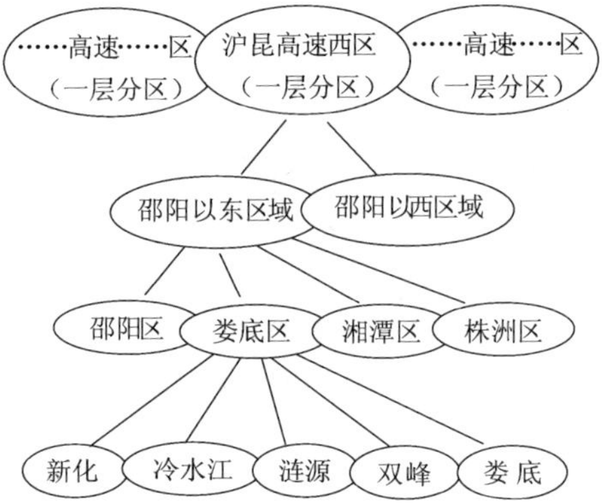

图 9－3 湖南省内供给网络多层分区示意图

其次，需求网络分区以有效整合目标市场的海量客户——以长沙市为例。

需求网络分区是有效整合目标市场海量居民类客户，科学布局终端服务站点、设计终端配送网络的基础。需求网络分区的思路主要为：

第一，结合货物进入长沙市场的路径和方向进行目标市场的初步分区。解决这个问题要考虑以下影响因素：一是农产品供给者所处地理位置与目标市场的区位关系，比如，从地理位置关系可知，长沙市位于湖南省东部，湖南省内生产的农产品将主要从西、南方进入长沙市场。二是长沙市的主要农产品集散市场，比如，长沙市南边的红星农副产品批发市场、东边的马王堆批发市场，新规划的大型农产品批发市场也都位于长沙市东边。由此可知，从批发市场进入长沙的农产品将主要选择从东、南两个方向进入。三是潜在的长沙市配送中心选址，这是最核心的决定整个供应链农产品流入路径和方向的因素。当目标市场较大，客户密度较高，就必须在目标市场设立一个甚至多个面向整个目标市场的配送中心，以整合目标市场的配送业务。如果长沙市配送中心定址南边，就以与配送中心相连的南北快速通道为山骨架来将长沙市进行初步分区，当配送中心定址东边，则可按东西方向将与配送中心相连的主要快速通道将长沙市场进行初步分区。四是农产品主产地与目标市场相连的高速公路布局，这在供给网络分区部分已有分析。以上四点对目标市场分区的作用基本相同，都是通过影响农产品进入目标市场的入点而决定农产品在目标市场内流动的方向与路径。五是目标市场内(长沙市)的主要交通干线，比如纵贯南北的主干线芙蓉路、万家丽路、潇湘路等，横贯东西的“五一路+枫林路”，“三一大道+岳麓大道”，以及长沙市二环线、长沙市绕城高速等。这些是货物在长沙市内快速流通的主要通道，结合这些快速通道就可得到长沙市的初步分区。如图9-4所示。

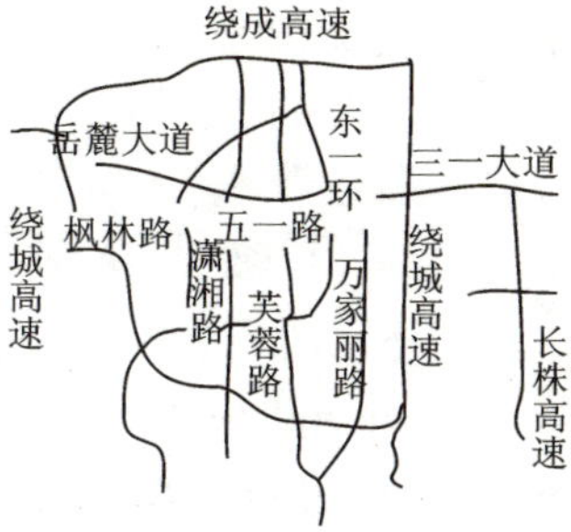

图9-4 按主要交通干线的长沙市分区示意图

第二，考虑目标市场的潜在需求量。需求量大、潜在客户密度高的区域分区密度也要高，一个区所覆盖的地域范围相比要小；而客户量少、订货量也小的地域分区密度相应就较低，一个区所覆盖的地域范围相比而言就要宽。目标市场潜在客户数量是目标市场潜在客户收入水平、潜在客户消费模式和习惯、竞争对手数量与竞争力、终端配送站点数量与位置以及供应链协同营销的力度与效果等变量的函数，因此，应在对以上相关因素进行充分调查分析的基础上来判断目标市场不同区域的潜在客户数量。

第三，要考虑供应链所承诺的响应速度、服务内容等因素。为了对客户的服务需求进行快速反应，就要进行多层分区，设置多层集散点、接驳点和终端服务站点，以便于在不同层级间开展快速的接驳式配送，并增加终端服务站点的数量，减少服务站点与客户的空间距离。此外，分区时还应考虑在目标市场的总配送成本，包括多层集散点、接驳点和终端服务站点的设置5运营成本、货物在不同层级节点间流动的成本以及不能及时响应用户需求、用户的不满所带来的损失等。

2. 单元化、模块化调度以降低供应链产品调度的复杂性

通过上面对生鲜O2O集成化产品调度问题的复杂性分析可知，无论采用何种调度模式，都宜建立在单元化、模块化调度的基础上。单元化、模块化调度是指为了简化销地配送中心的分拣、理货、备货等配送工作的复杂性，提高供应链产品调度的效率，增加从源头生产者到最终消费者的供应链信息追踪的可操作性等，将整个供应链产品以“基本单元”为单位整合为多层货运模块，并对供应链货运模块的组装、运输、分拆、配送等作业进行调度。单元化、模块化调度的成功运作涉及以下几个方面。

(1)供应链产品销售和订货的单元化是单元化、模块化调度展开的前提。单元化销售和单元化订货是指农产品生产者按照“基本单元”进行产品的预售，消费者则按“基本单元”确定订货量，比如：生产者以半斤作为某产品的基本销售单元，那么消费者的购买量则只能为半斤的正整数倍。依据不同的产品类别、消费习惯等确定科学的预售“单元”，对产品销售、分割加工、包

装、分拣以及运输成本等有着重要意义。预售的重量或数量单元太小，不仅会给消费者的购买带来不便，而且会增加大量的加工与流通成本，而预售单元过大，则会因超过消费者单次消费需要，而降低消费者的购买意愿。

(2)订单的合理分拆与整合是单元化、模块化调度工作顺利进行的基础。由于供应链产品的调度涉及海量订单所对应的海量消费主体、海量生产主体以及各类集散货点、接驳(中转)点等，因此只有将海量订单分别按照生产者类别、产品类别、市配送中心、区接驳点以及终端服务站点等进行订单信息的分拆后，再将分拆后的不同订单信息按照生产者、产地集货点、中转点、市配送中心、区接驳点以及终端服务站点等进行供应链订单信息的合理整合才能有序进行整个供应链的调度任务。供应链订单信息的分拆与整合主要解决以下问题：①分拆消费者订单信息以获得如下信息：消费者名称、地址、电话，为消费者提供服务的终端服务站点名称、所属销地分区、市配送中心名称，所订购的产品类别、数量、重量、体积及送货时间窗，为其提供产品的生产者、对应集货点、所属产地分区。②针对终端服务站点，需要整合如下信息：当天该配送站点所服务的所有消费者数量、名称、地址、订购产品类别、数量、送货时间窗，涉及的生产者名称、产品类别及总量，所接收的产地集货模块名称及集货模块数量。③针对销地分区接驳点，必须整合以下信息：每个终端服务站点所订购的生产者名称、产品类别及总量，每个终端服务站点应送货的模块名称、数量及时间窗，接收的产地集货点名称及产地集货模块数量。④针对市配送中心，必须整合以下信息：销地分区接驳点订购的生产者名称、产品类别及总量，应送至销地分区集货点的集货模块名称、数量、重量、体积，应接收的产地集货模块名称及数量。⑤针对产地中转性接驳点应整合以下信息：中转的产地集货模块名称、数量、重量及体积。⑥针对产地集货点，应依次按照消费者、终端服务站点、产地集货点、销地分区接驳点、市配送中心进行供应链订单信息的整合，这些信息是产地集货点进行多层模块化包装的基础。在该集货点开展集货运输及包装加工等作业的生产者名称、产品类别及数量单元。⑦生产者必须知道：订购客户名称、产品、数量，每类产品订购总量。

(3)单元化、模块化包装是单元化、模块化调度的保证。单元化包装是指农产品经过采摘、清洗、分类等基本加工作业后，农产品生产者按照预定的基本重量单元或数量单元以及某特定消费者的订货单元进行农产品的包装。单元化包装后必须按目标市场配送系统的设计层级对“基本单元”进行多层模块化再包装，比如当目标市场采用图9－5所示的四级配送模式时，在产地集货中心就应按如图9－6所示包装层次进行多层模块化再包装。首先，将消费者所订购的所有订货单元进行消费者模块包装；其次，将终端服务站点所涉及的所有消费者模块进行终端服务站点模块包装；再次，将接驳点所服务的所有终端服务站点模块进行接驳点模块化包装；最后，将该集货点的所有区模块按目标市场配送中心的名称进行配送中心模块包装。这样整个供应链流程可实现单元化预售、消费者单元化购买、生产者单元化包装、产地集货中心模块化再包装、转运中心（接驳点）模块化交接、散货中心模块化分拣配货、终端配送站点模块化接货、单元化送货。通过单元化、模块化处理，可有效降低供应链下游分拣配货作业的复杂程度，有效减少整个供应链作业的误差率，降低分拣配送的时间和成本，加快供应链产品调度的速度。

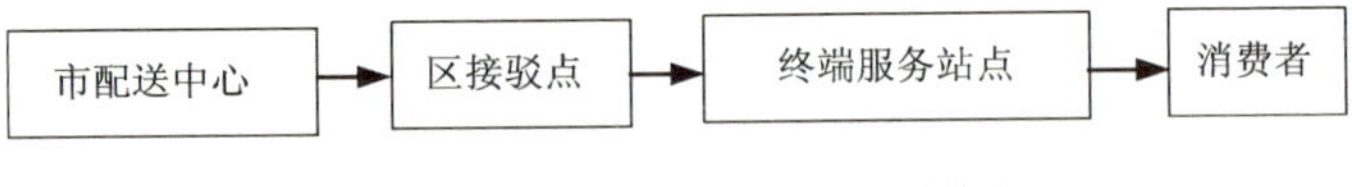

图9－5 目标市场四级配送模式

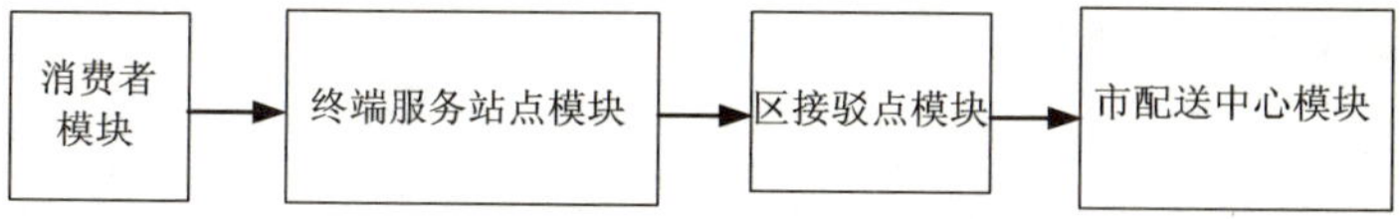

图9-6 多层模块化包装示意图

基本作业流程为：生产者确定基本数量单元和重量单元，产地单元化分割、称重、计价、贴标、包装处理，并送至产地集货中心；产地集货中心按消费者订购品种及单元数量按消费者模块、终端配送站点模块、接驳模块、市配送中心模块等多层模块化包装，并在集成调度系统的统一指挥下将市配送中心模块送至市配送中心；产地接驳转运中心进行配送中心模块交接；市配送中心将接驳模块配送至销地分区接驳点；销地分区接驳点将终端配送站点模块配送至终端配送站；终端配送站点将消费者订货模块送至消费者。

9.2.3 生鲜O2O供应链车辆调度优化

由于该集成调度问题涉及广阔的地域空间、多发货主体、多发货品种、小批量，完全自营物流显然不经济，整合自有车、社会个体车、定时定点的货运班车以及第三方物流配送公司车辆是完成供应链产品运输与配送任务的经济而有效的车辆供应模式，因此，该问题是典型的“多供车模式、多供给主体、多车场、多车型”的调度问题。

1. 不同公司、不同载重车辆的优化选择

当可供选择的车辆供给主体、发车地点、车辆载重、功能、费用等不同且多选择时，对于选择哪个公司的哪种车型完成哪段运输任务的决策问题，可按照以下思路进行优化决策。

首先，确定不同公司的不同车辆执行不同路段运输任务的费用，以 F_{xy}^{av} 表示 $a(a=1, \cdots, A)$ 公司的车辆 $v(v=1, \cdots, V)$ 执行路段 xy 所需要支付的总费用。

其次，确定 x 节点可分配给 a 公司的车辆 v 完成 xy 路段运输任务的计费载重为 T_{xy}^{av}，当 xy 路段上的多个集货点或接驳点 $x(x=1, \cdots, X)$ 有货物需要装载，且不同装载点 x 到对应路段结束点 y 的路程不等时，则计算不同节点 x 分配给 a 公司的车辆 v 的计费载重 T_{xy}^{av} 与各路段 xy 的距离 L_{xy} 的积 $T_{xy}^{av}L_{xy}(x=1, \cdots, X)$。

再次，计算单位货运费用，F_{xy}^{av}/T_{xy}^{av} 或 $F_{xy}^{av}/(T_{xy}^{av}L_{xy})(x=1, \cdots, X)$，将单位货运费用从小到大排序，则可得到不同公司、不同车辆执行不同路段运输任务的先后顺序。自有车可按照同样的思路进行调度，假设 $a=1$ 代表自有车，自有车执行路段 xy 的费用 F_{xy}^{v} 应根据不同情况分析确定。当自有车有其他货运任务选择时，则 F_{xy}^{v} 应等于自有车执行其他货运任务所产生的机会成本，即执行其他货运任务所能获得的收入；当自有车没有其他货运任务选择时，F_{xy}^{v} 则为自有车完成本次运输任务的总运营成本。

2. 特殊车辆的优化选择思路

由于车辆所有者、车辆型号功能以及调运产品性能等的差异，会出现某些货品只能由某辆车或某类车完成货运任务的情况，比如：当生产者使用自有车送货时，应在完成自有货运任务有剩余载重的基础上再为供应链的其他主体提供货运服务；冷藏货物、包装体积过大货物、活物等特殊货物只能由相应的特殊车辆完成运输任务。因此，特殊车辆的调度涉及车辆和货物是否相容的问题。

一般来说，可通过设置相容系统 $\lambda_{Rij}^{(v)}$、特殊需求、自由需求、指定容量、自由容量等概念来帮助解决这个问题。当 $\lambda_{Rij}^{(v)}=1$ 时，表示基本货运单元 R_{ij} 可由车辆 v 来执行，否则，令 $\lambda_{Rij}^{(v)}=0$。只能由某车 v 来执行的货运需求称之为特殊需求，否则称之为自由需求。而当某车对应有特殊需求时，则该车必须在完成指定的特殊货运任务的基础上，才能运输其他货运单元，该指定的特殊货运任务所占用的容量称为该车的指定容量，而总容量减去指定容量后的剩余容量则称之为该车的自由容量。

在此基础上，再确定每辆车的可运任务集 $\Lambda_v = \{R_{ij} / \lambda_{Rij}^{(v)} = 1\}$。对这些运输任务，可按照“分配问题”的求解思想，将基本单元 R_{ij}，$i=1,\cdots,I$，$j=1,\cdots,J$ 分配给车辆 v，$v=1,\cdots,V$，以确定每车的最优任务组合。再结合旅行商问题的相关求解思路，确定车辆的最优行驶路径。

9.2.4　产品集货运输方式优化

对供给网络和需求网络进行多层分区，设置多层次的集货点或临时性接驳转运点，是为了开展科学有序的集货运输和接驳运输，以提高整个供应链运输、配送作业的效率。下面从空载吨公里数、时间以及成本优势等方面分析“收奶式”集货运输、“接驳式”集货运输、“直达式”集货运输三种集货运输方式的利弊与取舍。“收奶式”集货运输是指从某始发点发出一辆车，依次装载不同集货点（发货点）的货物，并送至某一收货点的集货运输方式。“接驳式”集货运输是指从某个集货点发出一辆载重较大的车，途经某些接驳点，在接驳点装载从其他集货点转运过来的货物，并统一送至某一收货点的集货运输方式。这里的接驳点是指将货物从一辆车中转到另一辆车的简易或临时性的中转点。“直达式”集货运输是指在每个区域设置一个集货点，分别将产地的货物送至集货点后，再由集货点统一送至收货点的集货运输方式。

1. 基于空载吨公里数的集货运输方式选择

基于空载吨公里数的集货运输方式选择是指分别计算不同集货运输方式的空载吨公里数，选择空载吨公里数最小的集货运输方式来完成供应链某分区的货运任务。即通过计算供应链某产地分区的所有路段上运行的所有车辆的剩余载重（吨）与路长（公

里)的积的和来决定该区的最优集货运输方式。其计算公式为:

$$\sum_{x}\sum_{a}\sum_{v}[(Z^{av}-T_{XY}^{AV})\times L_{xy}]$$

$a=1\cdots A$,$v=1\cdots V$,$x=1\cdots X$,其中 Z^{av} 为 a 公司的车辆 v 的总载重,$T_{xy}{}^{av}$ 为 a 公司的车辆 v 在路段 xy 的实际载重,L_{xy} 为路段 xy 的长。如图 9 -7 所示,现有 A_1、A_2、A_3 三个集货点,集货量分别为 5 吨、2 吨、3 吨,B_1. B_2 为开展接驳运输而临时设定的两个接驳点,C 为目标市场的配送中心,是所有货物的收货点。假设各节点间的路长如图 9 -7 所示。将三集货点 A_1、A_2、A_3 的货物运至配送中心 C 的集货运输方案总共有三种:

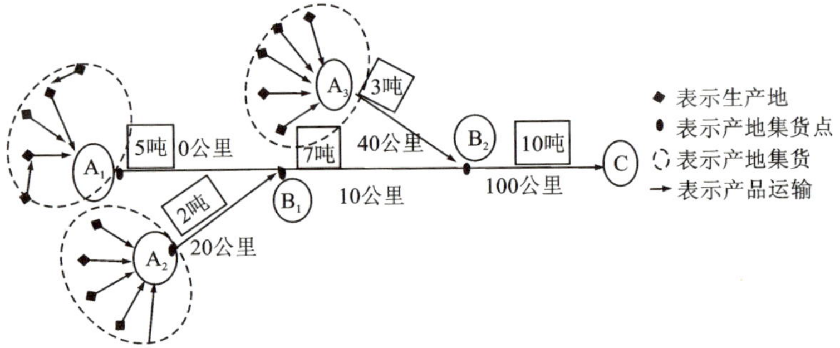

图 9 -7 集货运输与接驳运输示意图

方案一,“收奶式”集货运输,即从 A_1 发一辆 10 吨的车,分别在 A_1、A_2、A_3 处装上所有货物并将其运至 C 然后返回 A_1。其空载吨公里数为:(10 -5) ×(10 +20) +(10 -5 -2) ×(20 +10 +40) +10 ×(100 +10 +10) =1560。

方案二,“接驳式”集货运输,从 A_1 发一辆 10 吨车,装上 A_1 的 5 吨货物,在 B_1 接上 A_2 的 2 吨货,在 B_2 接上 A_3 的 3 吨货物并将货物运至 C,然后从 C 返回 A1,从 A2 发一辆 2 吨车将 A2 的

2 吨货物运至 B_1 后返回，从 A_3 发一辆 3 吨车将货物运至 B_2 后返回 A_3。该方案的空载吨公里数为：$(10-5)\times10+2\times20+(10-5-2)\times10+3\times40+10\times(100+10+10)=1440$。

方案三，“直达式”集货运输，分别从 A_1. A_2、A_3 处发一辆 5 吨、2 吨、3 吨的车，并将对应集货点的货物运至 C 后返回。方案三的空载吨公里数为：$5\times(100+10+10)+2\times(100+10+20)+3\times(100+40)=1280$。

显然，方案三相比于方案一，方案二所采取的接驳运输可有效地通过小车与大车之间的接驳，减少大车在不同集货点之间迂回所产生的空驶吨公里，可有效降低车辆的空驶率。此外，上述实例所对应的方案三的空载吨公里数最低，但方案三存在以下弊端。首先，方案三要保证从每个初始点发出的车正好实现满载。显然，这在实际工作中很难做到。而如果不能实现在初始点的满载，那么该方案的空驶率将大幅度提高。比如：假设从 A_3 发出的车载重为 5 吨，那么此时的空载吨公里数将变成 $5\times(100+10+10)+2\times(100+10+20)+(5-3)\times(100+40)+5\times(100+40)=1840$。

2. 基于响应速度的集货运输方式选择

显然，采用不同集货运输方式完成整个供应链的运输任务所耗费的时间不同。与“收奶式”集货运输方式相比，上例中的“接驳式”集货运输可减少 A_1 的货物随车运至 A_2、A_3 的时间 T_{B1A2}，T_{A2B1}，T_{B2A3}，$T_{A3\,B2}$，减少 A2 的货物随车运至 A3 的时间 T_{B2A3}，$T_{A3\,B2}$，以及 A1 的货物在 A2，A3 处停滞的时间 T_{A2}，T_{A3} 和 A2 的货物在 A3 处停滞的时间 T_{A3}。会因两车到达接驳点的时间差异而增加风险等待时间，即 A1 货物在接驳点的风险等待时间 $T_{R\,A1B1}$，$T_{R\,A1B2}$，A2 货物在接驳点的风险等待时间 $T_{R\,A2B1}$，$T_{R\,A2B2}$，A3 货物在接驳点的风险等待时间 $T_{R\,A3B2}$，同时还会因增加接驳作业环节而增加 A_1 货物在 B_1. B_2 等待接驳作业时间 T_{jB_1}，T_{jB_2}，A2

货物在B2等待接驳作业的时间 T_{jB2}，以及A2、A3货物分别在B1、B2进行接驳作业的时间 T_{jB1}，T_{jB2}。而“直达式”集货运输既不会产生往返运输，也没有增加接驳作业，但将大幅度增加供应链作业车辆和作业司机的作业时间。

“直达式”集货运输在 B_1B_2 路段运行的车辆数为2，在B2A3路段运行的车辆数为3，而另两个运输方案在所有路段运行的车辆数均为1。增加作业车辆数和作业司机，无疑会增加作业成本；再次，“直达式”集货运输会增加收货点C收货工作的复杂度，会增加收货点与货运车辆交接的时间。

9.3 生鲜O2O末端配送优化

9.3.1 分时段配送

生鲜产品存在收货难的问题，不能及时收货是增加损腐率的一个重要原因。

本方案提出用户在下单的同时可以自主选择产品的配送时段。如表9-1所示，针对白领人群，设置相应的配送时间，增加下午5时的送货批次。

表9-1 配送时段选择

8:00—12:00/2:00—5:00	普通客户
傍晚5:00—9:00	针对白领人群

意义：由于主要生鲜产品购买人群为上班白领，所以无法及时在白天的配送时间段收货，一方面，不能及时收货会影响消费

者购物体验，另一方面也会影响生鲜产品的质量。所以，分时段配送方案提出的增加夜晚配送批次能有效解决这一问题。

9.3.2　增设智能冷藏柜

快递末端配送中，最后一公里的配送是亟待解决的难题，一般来说，生鲜电商利用加盟社区站点进行末端配送，而一般的社区店很少有专业的冷藏设备，生鲜产品在最后环节的损腐率较高。可以考虑在小区设智能冷藏柜，冷藏的自主服务器设定的温度必须要合理，不同类型的产品要隔离存放，有条件可以使用多温带的冷藏柜。客户可以选择送货上门，也可以选择到智能冷藏柜提货。

9.3.3　配送批次与订单量的协调优化

对于生鲜产品，配送时效性要求高，一天需要多批次配送，而且不同配送批次的订单量波动幅度大。比如京东是一天两批次，早上十点半和晚上十点半两个批次，常有短时间的订单量剧增。订单量剧增容易使合作的物流公司应接不暇，若忽然增加订单量，会使捡货员无法在预定时间内完成捡货作业，从而影响发货速度，另一方面，由于无法及时调度车辆及合理配置，也会导致车辆空载率增加。

对此，可以对发货批次进行合理的设计、优化。在库存管理中，当仓库中的库存低于安全库存时，就会提醒订货，以保证合理的库存。对应的，可以设置“安全订单量”，当信息管理系统中的订单量超过安全订单量时，提醒物流部门发货。这样，在原有一天两次的发货批次下，有可能增加峰值发货，以减小短时间内剧增的订单给物流部门的压力。

(1) 日常订单量的配送批次优化设计。日常的分拣打包是在订单接收后才开始进行，时效性不能很好解决。可以根据历史的订货数据，预估每个固定批次所需的订单量，在订单下达之前将20%的货物提前分拣，送入打包区域。在订单下达之后，20%的货物立即开始打包装车，剩余货物立即开始分拣、打包。并利用并行思想，分拣、打包、装卸货同时进行，提高分拣打包及配送的时效性。

(2)狂欢节订单量的配送批次优化。在购物狂欢节期间，由于生鲜平台的促销活动，订单量会随之上涨数倍。此时，可以取消平时的发货批次，完全采取峰值发货。订单量到达“安全订单量”时立即发货。通过增加发货批次，合理调度车辆，提高配送的时效性。

第 10 章　基于 O2O 的农产品流通模式优化

O2O 商业环境下，供应链核心主体通过线上线下采购流程、线上线下宣传推广流程、线上线下交易（商流）、线上线下物流以及线上线下信息流和相关售后服务流程的整合，实现供应链物流、商流、信息流、资金流等供应链横向流程、纵向流程的一体化发展，以降低供应链运营成本，加快供应链响应速度，增加供应链价值，并最终实现 O2O 商业模式的优化。O2O 商业模式在经历以下优化阶段后将演化成一种基于“云商”的农产品流通新模式。

10.1　基于 O2O 的农产品流通模式优化的三阶段

10.1.1　分散独立优化

在发展初期，供应链生产加工、批发、零售等供应链主体将 O2O 模式运用于其所控制的局部领域，实现了局部“线上线下”流程、局部物流、商流、信息流的协同发展。如第 7 章的图 7－1 所示，平谷大桃生产者将 O2O 商业模式运用于平谷大桃的宣传推广，实现了平谷大桃线上批量交易和线下批发交易的协同发展；如第 7 章的图 7－2 所示，在批发环节，北京新发地线下批发市场在如火如荼开展批发业务的同时，新发地京东旗舰店和新发地电子交易中心的交易量也在不断飙升；第7章图7-4、图7-5所示，在终端零售环节，中粮集团构建了中粮“我买网”电子交易平台，实现电子交易量的几何级数增加，又不断扩张其线下连锁交易网，实现零售环节线上线下物流、商流、信息流的协同发展。

10.1.2 供应链各环节O2O的协同优化

供应链主体分散独自运行O2O一段时间后，为解决进一步发展所面临的供应链物流、信息流及协调等瓶颈问题，生产加工、批发、零售等环节的主体走到一体，商讨整个供应链纵向流程整合的O2O模式，实现不同环节不同主体主导的线上线下商流、物流、信息流的协同发展。这是一种异业联盟整合的O2O模式，是具有不同核心竞争力、专注于不同环节O2O业务的供应链主体之间的合纵连横与协同发展。以第7章的平谷大桃供应链为例，平谷大桃的生产者通过其自建交易网、新发地批发市场、新发地电子交易中心，将北京市场上销售平谷大桃的零售商们组织到一起，构建了一条线上线下一体化发展的平谷大桃供应链。为确保通过“双线渠道”以最有效的方式向北京市民推介平谷大桃，供应链各环节主体各司其职。生产者利用线上线下媒介，为平谷大桃进行全面而立体的宣传推广；批发市场利用其线上线下平台向零售商宣传展示平谷大桃的魅力；零售商则利用其与最终顾客零距离接触的机会向最终消费者介绍平谷大桃。平谷大桃生产者们通过新发地线上线下批发交易平台，向线上线下零售商批发平谷大桃，同时委托第三方物流公司，统一将平谷大桃配送至各零售商；各零售商利用其线上线上零售终端优势，向消费者销售平谷大桃，并将消费者需求变动信息及时反馈给生产者，便于平谷大桃生产制定科学的宣传推广及销售计划。

供应链各环节O2O模式的协同发展，能有效克服分散O2O模式下所面临的物流、信息流瓶颈。如图10-1所示，供应链信息流将发生以下变化：信息在供应链上逐层传递的“串行”传递模式将转换为“并行”传递模式，以减少信息在供应链上传递的时间和传递的“牛鞭效应”。如图 10－2 所示，供应链协同模式下，断裂、多阶段物流将转化为无缝化、一体化物流。通过协调整个供应链的物流，开展统一配送、集中储存，以有效缓解分散 O2O 模式下物流批量小、物流成本高、物流时间长等问题。

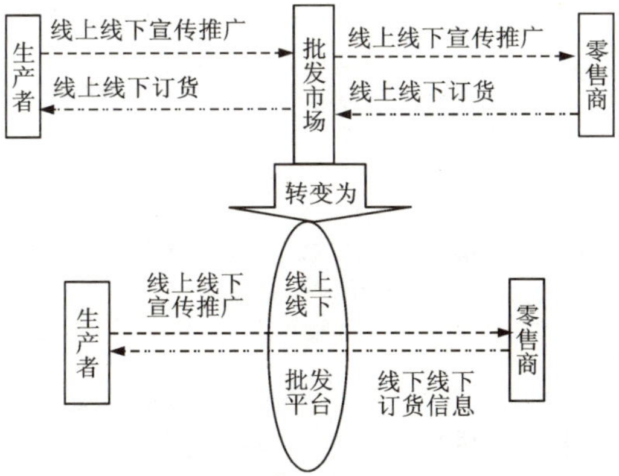

图 10－1　供应链协同模式下，串行信息流转化为并行信息

10.1.3　区域供应链协同优化

农产品低价值、高物流成本、短保质期、需求多样化、需求响应快速化等特点决定了单一供应链的 O2O 整合模式最终将发展成本地化、区域化流程整合的 O2P 模式，即同一区域内的农产品生产者、同一市场的线上线下零售商协同合作的 O2P 模式。比如说，湖南特色农产品生产者组织起来，构建湖南特色农产品交易网，在淘宝、京东、一号店、地理标志产品网上商城等交易平台开设“湖南特色馆”，通过这些平台将“湖南农产品”向全国市场辐射；然后，与各省的线上线下批发市场、线上线下零售终端

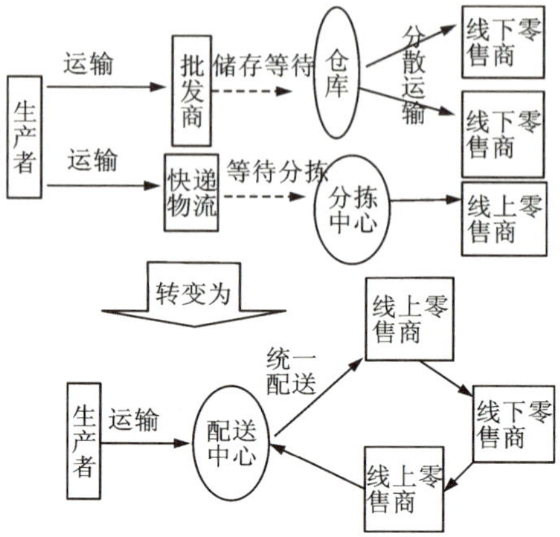

图 10－2　供应链协同模式下，分散断裂物流转化为一体化无缝化物流

建立合作关系，通过“双线”平台将湖南特色产品、湖南标志产品在目标市场集中统一推广。最后，与第四方物流服务商建立合作关系，由第四方物流服务商统一协调各生产主体、各零售终端的行为，统一进行产地集货物流、产地至销地的干线物流、销地市场的配送物流。基于第四方物流主导的区域协同整合的O2P模式能实现供应链产品供给的多样化、供应链主体行为的协同化、线上线下交易的同步化、物流配送的规模化、敏捷化。为使供应链物流、商流、信息流协调同步运行，应增设协同流程，协调“线上、线下”主体利益及各层次主体行为。为整合产销两地的小批量物流为多品种、大批量物流，应增设线下集散类、综合服务类节点。如图10－3所示，第四方物流服务商主导的本地化、区域化协同整合的O2P模式，供应链物流将进一步实现产销两地以及干线运输的规模化、集约化。

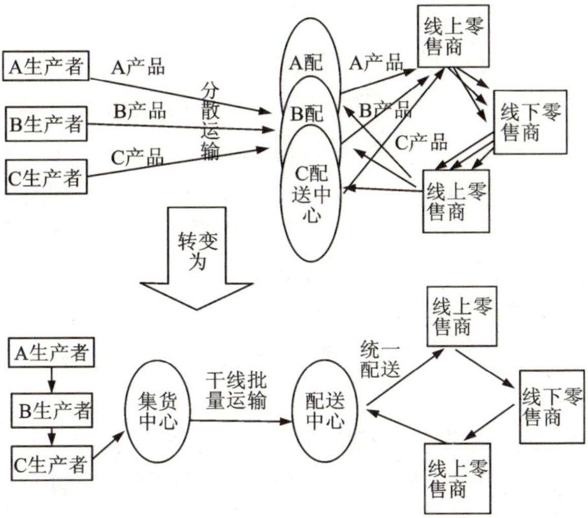

图 10－3　区域协同模式下,单品种分散物流转化为多品种集约化物流

10.2　基于云商的集成化农产品流通新模式

云计算作为“信息时代商业模式上的创新”①，短短几年时间已成为全社会关注的热点，亚马逊、谷歌、微软、戴尔等 IT 巨头和众多商品生产、流通及生活服务性企业都在思考如何将这种新兴的“资源交付和使用模式”，运用到其相关领域，以抢先获得这种新技术所带来的巨大商机。云计算通过 IT 技术将资源虚拟化后集中起来，形成一个浩瀚的资源池，这个资源池被称作“云”。

① 云计算与物联网的关系?. 中国物联网校企联盟,2012－02－03.

更确切地说，“云”是指提供资源的网络[①]，这些“云”向互联网使用者提供资源。客户只需一台并入互联网的终端电脑，就可以像使用水电一样，随时低成本地获取“云”中的资源[②]。由于云计算在海量资源整合与使用方面的天然优势，很多行业已悄然出现各种形式的“行业云”，如当时佛山的云制造项目、北京云联科技与华数共同推出的云游戏平台、Cisco 公司针对印度课堂推出的远程云教育平台[③]、*Wipro* 与微软共同推出的医疗平台[④]以及各种云会议平台、云社交平台等都是云计算在具体行业的运用。全球最具权威的 IT 研究与顾问咨询公司 Gartner（高德纳，又译顾能公司）[⑤]当时估计，到 2013 年，全球云服务的消费水平将达到 1500 亿美元[⑥]。

云计算在供应链中具有巨大应用前景与商业价值。由于传统的 ERP 软件难以同时支持由众多异国企业所构成的全球化供应链的管理问题，且传统管理方法也难以帮助企业实现内部业务流程与供应链内众多异国主体之间外部流程的协同运作。Gartner 公司的研究室主任 Michael Dominy(2012)指出：通过将云计算的“平台即服务”功能运用于供应链管理，可以实现供应链横向、纵

① 贡祥林，杨蓉.“云计算”、“云物流”在物流中的应用[J].中国流通经济，2012，(10)：29－33.

② 刘洲，看清云计算，信息与电脑，2010，(04)：70－71.

③ Cisco launches cloud based remote education platform for indian classro－oms. http://www.informationweek.in/education/13－03－06/cisco_launches_cloud－based_remote_education_platform_for_indian_classrooms.aspx.

④ Wipro launches cloud based healthcare platform in partnership with Micro－soft. http://www.informationweek.in/cloud_computing/13－03－07/wipro_launches_cloud－based_healthcare_platform_in_partnership_with_microsoft.aspx.

⑤ 维基百科对高德纳咨询公司的介绍.维基百科.［引用日期 2013－03－03］.

⑥ Michael Dominy. Impact of cloud computing on Supply Chain Manage－ment. 9，26，2012，http://www.informationweek.in/cloud_computing/12－09－26/impact_of_cloud_computing_on_supply_chain_management.aspx.

向流程的创新，可以克服供应链众多主体在地域、规模、流程及工作方式等方面的差异，实现低成本、可视化以及快速的沟通与资源的整合；通过“软件即服务”在供应链中的应用，供应链伙伴可获得“按需服务、按实际付费”的 *IT* 解决方案，供应链可获得成本、速度及商业价值方面的优势①；通过“基础设施即服务”可以让供应商或用户更好地调整其计算负载和成本问题，可以帮助供应链合作伙伴避免在数据中心能力方面的过度投资。北美、欧洲的金融服务、零售、高新技术、食品、医药等行业已积极采用各种形式的建立在云计算基础上的供应链云解决方案，这些供应链云解决方案正迅速通过其供应链蔓延到世界其他地区②。Kefer 说“2012 是‘云供应链’的重要一年”③。Gartner 公司估计其供应链管理云技术在 2013 年所占份额将增至 25%。IDC(国际数据公司)当时预计 2015 年我国“云计算”产业链规模可到达 7500 亿至 10000 亿元④。

云商模式是由苏宁提出的，以云计算技术为基础，整合苏宁前台后台、融合苏宁线上线下，服务全产业、全客户群的零售新模式⑤。这里的云商是指“店商 + 电商 + 零售服务商”整合而成的

---

① Michael Dominy. Impact of cloud computing on Supply Chain Manage - ment. 9, 26, 2012, http://www.informationweek.in/cloud_computing/12 - 09 - 26/impact_of_cloud_computing_on_supply_chain_management.aspx.

② Mary Shacklett. Cloud Computing. January 02, 2011. http://www.worldtrade-wt100.com/articles/87186 - cloud - computing.

③ Martha Walz. Trends to Watch in 2012. January 03, 2012http://www.worldtrade-wt100.com/articles/88038 - trends - to - watch - in - 2012.

④ 朱竹君. 苏宁“云商”模式 家纺行业能否复制？. http://www.ccn.com.cn/news/jiaju/2013/0308/476664.html.

⑤ 丁磊，杨瑞法. 零售业危急：张近东颠覆苏宁，PK 老电商. 21 世纪经济报道，2013 - 02 - 21. http://www.21cbh.com/HTML/2013 - 2 - 21/xONDE5XzYyMzgxOA.html.

一个终端零售体①，是互联网和电子商务普及的背景下，线上线下恶性“互搏”后，所提出和倡导的整合线上线下两大平台，让资源产生叠加效应的创新性概念。本文的云商，一方面含有整合“线上线下和终端零售服务”，构建新型终端零售服务集成体的含义，另一方面含有云商务的含义，指通过构建基于云计算的农产品供应链云服务平台，为供应链各主体提供融“软件即服务”“平台即服务”“基础设施即服务”于一体的综合性供应链云解决方案。在网购日渐成为人们特别是年轻一代所习惯和偏好的购物模式的大环境下，传统零售业正面临生死挑战。传统渠道和电子渠道如何站在渠道一体化的角度实现新型的融合，正成为各行各业所面临的一个重要课题。本文正是基于这一点提出了基于云商的集成化农产品供应链的概念。该供应链设计的基本指导思想是：通过构建供应链云服务平台，以整合农产品供给云、终端零售云、农产品需求云以及物流云、金融云和其他服务云；通过上述各种形式的资源云，以实现集众多农产品生产主体的百家之长，以满足众多异质消费者的多样化需要；集海量消费者的多样化需求，以满足众多异质生产者的市场需求；集众多物流主体、资金流主体以及咨询、技术等其他服务主体为供应链的农产品生产及消费提供及时的按需服务；通过智能化的供应链云计算技术的运用，实现海量生产供给主体、海量消费主体以及物流服务主体、资金流主体和其他服务主体所构成的整个供应链流程的无缝对接。

10.2.1 基于云商的农产品流通模式的构建思路

在小生产与大市场环境下，我国农产品传统流通模式一直存

① 张近东谋划“云商”大局. 现代快报. 2013-2-19. http://news.ifeng.com/gundong/detail_2013_02/19/22243934_0.shtml

在交易环节多、交易不确定性大、交易双方信息不对称、交易成本高，以及从农田到餐桌的流通时间长、流通损耗大、流通效率低等诸多问题，而农产品线上流通虽减少了交易的成本，降低了因交易不确定性引发的无效运输，缩短了从农田到餐桌的时间，却一直因为单次流通批量小、流通价值低、单次物流成本高、物流成本与商流价值比例失衡而难以发展。本文借鉴云计算理论中把资源虚拟化为“云”后集中存储起来，为用户提供服务的理念①。将农产品供应链的各种分布式资源虚拟化后在云服务平台上储存起来，并通过云计算整合线上线下流通，实现整个供应链流程的创新化和协同化。该供应链的基本构建思路为：首先，搭建基于云计算的农产品供应链云服务平台。其次，云商主体将各地“散、弱、独”的农产品生产主体整合起来，构建多样化的农产品生产供给网。将各类农产品生产供给资源虚拟化后在云服务平台上储存起来，形成对应的农产品生产供给“云”。通过多生产主体在云服务平台上协同开展产销对接式线上营销活动而实现供应链内农产品线上流通的规模化。再次，通过加盟、直营或合作方式，云商主体布局线下开展配送、销售、售后服务等集成服务的终端服务站点，结成终端集成服务网，依靠这种“无孔不入”的终端服务网实现“最后一公里”的“四流”整合，以实现“最后一公里”“四流”运作的规模化。并将终端服务资源虚拟化为农产品终端“服务云”。通过终端“服务云”，一方面实现生产供给网络与终端服务网络的“零距离”对接；另一方面实现目标市场需求网络与终端服务网络的无缝化对接。然后，整合为供应链提供服务的物流资源、金融资源及其他资源，并将之虚拟化后集中储存起来，形成对应“物流云”“金融云”及其他服务“云”。最后，云商

① 李静，张雪东. 基于 P2P 技术的农产品供应链云计算信息平台构建[J]. 湖北农业科学，51(7)：1458－1459.

主体通过云服务平台将农产品生产“供给云”、终端集成化“服务云”“物流云”与“金融云”整合起来，构建融线上线下商流、物流、资金流以及信息流于一体的，为供应链各主体提供集成化“云服务”的集成化农产品供应链(图 10 -4)，以实现农产品供应链“四流”的快速、规模化、同步化运作。按照该模式构建的供应链属于动态联盟式供应链，在宏观布局上，该供应链可以根据外部环境的变化及各主体的适应性动态删减和补充新的供应链主体，从而具有高度的灵活性和易扩展性；在微观运作上，具有“订单提前、农产品采摘、物流延迟、农产品供给及需求资源的集中统一开发、线上线下协同作业、供应链服务信息及需求信息的同步化实时共享、供应链物流的协同优化调度，供应链价值的实时同步分配”等众多优点。

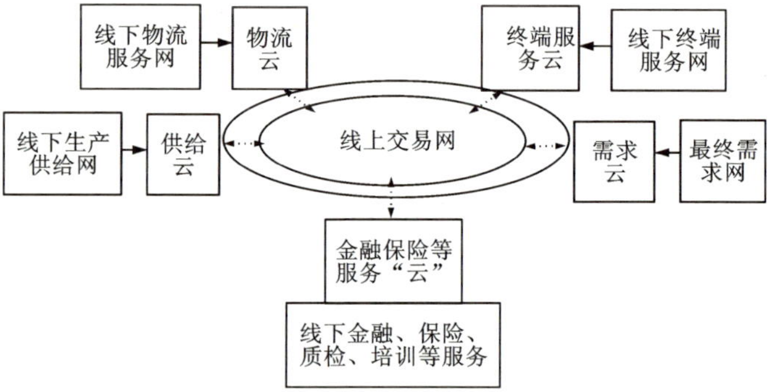

图 10 -4　基于“云”的农产品供应链结构图

10.2.2　基于云商的农产品流通模式的架构搭建及运作流程

云商主体性质不同，以之为核心所构建的供应链的具体运作流程也不同。如大型农产品生产加工主体，采取自建线上微店与线下加盟实体店相结合的云商模式，统一在目标市场开展营销活动。顾客线上订货后，通过系统配置，生成送货通知，顾客可以快速收到就近实体店所派发过来的货品，且享受就近实体店的售后服务。但该模式一般物流批量小，供应链物流成本太高而推广速度慢。还比如：在我国各大中城市已悄然出现的各类“买菜网”，他们也在试图扩大他们线下实体店的覆盖范围。他们已具有将线上与线下融为一体的云商雏形，只是他们在云计算技术运用、信息系统的建设、农产品供给网、物流网、客户需求网等方面的建设能力比较差，商流、物流、资金流作业方式比较落后。他们一般从本地批发市场或少数几个生产商处购买农产品，然后通过线上与线下共同作业完成产品的销售。按照该模式构建的供应链仍然比较长，所销售的农产品流经的环节仍然比较多，价格相比于传统供应链并没有多大竞争优势。且由于终端市场开发不足，订单数量有限，终端配送批量太少所致的终端配送成本居高不下。所对应的供应链运作流程除了增加了网上下单、终端配送等外，其他与传统农产品供应链运作流程没有多大差异。

本书所讨论的“云商”是指供应链服务集成商式“云商”，该云商主体不仅通过线上及线下服务站点为目标市场的消费者提供集成化的终端服务，而且为整个供应链的其他成员提供按需服务。其基本架构搭建及运作流程如图 10 – 5 所示。

第一，云商主体建立基于云计算的农产品供应链云服务平台，并持续不断地完善云平台的功能，以构造一个融虚拟与现实于一体的服务与供应链各主体的云平台生态系统。

第二，云商主体集中开发目标市场，以直营、加盟或合作的方式组建终端集成服务网，并与集成服务网中的各服务站点签订合作契约；同时与各生产主体签订契约，组建农产品生产式供给网。

第三，围绕供应链各环节物流活动，全面整合自有物流资源与社会物流资源，构建“农村个体运输+城乡干线货运公司+终端配送+产销两地集散货中心+社会仓储中心+供应链生产及云商主体自有物流资源”的农产品供应链物流服务资源网。

第四，云商主体与供应链覆盖范围内的多家银行建立合作关系，建立金融服务资源网。

第五，农产品生产供给主体“注册登录”到云服务平台，形成农产品生产供给“云”，并发布农产品供给的实时信息；各终端集成服务站点“注册登录”到云服务平台，形成农产品终端集成服务“云”，并发布其服务范围及服务内容等信息。双方在云商的统一协同下，向目标市场的最终消费者提供农产品供给、销售与其他服务，并有计划地协同开展营销活动。

第六，各物流主体“注册登录”到云服务平台，形成农产品供应链物流服务“云”，以便按照订单信息智能管理和调配物流资源，实现全供应链物流的高效协同运作；各金融服务主体注册登录云服务平台，形成金融服务“云”，为供应链内的各主体提供可扩展的按需金融服务，实现资金在供应链内的无障碍快速流通。

第七，目标市场消费者“注册登录”云服务平台，形成农产品最终需求“云”，并通过“云服务平台、电话、线下”（服务站点）等多种渠道查看农产品生产、销售及相关服务等信息。

第八，消费者下达订单。

第九，云计算自动整合目标市场的海量订单信息，并结合订单信息所反应的相关生产主体、物流主体、终端集成服务主体的位置、相关服务内容及服务排程顺序，通过云计算同步生成相关作业计划并发送给相应主体。

第十，供应链生产主体按照作业计划指示的时间、加工要求等进行货物采摘、清洗、分类、称重、贴标、打包等作业。

第十一，供应链各物流服务主体和终端配送主体按供应链农产品调运方案并行化、同步化、协同化、有序化地开展农产品的运输与配送任务。

第十二，消费者收到由就近终端服务站点配送过来的农产品，当实物与产品推介信息相符时，签收货品并通过以下方式支付货款，一是向配送人员支付现金，再由终端服务站点代消费者通过云服务平台将货款转给供应链金融服务主体；二是通过无线 *POS* 机或移动电子支付等方式由消费者直接将货款转给金融服务主体（也可以选择在订单下达时，由消费者通过在线支付或移动电子支付等方式支付货款，在订货时支付货款的消费者应得到一定的奖励）。当实物与产品推介信息不相符且消费者要求退货时，通过云服务平台办理退货手续，并通过云服务平台对服务进行评价和提供相关建议。

第十三，如果交易成功，金融服务主体按照契约所约定的分配方案将消费者所支付的供应链价值转移给供应链的各主体。

第十四，如果消费者退货，则云服务平台将退货信息反馈给农产品供给主体。

第十五，云商主体与生产供给主体实时沟通退货处理方式，或按契约相应条款统一安排终端服务站点折价处理退货。

第十六，云商主体对供应链各服务主体进行评价，并结合供应链内外环境的变化淘汰或新增供应链服务主体。

从该模式的运作流程可知：作为供应链核心的云商主体是整个供应链资源整合、同步计划、协同作业的主导。在宏观上，建立云服务平台为供应链各主体提供云服务，制定供应链运行规则，与各主体订立框架协议并建立长期战略合作关系；在微观上，在目标市场海量订单的驱动下，通过云计算技术的运用，实现整个供应链物流、商流、信息流及资金流的协同优化。

10.2.3　基于云商的农产品流通模式的“四流”特点

如图 10－6 所示，云商主体通过云服务平台整合“四流”资源

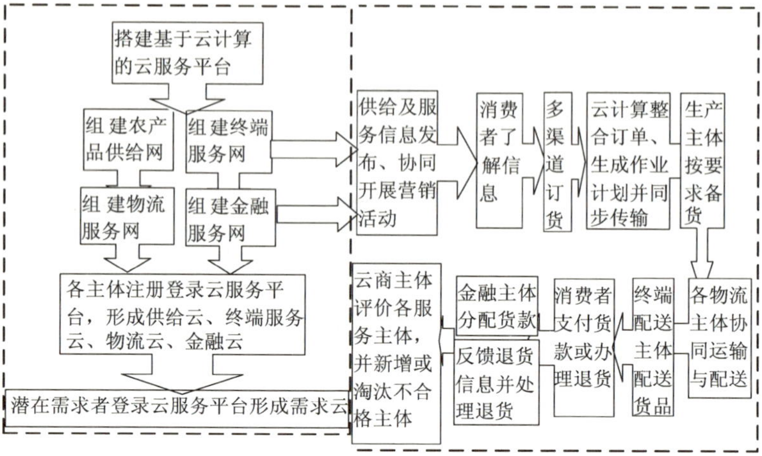

基于“云”的农产品供应链架构搭建　　基于“云”的农产品供应链运作流程

图 10 -5　基于“云”的农产品供应链架构搭建及运作流程图

为供应链的各主体提供集成化的“云服务”。

(1)在信息流方面。首先，云商主体负责管理供应链各主体的注册、身份验证等而负责各主体的准入。其次，供应链各主体发布产品供给、服务及市场推介信息。再次，消费主体查看并发送订货信息。最后，云商主体通过云计算平台整理分析信息，并将分析整理后的集成化信息传输给相关主体，比如，应农产品消费者的需求将整理后的农产品供给信息传递给消费者；整理消费者的海量订货信息，同步生成相关作业计划，并将订货信息及作业计划传递给相关生产主体、终端服务主体；结合海量订单的目的路径和供应链物流服务资源分布及服务内容与价格等，云计算系统生成供应链物流调运方案，并发送给相关生产主体、物流主体和终端服务主体；如图 10 -6 所示，供应链各主体不仅通过云服务平台与云商主体进行信息交互，而且供应链各主体之间也可以根据需要直接进行交互，从而实现在云商主体对供应链信息流进行集中管理的情况下，提高供应链各主体之间信息流通的速度和效率。因此，基于云商的供应链信息流具有集中性与分散性，并行性与同步性、实时性与共享性等众多特点。

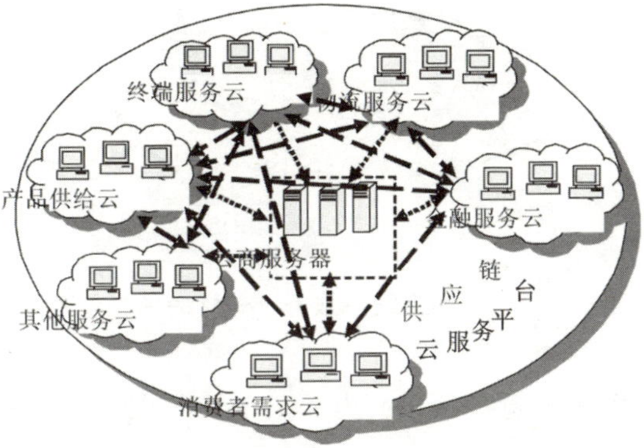

图 10－6　基于云商的集成化的信息流

(2)在商流方面，如图 10－7 所示。线上线下商流主体在云商主体的统一组织下，协同开展农产品商流活动，以实现农产品的成功交易。一方面，农产品生产供给“云”和终端服务“云”通过云服务平台向消费者需求“云”进行产品与服务的集中推介和产品交易；另一方面，终端服务站点通过多种线下推介模式向消费者推介供应链产品、服务，并为最终消费者提供农产品销售、交易费用结算及其他约定的商流服务。因此，基于云商的农产品供应链商流活动具有统一计划、协同组织、同步全方位推进的特点。

(3)在资金流方面。首先，由消费者或终端服务站点代消费者，通过云服务平台，支付产品及服务费用；其次，通过云计算平台得出费用分配方案并传递给供应链金融服务“云”和其他主体；再次，由金融服务“云”完成供应链价值的实时分配(图 10－

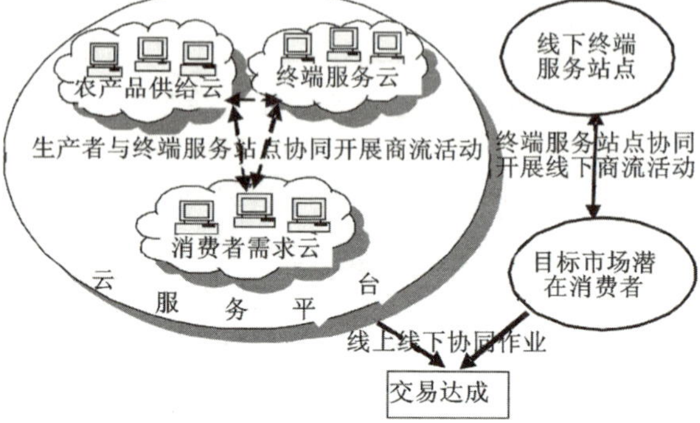

图10－7　融线上线下服务于一体的集成化商流

8)。因此，供应链资金流具有并行性、实时性、电子化等特点。

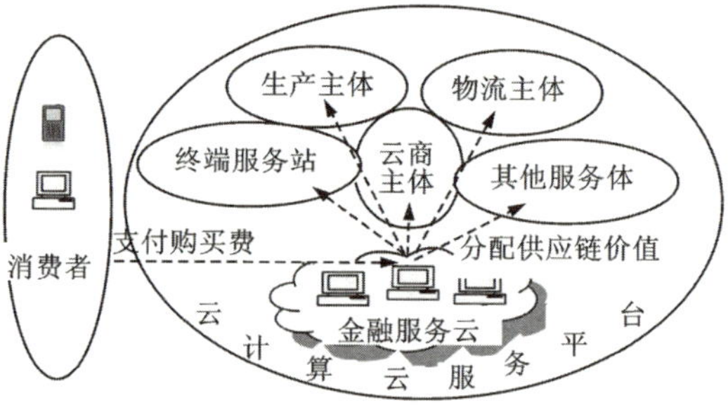

图10－8　基于云商的集成化资金流

(4)在物流方面。消费者下达订单后，云计算系统结合物流需求与物流供给情况得出供应链物流调运方案，供应链生产主体、物流主体和终端服务站点协同完成整个供应链的物流活动。在对供应链物流进行整合之前，该供应链物流是由海量订单驱动(图10－9)的海量多品种小批量物流(图10－10)，且是发货地点、收货地点、发货品种、发货量以及送达时间等均已确定的确定型物流。农产品电子商务和传统线下销售发展的经验以及基于云商的农产品供应链物流的特点表明：物流是云商模式推广的瓶颈，将海量多品种、小批量订单驱动的多品种小批量物流整合成多品种大批量的供应链系统物流，降低单次订货的物流成本，提高供应链的响应速度和最终消费者的满意度，关系到该供应链运作模式的成功推广和供应链各主体生存与竞争力的提高。对供应链物流的整合问题，Stank（2001）指出，通过整合供应链成员的物流活动可显著地增强成员企业应对持续变化的竞争局面的能力，可减少冗余重复成本，缩短交货时间，提高反应能力和灵活性①；Hertz（2001）也指出通过流程管理与物流集成可有效压缩顾客需求驱动下的供应链成本②。对如何开展供应链物流整合问题，Marcella（2007）通过对坎帕尼亚地区的T／C公司的物流集成实证分析，提出了通过建立集中不同原料和产品的仓库，以及在企业员工和跨功能工作团队中采用电子和人际沟通等方式实现供应链物流整合③；马士华（2007）提出了将客户订单处理后同步生成生产、采购和分销计划，并以之为基础，对供应链物流流程进行再设计，以实现供应物流和分销物流集成，并提出通过集配、Milk－run和同步供应等方法实现供应物流的整合④；陈建华等（2006）则探讨供应链环境下基于“集配中心”的核心制造企业

① Stank, T. P., Keller, S. B. and Closs, D. J. "Performance benefits of supply chain logistical integration"[J]. Transportation Journal, Winter/Spring: 32－46.

② Hertz S, Johannsson J. K, de Jager F. Customer oriented Cost Cutt ing: Process Management at Volvo[J]. Supply Chain Management, 2001, 6 (3 /4): 28－141.

③ Marcella De Martino, Alessandra Marasco. Approaches to supply chain logistics integration in the textile/clothing sector: an exploratory study in the Region of Campania[J]. European Transport　Trasporti European. 35, 2007: 99－111.

④ 马士华，刘小. 基于客户订单的汽车物流整合方法[J]. 汽车工程，2007，29(2)：174－178.

物流的整合方式[①]；刘安业(2007)则对第三方物流整合建筑供应链物流问题进行了分析[②]。而林云(2012)等则通过建立物流云服务平台以整合物流供给资源和物流需求资源，并构思了一个按照客户需求智能管理和调配物流资源(物流云)，为客户定制和提供高效、廉价、灵活的个性化物流云服务模式[③]。

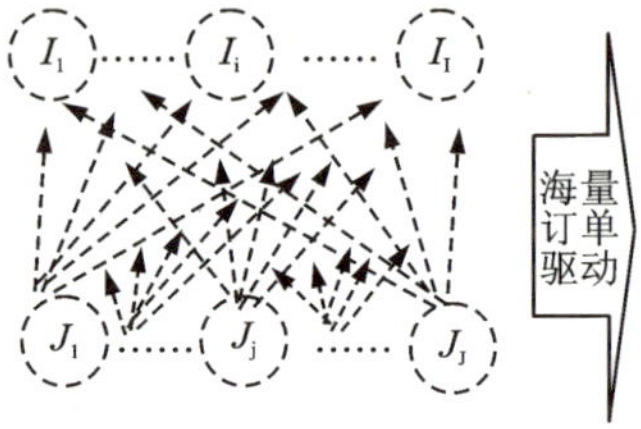

图 10－9 海量多品种小批量订单

注：图中生产者 $\mathbf{I_i}$(i＝1，…I)收到消费者 $\mathbf{J_j}$(j＝1，…，J)订购 $\mathbf{X_{ijr}}$ 个单位 r 产品的订货信息。

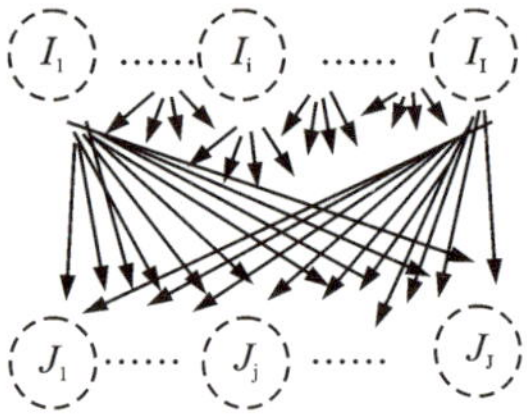

图 10－10 海量多品种小批量物流示意图

注：图中生产者 $\mathbf{I_i}$(i＝1，…I)的 $\mathbf{X_{ijr}}$ 个单位 r 产品被送至消费者 $\mathbf{J_j}$(j＝1，…，J)。

无疑，利用第三方物流、建立集配中心和物流云服务平台等对整合基于云商的农产品供应链物流有着很重要的指导价值。但云商模式下的农产品供应链物流具有海量、分散性、并行性、复杂性等特点。现有研究成果难以有效指导该模式下农产品供应链物流的有效开展，有必要对该供应链系统物流展开专门研究。由于篇幅的问题，在前文已经提到的通过云服务平台的物流“云”，

① 陈建华，马士华. 基于集配中心的供应链物流整合方式[J]. 当代经济管理，2006，28 (4)：33－37.

② 刘安业，王要武，基于建筑供应链的物流资源整合研究[J]，哈尔滨工业大学学报(社会科学版)，2007，9(4)：121－124.

③ 林云，田帅辉. 物流云服务——面向供应链的物流服务新模式[J]. 计算机应用研究. 2012，29(1)：224－228.

在整合供应链自有资源和社会物流资源的基础上，本书简单介绍基于云商主体的供应链物流四层整合架构(图10-11)：首先，设置产地集货层，实现多生产主体、多品种、小批量农产品在产地集货中心的整合；其次，通过云计算有效开展干线运输的接驳整合，实现农产品从产地集货中心、中间接驳转运点至销地配送中心的干线运输的优化调度；再次，通过销地配送中心的集货作业实现多供给区域、多供给主体、多调运线路的多产品在配送中心的集货，以便开展集中统一的销地配送作业，以实现农产品从销地配送中心至终端服务站点的规模化、有序化配送；最后，通过终端配送站点并行开展终端散货作业，实现农产品从终端配送站点至消费者的有序化实时送达。通过“产地集货、干线接驳整合、销地配送、终端散货”这四层供应链集散货作业，以实现整个供应链系统农产品无缝化调配整合。从而达到将“多品种、小批量”的订货物流转化为“多品种、大批量”的供应链系统物流，以降低供应链和单次订货的物流成本，提高整个供应链和供应链各主体的竞争力。

将“软件即服务”“平台即服务”“基础设施即服务”的云服务理念运用于农产品供应链，构建以云商主体为核心，云服务为纽带的集成化农产品供应链，以实现融海量生产者、海量消费者及其他服务者于一体的行业以及区域性产业大联盟，实现农产品供应链“四流”的创新与整合、线上与线下协同运作、整个供应链低成本规模化运作以及敏捷反应的竞争优势，从根本上解决我国农产品生产及流通中所存在主体分散、实力弱小、市场秩序混乱、供应链断裂的“散、弱、乱、断”问题。

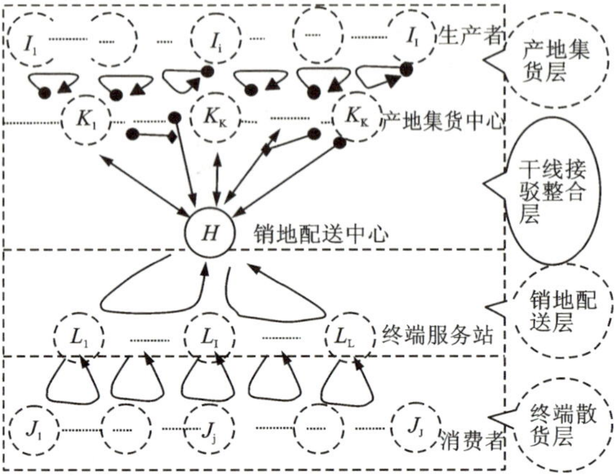

图10－11　海量订单驱动的物流四层整合示意图

注：ⒾⓀⒽⓁⒿ分别表示生产者、产地集货中心、销地配送中心、终端服务站点以及消费者等供应链节点；各种形状的曲线表示整合后的集货或散货物流，直线表示干线运输，两线交汇表示干线运输的接驳运输。